事例に学ぶ
労働事件入門

事件対応の思考と実務

労働事件実務研究会 [編]

野村　　創／片野田志朗／村手亜未子／金澤　嘉明
野中　英匡／竹重　勇輝／小川ゆり香／城石　　惣
堀口　雅則／岡村晋之祐／髙岡　奈生／松浦　裕介

発行　民事法研究会

はしがき

　本書は、民事法研究会の「事例に学ぶシリーズ」の1冊として刊行される。同シリーズは、2011年の『行政訴訟入門』を皮切りに、『刑事弁護入門』、『離婚事件入門』、『保全・執行入門』、『建物明渡事件入門』、『債務整理入門』、『成年後見入門』、『相続事件入門』と続き、このたびの『労働事件入門』で9冊目の刊行を迎えることができた。これもひとえに読者の皆様のご愛読の賜物と深く感謝申し上げる次第である。

　同シリーズは、経験の浅い若手弁護士、若手法律士業（社会保険労務士等）、司法修習生、法科大学院生を読者層として想定し、その分野を扱ったことのない事件について、駆け出しの若手弁護士の体験談を通じて、生の事件を疑似体験するかのごとく読み進むことで、OJT（On The Job Training）の役割の一端を担うことを目的とする。本書の各事例も、読者層に近い若手弁護士有志が、時に悩み、もがき苦しみながらも何とか食らいついて事件処理をした実体験を基に構成されている。

　本書は、上述のような読者層を想定していることもあり、特定の立場にとらわれずにさまざまな視点から学んでいただくべく、あえて、使用者側・労働者側、もしくは、個別的労使紛争・集団的労使紛争の別を問わず、それぞれの立場の事例を取り上げた。

　本書の構成であるが、第1編は総論となり、労働事件を処理するうえで最低限必要な基本知識を確認することができる。第2編以下は各論となり、第1章が労働保全事件（仮の地位を定める仮処分）、第2章ないし第4章が労働審判、第5章および第6章が労働訴訟、第7章および第10章が相談対応、第8章が任意交渉事件、第9章が集団的労使紛争と、各ステージにおいて具体的な事例を学べる構成となっている。もっとも、各章は独立した内容となっており、読者が必要とする章から読み進めていただいて全く問題はない。

　なお、上述のとおり、本書は、専門書でも解説書でもなく、事件処理を疑似体験することに目的がある性質上、法律・判例知識および解釈論の記載に

ついては、大胆に割愛している。これらの補完については良書が多数存在するところであり、そちらを参照いただきたい。

　若手法律実務家が日々の労働事件を処理するにあたり、本書による疑似体験がその一助となれば、このうえない喜びである。

　最後に、本書の刊行に際し、民事法研究会の安倍雄一氏には、本書の内容から装丁に至るまで細々と心を砕いていただいた。この場を借りて厚く御礼申し上げたい。

　平成27年11月

執筆者を代表して　片野田志朗

目　次

第1編　労働事件のポイント

第1章　個別的労使紛争 …………………………………………2
- Ⅰ　はじめに ……………………………………………………2
- Ⅱ　解　雇 ………………………………………………………2
  - 1　解雇の意義 ………………………………………………2
  - 2　解雇権濫用の制限 ………………………………………3
  - 3　整理解雇 …………………………………………………3
  - 4　懲戒解雇 …………………………………………………4
- Ⅲ　解雇以外の終了事由 ………………………………………5
  - 1　有期雇用の雇止め ………………………………………5
  - 2　定年制 ……………………………………………………6
- Ⅳ　割増賃金請求 ………………………………………………7
  - 1　割増賃金の支払い ………………………………………7
  - 2　割増賃金の対象と割増率 ………………………………7
  - 〈図表1-1-1〉　割増賃金率のまとめ ……………………8
  - 3　割増賃金の計算方法 ……………………………………9
  - 4　実労働時間の立証方法 …………………………………9
  - 5　労働時間等に関する規定の適用除外 …………………10
  - 6　特別な労働時間制 ………………………………………10
- Ⅴ　配転・出向・転籍 …………………………………………11
  - 1　配　転 ……………………………………………………11
  - 2　出　向 ……………………………………………………12
  - 3　転　籍 ……………………………………………………13

Ⅵ 休　職 ……………………………………………………………………14
1　休職の意義 …………………………………………………………14
2　休職制度の種類 ……………………………………………………14
3　私傷病休職 …………………………………………………………14

Ⅶ ハラスメント ……………………………………………………………16
1　ハラスメントの概念 ………………………………………………16
2　ハラスメントの一般的民事責任 …………………………………16
3　事業主のセクハラ防止義務 ………………………………………18

Ⅷ 労働災害 …………………………………………………………………18
1　労災補償制度 ………………………………………………………18
2　労災保険制度 ………………………………………………………19
3　労災民事賠償請求 …………………………………………………22

第2章　集団的労使紛争 ……………………………………………23

Ⅰ 団体交渉 …………………………………………………………………23
1　団体交渉の概要 ……………………………………………………23
2　団体交渉の主体 ……………………………………………………23
3　団体交渉義務 ………………………………………………………24
4　団体交渉の対象事項 ………………………………………………24

Ⅱ 不当労働行為 ……………………………………………………………25
1　不当労働行為救済制度の趣旨 ……………………………………25
2　不当労働行為の類型 ………………………………………………25
3　不当労働行為の主体 ………………………………………………25
4　不当労働行為の要件 ………………………………………………26
〈図表 1-2-1〉　労働委員会の審査手続 ……………………………29
5　不当労働行為の救済 ………………………………………………29

第3章　労働審判制度 …31

Ⅰ　労働審判制度の概要 …31
Ⅱ　労働審判手続の対象 …31
Ⅲ　労働審判手続の概要 …32
　1　申立て …32
　2　第1回期日の指定 …32
　3　答弁書の提出 …32
　4　審　理 …32
　5　労働審判の終了 …33
　6　異議申立てと訴訟への移行 …33
Ⅳ　労働審判事件の実情 …34
　〈図表1-3-1〉　労働審判事件の新受件数推移 …34
　〈図表1-3-2〉　事件の種類別新受件数、割合（平成25年） …34
　〈図表1-3-3〉　終局区分別労働事件既済事件数、割合（平成24年） …35

第4章　手続選択 …36

第2編　労働事件の現場
──モデルケースを素材として

第1章　仮の地位を定める仮処分──保全の必要性を中心に …38

Ⅰ　事案の概要 …38
Ⅱ　実務上のポイント …38
Ⅲ　X女からの聴取書 …39
　1　相談内容 …39

2　検　討……………………………………………………………………42
　　〈図表2-1-1〉　労働事件の争訟手段……………………………………43
Ⅳ　仮処分申立書……………………………………………………………47
　1　甲弁護士の懊悩…………………………………………………………47
　2　検　討……………………………………………………………………48
　　〈図表2-1-2〉　地位確認を訴訟物とする普通解雇のブロック・ダイ
　　　アグラム（例示列挙説）………………………………………………51
　　【書式2-1-1】　仮処分申立書（〈Case ①〉）……………………………55
Ⅴ　仮処分申立て……………………………………………………………60
Ⅵ　答弁書の提出……………………………………………………………61
　1　答弁書の概要……………………………………………………………61
　2　検討——解雇の効力の有無を判断する際の判断枠組み……………63
Ⅶ　第1回審尋期日……………………………………………………………65
Ⅷ　第2回、第3回期日………………………………………………………68
　1　第2回審尋期日前の準備………………………………………………68
　2　第2回審尋期日…………………………………………………………69
　3　第3回審尋期日——終結………………………………………………69
Ⅸ　仮処分決定………………………………………………………………70
　　【書式2-1-2】　仮処分決定（〈Case ①〉）………………………………70
Ⅹ　その後……………………………………………………………………73

第2章　労働審判——臨時職員からの退職金請求への企業側の対応……75

Ⅰ　事案の概要………………………………………………………………75
Ⅱ　実務上のポイント………………………………………………………75
Ⅲ　相談の記録………………………………………………………………76
　　【書式2-2-1】　労働審判手続期日呼出状及び答弁書催告状
　　　（〈Case ②〉）……………………………………………………………76

【書式2-2-2】　労働審判手続申立書（〈Case ②〉）……………77
　　1　聴取内容……………………………………………………80
　　2　方針の検討…………………………………………………82
　　3　使用者側における労働審判対応の心がまえ……………84
Ⅳ　答弁書の作成・提出……………………………………………85
　　1　検　討………………………………………………………85
　　2　答弁書………………………………………………………90
　　【書式2-2-3】　答弁書（〈Case ②〉）………………………90
　　3　答弁書の提出………………………………………………94
Ⅴ　第1回期日………………………………………………………94
　　〈図表2-2-1〉　労働審判廷…………………………………94
Ⅵ　審判手続移行後の流れ（第2回期日）………………………101
　　【書式2-2-4】　労働審判手続期日調書（〈Case ②〉）……102
Ⅶ　審判後の手続（通常訴訟への移行）…………………………103

第3章　労働審判──内定取消しへの企業側の対応……………106

Ⅰ　事案の概要……………………………………………………106
Ⅱ　実務上のポイント……………………………………………106
Ⅲ　Y社との打合せ①……………………………………………107
Ⅳ　Y社との打合せ②……………………………………………110
　　1　相手方の主張………………………………………………110
　　【書式2-3-1】　労働審判手続申立書（〈Case ③〉）………110
　　2　書面の提出…………………………………………………114
　　【書式2-3-2】　労働審判手続の進行に関する照会書（〈Case ③〉）…114
　　3　方針の検討…………………………………………………116
Ⅴ　答弁書の作成・事前打合せ…………………………………121
　　【書式2-3-3】　答弁書（〈Case ③〉）………………………121

8　目次

- Ⅵ　労働審判期日 …………………………………………………… 126
  - 1　第1回期日 …………………………………………………… 126
  - 2　期日間の打合せ ……………………………………………… 131
  - 3　第2回期日 …………………………………………………… 132
- Ⅶ　調停調書 ………………………………………………………… 136
- Ⅷ　その後 …………………………………………………………… 136

第4章　労働審判――試用期間中の解雇への労働者側の対応 …… 138

- Ⅰ　事案の概要 ……………………………………………………… 138
- Ⅱ　実務上のポイント ……………………………………………… 138
- Ⅲ　相談経過 ………………………………………………………… 139
  - 1　電話相談 ……………………………………………………… 139
  - 2　初回面談 ……………………………………………………… 144
  - 3　見通し ………………………………………………………… 148
  - 4　受　任 ………………………………………………………… 149
  - 5　受任通知 ……………………………………………………… 150
  - 【書式2-4-1】　受任通知書（〈Case ④〉）…………………… 151
  - 6　回　答 ………………………………………………………… 152
  - 7　依頼者への連絡 ……………………………………………… 153
  - 8　面談2回目 …………………………………………………… 153
- Ⅳ　労働審判申立て ………………………………………………… 154
  - 1　東京地方裁判所の運用 ……………………………………… 154
  - 2　申立て ………………………………………………………… 154
  - 【書式2-4-2】　労働審判手続申立書（〈Case ④〉）………… 155
  - 3　答弁書 ………………………………………………………… 162
  - 4　事前打合せ …………………………………………………… 163
- Ⅴ　労働審判期日 …………………………………………………… 163

1	第1回期日 ································ 163
2	期日間 ···································· 168

Ⅵ　第2回期日 ··· 168
Ⅶ　調停調書 ·· 169

第5章　労働審判・訴訟——懲戒解雇・未払賃金・降格処分への労働者側の対応 ···· 170

Ⅰ　事案の概要 ··· 170
Ⅱ　実務上のポイント ································ 170
　1　解雇（問題点①） ································ 171
　2　賃金カット（問題点②） ······················· 172
　3　降格（問題点③） ································ 173
Ⅲ　実務上の問題点 ··································· 174
　1　懲戒解雇 ·· 174
　　〈図表2-5-1〉　普通解雇と懲戒解雇 ············ 175
　　〈図表2-5-2〉　懲戒解雇 ··························· 176
　2　賃金のカット ······································ 177
　3　降格処分 ·· 178
Ⅳ　甲弁護士の対応 ··································· 179
　1　手段の検討 ··· 179
　2　職場復帰に関する打合せ ······················· 179
　3　降格処分について請求対象とするべきか ··· 179
　4　労働訴訟と労働審判の選択 ···················· 180
　　〈図表2-5-3〉　期日実施回数（労働審判事件） ···· 181
　　〈図表2-5-4〉　平均審理期間（労働審判事件） ···· 181
　　【書式2-5-1】　内容証明文（〈Case ⑤〉） ······ 182
　　【書式2-5-2】　回答書（〈Case ⑤〉） ············ 183
Ⅴ　労働審判の申立て ································ 184

1　労働審判申立書の記載……………………………………………184
　　　【書式 2-5-3】　労働審判手続申立書（〈Case ⑤〉）………………184
　　　2　第 1 回労働審判期日……………………………………………188
　　　3　第 2 回労働審判期日……………………………………………189
　　　4　第 3 回労働審判期日……………………………………………190
　　　【書式 2-5-4】　審判書（〈Case ⑤〉）……………………………191
Ⅵ　異議申立て………………………………………………………………192
　　　【書式 2-5-5】　異議申立書（〈Case ⑤〉）………………………192
Ⅶ　訴訟移行…………………………………………………………………193
　　　1　担当部からの連絡………………………………………………193
　　　【書式 2-5-6】　訴状に代わる準備書面（〈Case ⑤〉）……………194
　　　2　訴訟の進行………………………………………………………195
　　　3　和解の成立………………………………………………………196
　　　【書式 2-5-7】　和解調書（〈Case ⑤〉）…………………………196

第 6 章　訴訟・証拠保全手続——労働者側からの時間外手当請求……199

Ⅰ　事案の概要………………………………………………………………199
Ⅱ　実務上のポイント………………………………………………………200
　　　〈図表 2-6-1〉　B 社主張の 1 日の労働時間………………………200
　　　〈図表 2-6-2〉　A 氏主張の 1 日の労働時間………………………200
Ⅲ　検　討……………………………………………………………………201
　　　1　相談事例…………………………………………………………201
　　　2　請求方法の選択…………………………………………………204
Ⅳ　証拠保全手続……………………………………………………………207
　　　1　証拠保全申立て…………………………………………………207
　　　【書式 2-6-1】　証拠保全申立書（〈Case ⑥〉）…………………207
　　　2　裁判官面接………………………………………………………210

|　　【書式2-6-2】　決定書（〈Case⑥〉）……………………………………………… 211
　　3　証拠調べ ………………………………………………………………………… 212
Ⅴ　労働時間の主張・立証 ………………………………………………………………… 214
　　1　本案訴訟の提起 ………………………………………………………………… 214
　　【書式2-6-3】　訴状（〈Case⑥〉）……………………………………………… 214
　　2　本案審理 ………………………………………………………………………… 217
Ⅵ　その後 ………………………………………………………………………………… 220
　　1　控訴審 …………………………………………………………………………… 220
　　2　最後に …………………………………………………………………………… 221

第7章　相談対応──配転命令についての会社側の対応 …… 222

Ⅰ　事案の概要 …………………………………………………………………………… 222
Ⅱ　実務上のポイント …………………………………………………………………… 222
Ⅲ　初回の相談～配転命令権の根拠～ ………………………………………………… 222
　　1　甲弁護士の悩み ………………………………………………………………… 223
　　2　解　説 …………………………………………………………………………… 224
　　3　検　討 …………………………………………………………………………… 225
Ⅳ　2回目の相談～配転命令権の契約上の限界～ …………………………………… 227
　　1　甲弁護士の悩み①──勤務地限定の合意の有無 …………………………… 228
　　2　甲弁護士の悩み②──勤務地限定の合意と就業場所の記載の関係 … 228
　　3　解説──勤務地限定の合意と就業場所の記載の関係 ……………………… 229
　　4　X社からの再聴取 ……………………………………………………………… 230
　　5　解説──勤務地限定の合意を認定するための事情 ………………………… 230
　　6　検　討 …………………………………………………………………………… 233
Ⅴ　強行法規違反の検討 ………………………………………………………………… 234
　　1　甲弁護士の悩み ………………………………………………………………… 234
　　2　解　説 …………………………………………………………………………… 234

3　検　討 …………………………………………………………… 235
Ⅵ　3回目の相談〜配転命令が権利濫用にあたらないか〜 …… 236
　　1　甲弁護士の悩み ………………………………………………… 237
　　2　解　説 …………………………………………………………… 237
　　3　X社からの再聴取 ……………………………………………… 241
　　4　検　討 …………………………………………………………… 241
Ⅶ　訴訟提起 ………………………………………………………………… 242
　　1　甲弁護士の悩み ………………………………………………… 244
　　2　解　説 …………………………………………………………… 245
　　3　検　討 …………………………………………………………… 246
Ⅷ　後始末 …………………………………………………………………… 247

第8章　任意交渉──労働者側からみた労災保険給付申請と企業側との対応 …… 249

Ⅰ　事案の概要 …………………………………………………………… 249
Ⅱ　実務上のポイント …………………………………………………… 249
Ⅲ　A子からの聴取内容 ………………………………………………… 250
　　1　聴取事項の概要 ………………………………………………… 250
　　2　さらなる聴取り内容 …………………………………………… 251
Ⅳ　手続選択と問題点の検討 …………………………………………… 253
　　1　手続選択 ………………………………………………………… 253
　　　【書式2-8-1】　遺族補償年金支給請求書（書面）（〈Case ⑧〉）……… 255
　　　〈図表2-8-1〉　遺族年金の種類 ………………………………… 257
　　2　問題点の検討 …………………………………………………… 258
Ⅴ　証拠収集 ……………………………………………………………… 265
　　1　Y社との面談 …………………………………………………… 265
　　2　A子との作戦会議 ……………………………………………… 269
　　3　検　討 …………………………………………………………… 272

	4　証拠の収集 ………………………………………………………… 273
Ⅵ	労基署に対する労災保険の給付請求手続と調査結果復命書の開示請求 ………………………………………………………… 276
	1　最終準備 …………………………………………………………… 276
	【書式 2-8-2】 時間外労働時間数算出表（〈Case ⑧〉）………… 277
	【書式 2-8-3】 労基署に提出すべき意見書（〈Case ⑧〉）……… 278
	2　調査結果復命書の開示請求 ……………………………………… 284
Ⅶ	Ｙ社に対する慰謝料等の請求とその後のてん末 ……………… 286
	【書式 2-8-4】 保有個人情報開示請求書（〈Case ⑧〉）………… 287

第 9 章　集団的労使紛争──雇止めへの労働者側の対応 ……………………………………………………… 289

Ⅰ	事案の概要 …………………………………………………………… 289
Ⅱ	実務上のポイント …………………………………………………… 289
Ⅲ	Ａ女およびＢ氏からの聴取 ………………………………………… 290
	1　聴取内容 …………………………………………………………… 290
	【書式 2-9-1】 団体交渉申入書（〈Case ⑨〉）…………………… 292
	2　検　討 ……………………………………………………………… 293
	〈図表 2-9-1〉 労働委員会における審査手続 …………………… 294
Ⅳ	不当労働行為救済申立書 …………………………………………… 299
	1　検討──〈Case ⑨〉での考え方 ……………………………… 299
	2　不当労働行為救済申立書の提出 ………………………………… 300
	【書式 2-9-2】 不当労働行為救済申立書（〈Case ⑨〉）………… 301
	3　駆け込み訴え（補足）…………………………………………… 303
Ⅴ	その後の団体交渉 …………………………………………………… 304
	1　第 3 回団体交渉 …………………………………………………… 304
	2　第 1 回調査期日の決定 …………………………………………… 305
Ⅵ	第 1 回調査期日 ……………………………………………………… 306

	1	Y社の答弁書の提出	306
	2	第1回調査期日	307
Ⅶ	第4回団体交渉およびA女に対する雇止め		308
	1	第4回団体交渉	308
	2	A女に対する雇止め	308
Ⅷ	A女およびB氏との打合せ		309
Ⅸ	追加申立て		310
	1	検討（労組7条1号関係）	310
	2	〈Case ⑨〉での考え方	312
		【書式2-9-3】 不当労働行為救済追加申立書（〈Case ⑨〉）	314
Ⅹ	第2回調査期日以降審問まで		317
		【書式2-9-4】 審査計画書（〈Case ⑨〉）	318
Ⅺ	命令発出等		319
	1	概　要	319
	2	〈Case ⑨〉における救済命令の内容	320
		【書式2-9-5】救済命令（主文）（〈Case ⑨〉）	320
	3	その後	322

第10章　相談対応──従業員のセクハラ事案に対する企業側の対応 …… 323

Ⅰ	事案の概要	323
Ⅱ	実務上のポイント	324
Ⅲ	相談者との打合せ～セクハラとは／相談者への対応～	324
	1　検討──セクハラの定義・判断基準等	327
	（資料2-10-1）　均等法上の「職場におけるセクシュアルハラスメント」とは	328
	（資料2-10-2）　「職場におけるセクシュアルハラスメント」の種類	329
	2　検討──セクハラ事案に対する対応の見通し	330

	3 　検討──苦情相談を受けるにあたっての注意点……………… 330

　〈図表 2-10-1〉　相談・苦情への対応の流れの事例………………… 331
　【書式 2-10-1】　相談内容メモ（参考）（〈Case ⑩〉）……………… 334
　4 　検討──至急の対応……………………………………………… 336
Ⅳ　加害者（と思われる人物）への対応 ………………………………… 336
　1 　検討──加害者（と思われる人物）から話を聞くうえでの注意点…… 338
　2 　検討──弁護士が会社と行為者の双方について受任することの
　　　可否…………………………………………………………………… 339
Ⅴ　事案への対応と再発防止………………………………………………… 340
　1 　注意──事実の評価……………………………………………… 342
　2 　検討──セクハラへの対応と再発防止………………………… 342
Ⅵ　最後に …………………………………………………………………… 343

・事項索引……………………………………………………………………… 345
・執筆者一覧…………………………………………………………………… 348

凡　例

〈法令等略語表〉

民	民法
民訴	民事訴訟法
民調	民事調停法
民保	民事保全法
労基	労働基準法
労基則	労働基準法施行規則
労契	労働契約法
労災	労働者災害補償保険法
労災則	労働者災害補償保険法施行規則
労審	労働審判法
労審則	労働審判規則
労組	労働組合法
労組令	労働組合法施行令
労調	労働関係調整法

〈判例集略称表記〉

民（刑）集	最高裁判所民（刑）事判例集
労民	労働関係民事裁判例集
労判	労働判例
労経速	労働経済判例速報
判時	判例時報
判タ	判例タイムズ

第1編 労働事件のポイント

第1章 個別的労使紛争

I はじめに

　労使間の紛争は、個別的労使紛争と集団的労使紛争に分類される。個別的労使紛争とは、個々の労働者と使用者の間の紛争を、集団的労使紛争とは労働組合等の労働者の団体と使用者との間の紛争をいう。近時は集団的労使紛争が大きく減少し、現代における労使紛争の中心は個別的労使紛争となっている。一口に個別的労使紛争といっても、その紛争類型は、①労働契約の存否に関するもの（解雇、雇止め等）、②賃金の支払いに関するもの（残業代請求等）、③労働契約の条件に関するもの（昇格・降格、配置転換等）、④労働契約上の事故に関するもの（労災、セクハラ、パワハラ等）等、多種多様である。これらの各紛争のうち実務上特に重要なものは第2編各論で取り上げることとし、本編ではこれらの紛争について概観する。

II 解雇

1　解雇の意義

　解雇とは、使用者による労働契約の解約である（菅野和夫『労働法〔第10版〕』552頁）。
　民法は、期間の定めのない雇用契約において、各当事者は2週間の予告期間をおけばいつでも解約することができる旨を定めている（民627条1項）。

しかし、使用者が一方的に行う解雇は、賃金を唯一の生活手段とする労働者にとって生活上の脅威であり極めて深刻な影響を与えるものである。そこで法は、解雇予告義務・解雇予告手当支払義務による制限（労基20条）、解雇禁止期間による制限（同法19条）、解雇権濫用による制限（労契16条）等さまざまな手続的、実体的制限を加えている。

2　解雇権濫用の制限

　労働契約法16条は、「解雇は、客観的に合理的な理由を欠き、社会通念上相当であると認められない場合は、その権利を濫用したものとして、無効とする」と規定している。これは、判例法として確立していた「解雇権濫用法理」を条文化したものであり、民法上の「解雇の自由」を「権利濫用法理」という一般法理（民1条3項）を用いて、解雇に客観的合理性と社会的相当性という要件を課したものである。

　「客観的に合理的な理由」には、①労働能力の喪失・低下、②労働者の能力不足、③労働者の非違行為、④使用者の経営上の理由、⑤ユニオンショップ協定に基づく解雇等がある。また「社会通念上相当である」ためには、他の一般的な事案や処分と比較しても、解雇をすることに十分な妥当性があることを要する。

3　整理解雇

　経営上の理由による人員削減として行う解雇を、整理解雇という。会社側の一方的な都合で従業員を解雇する整理解雇は、立場の弱い労働者の権利保護のために解雇の中でも特に制限されている。すなわち、解雇の客観的合理性および社会的相当性という一般的・抽象的要件を、裁判例上、①人員削減の必要性、②解雇回避努力、③人選の合理性、④手続の妥当性という要件に具体化した（いわゆる「整理解雇の四要件」。代表的なものとして東京高判昭和54・10・29判時948号111頁〔東洋酸素事件〕）。

　①人員削減の必要性とは、人員削減措置の実施が企業経営上の十分な必要

性に基づいていること、またはやむを得ないと認められることをいい、②解雇回避努力とは、解雇以外の人員削減手段（配転、出向、残業削減、一時休業、希望退職者募集等）によって解雇をできる限り回避することをいう。また、③人選の合理性は、客観的に合理的な選定基準を定め（勤務態度、勤続年数、家族構成等）、その基準を公正に適用し、解雇対象者を選定することが求められ、④手続の妥当性については、使用者は労働組合または労働者に対して整理解雇の必要性および整理解雇の内容（時期、規模、方法等）について説明を行い、誠意をもって協議しなければならないとされている。

なお、最近の裁判例では、4要件を厳格な必要要件ではなく判断基準の一要素ととらえ、総合的に判断して、整理解雇の合理性・相当性を決する動きがみられる（たとえば、大阪地判平成12・12・1労判808号77頁〔ワキタ事件〕、東京地判平成12・1・21労判782号23頁〔ナショナル・ウエストミンスター銀行（3次仮処分）事件〕など）。

4　懲戒解雇

労働者の重大な過失や故意の非違行為に対する最も重い懲戒処分として行われる解雇を、懲戒解雇という。懲戒解雇は、使用者による一種の制裁罰である懲戒処分としての性格と、解雇としての性格をあわせもつものであり、懲戒処分および解雇に関する法規制の双方が適用される。

(1) 懲戒処分の法規制

懲戒処分は、周知された就業規則等にその根拠規定が定められていなければならず（労基89条9項、最判平成15・10・10判時1840号144頁〔フジ興産事件〕）、また、「当該懲戒に係る労働者の行為の性質及び態様その他の事情に照らして、客観的に合理的な理由を欠き、社会通念上相当であると認められない場合」は無効となる（労契15条。懲戒権濫用）。

(2) 懲戒解雇の普通解雇への転換

使用者が懲戒解雇をした場合に、事後的に普通解雇であると主張することができるかが問題となることがある。これに肯定・否定いずれの立場の裁判

例も存在するが（肯定：東京地判昭和45・6・23労民21巻3号980頁〔日本経済新聞社事件〕、否定：福岡高判昭和47・3・30判時669号99頁〔三井鉱山事件〕）、一般的には、解約の意思表示である普通解雇と企業秩序違反に対する一種の制裁罰である懲戒解雇は性質が異なるため、懲戒解雇を事後的に普通解雇であるとはいえないと解されている。もっとも、懲戒解雇の有効性に疑義がある場合は、予備的に普通解雇を同時に行うことは妨げられない。

使用者側からみれば、当該企業に退職金制度が存在しない場合には、懲戒解雇と普通解雇は解雇予告手当の支払義務の有無に相違がある程度であることから、安全策として普通解雇を選択する例も多いようである。ただし、労働基準監督署の除外認定を得る必要があり、相当の時間を要する。他方、多くの日本企業では退職金制度を導入しており、懲戒解雇時には退職金を支給しない旨を定めている例も多いため、この場合には懲戒解雇事由に該当する可能性のある事案では懲戒解雇を選択する例が多いといえる。

III 解雇以外の終了事由

1 有期雇用の雇止め

期間の定めのある労働契約は、期間の満了により当然に終了する。当事者は、原則として特段の理由を必要とすることなく契約の更新を拒絶できる。

しかし、恒常的業務であっても期間の定めのある労働契約は広く利用されており、この原則を貫くと労働者の地位が不安定なものとなってしまう。そこで、判例上、期間の定めのある労働契約であっても一定の場合には解雇権濫用法理（労契16条）を類推適用し、合理的理由および社会的相当性の認められない雇止めは無効とされてきた（雇止めの法理。最判昭和49・7・22民集28巻5号927頁〔東芝柳町工場事件〕）。この雇止めの法理を法定化したものが労働契約法19条である。

労働契約法19条は、①過去に反復更新された有期労働契約の労働者について雇止めすることが、無期労働契約の労働者を解雇することと社会通念上同

視できると認められること（1号）、または、有期労働契約の期間満了時に労働者が契約更新を期待することについて合理的理由が認められること（2号）に該当する場合において、②労働者が有期労働契約の期間満了日までに契約更新の申込みをするか、または、期間満了後遅滞なく有期労働契約の締結の申込みをし、③使用者が当該申込みを拒絶することが、客観的に合理的な理由を欠き、社会通念上相当であると認められないときは、使用者は、従前の有期労働契約の内容である労働条件と同一の労働条件（契約期間を含む）で当該申込みを承諾したものとみなすと規定している。

①の要件については、ⓐ業務の客観的内容、ⓑ契約上の地位の性格、ⓒ当事者の主観的態様、ⓓ更新の手続・実態、ⓔ他の労働者の更新状況等を総合考慮して判断される。

労働契約法19条は、判例では要件とされていなかった労働者による契約更新・締結の申込みを要件としている。立法担当者は、従前の判例法理に何ら変更を加えたものではないとしているため、申込みは黙示の意思表示で足りるものであり、雇止めに対し遅滞なく異議を述べれば、黙示的に更新または締結の申込みを行ったこととなると考えられる（菅野・前掲書231頁）。

使用者の更新拒絶に客観的合理的な理由と社会通念上の相当性が求められる点は、解雇と同様である（労契16条）。

2 定年制

(1) 定年制の意義

定年制とは、労働者が一定の年齢に達した時点で労働契約が終了する制度をいう。定年年齢到達者に使用者が解雇の意思表示をする「定年解雇」と、定年年齢到達により当然に労働契約が終了する「定年退職」がある。定年解雇については、解雇の一種として、労働基準法の解雇規制の適用がある。

(2) 定年後の再雇用

高齢者雇用安定法8条1項は、60歳未満の定年年齢を定めることを禁止している。60歳未満の定年を定める規定は無効となり、60歳定年を定めたもの

とみなされる。また、同法9条は、65歳までの高齢者雇用確保措置として、①定年年齢の引上げ、②継続雇用制度の導入、③定年の定めの廃止のいずれかの措置をとることを義務づけている。

　継続雇用制度には、「勤務延長制度」と「再雇用制度」とがある。前者は、定年になった労働者を退職させずに、引き続き雇用するものである。これに対し、後者は労働契約を終了させた後に再び労働契約を締結するものであり、使用者は再雇用の拒否や労働条件の変更をすることができる。しかし、再雇用制度を就業規則に設け、かつ個別労働条件が定められている場合には解雇権濫用の法理が類推適用され、客観的に合理的な理由を欠き、社会通念上相当であると認められない場合には、再雇用されたのと同様の雇用関係が存続するとされたケースがある（最判平成24・11・29労判1064号13頁〔津田電気計器事件〕）。

IV 割増賃金請求

1 割増賃金の支払い

　使用者は、労働者に法定時間外労働、法定休日労働、深夜労働をさせた場合には、割増賃金を支払わなければならない（労基37条）。労働基準法36条に違反して時間外労働をさせた場合（いわゆる「36協定」を定めなかった場合）でも、使用者は割増賃金を支払う義務を負う（昭和63・3・14基発150号、平成11・3・31基発168号）。

2 割増賃金の対象と割増率

(1) 時間外労働

　1日8時間または1週間40時間の法定労働時間（労基32条）を超える時間外労働は、その超過労働時間に対して2割5分以上の割増賃金の支払対象となる。1日8時間労働であっても1週間の労働時間が40時間を超えた場合は、超過した労働時間分の割増賃金の支払いが必要となる。

〈図表1-1-1〉 割増賃金率のまとめ

時間外労働	2割5分以上
休日労働	3割5分以上
深夜労働	2割5分以上
時間外労働＋深夜労働	5割以上
休日労働＋深夜労働	6割以上
休日労働＋時間外労働	3割5分以上

　他方、使用者が就業規則等で定めている労働時間、すなわち休憩時間を除く始業時刻から終業時刻までの時間を所定労働時間といい、所定労働時間を超える労働は、それが法定労働時間の枠内であれば、割増賃金の支払対象とはならない。

　(2) 休日労働

　1週間に1日または4週間中4日の法定休日における労働は、3割5分以上の割増賃金の支払対象となる。

　週休2日制を採用している会社の場合、休日のうち1日は法定休日で、他の1日は法定外休日であり、原則として割増賃金の支払対象ではない。もっとも、結果的に労働時間が週40時間を超えた場合は、時間外分について割増賃金の支払対象となる。

　(3) 深夜労働

　午後10時から午前5時まで（厚生労働大臣が必要と認める場合は、地域または期間を区切って午後11時から午前6時まで）の深夜における労働は、2割5分以上の割増賃金の支払対象となる。

3　割増賃金の計算方法

(1)　割増賃金の算定基礎となる賃金額の計算方法

原則として賃金総額を所定労働時間数で割ることにより1時間あたりの賃金額を算定する（労基則19条）。

① 時給の場合は、その金額である。

② 日給の場合は、その金額を1日の所定労働時間数で割った金額である。日によって所定労働時間数が異なる場合には、1週間における1日平均所定労働時間数で割る。

③ 週給の場合は、その金額を週における所定労働時間数で割った金額である。週によって所定労働時間数が異なる場合には、4週間における1週平均所定労働時間数で割る。

④ 月給の場合は、その金額を月における所定労働時間数で割った金額である。月によって所定労働時間数が異なる場合には、1年間における1月平均所定労働時間数で割る。

(2)　割増賃金の計算基礎から除外する賃金

割増賃金の計算基礎になる賃金は、通常の労働時間または労働日の賃金であり、「家族手当」、「通勤手当」、「別居手当」、「子女教育手当」、「住宅手当」、「臨時に支払われた賃金」、「1か月を超える期間ごとに支払われる賃金」は算入しない（労基37条5項、労基則21条）。

4　実労働時間の立証方法

実労働時間の立証方法としては、タイムカード、電子メールの送信記録、業務日報の記録、シフト表、ICカード、入退室記録、コンピュータの立ち上げ・立ち下げ記録、手帳、労働者個人が作成したメモ等があるが、始業時刻と終業時刻を特定し、かつ客観的に裏付けるのに足りるものである必要がある。

しかし、労働者が自己の労働時間を把握することは容易ではない。その一方で、使用者には労働時間を適切に把握する義務が課されている（平成13・

4・6基発339号)。そこで、近年は、労働者が合理的な根拠を示して主張・立証を行った場合、使用者が有効な反論・反証をしなければ、労働者が主張する労働時間を適正なものと判断する傾向にある。

5 労働時間等に関する規定の適用除外

労働基準法41条は、同条各号に該当する労働者には、労働時間、休憩および休日に関する規定を適用しない旨を定めており、使用者は、特別の定めがない限り、法定時間外労働、法定休日労働に対する割増賃金を支払う必要はない。ただし、同条各号に該当する労働者であっても、深夜労働割増賃金の支払いは必要である。

労働基準法41条2号の「監督若しくは管理の地位にある者」(管理監督者)は、労働条件の決定その他労務管理について経営者と一体的立場にある者をいい、名称にとらわれず、実態に即して判断すべきものとされている(昭和22・9・13基発17号、昭和63・3・14基発150号)。近年、いわゆる「名ばかり店長」に関する事案等、この点が争点となる紛争が大きく取り上げられている。

行政実務や裁判例では、①事業主の経営に関する決定に参画し、労務管理に関する指揮監督権限が認められていること、②自己の出退勤をはじめとする労働時間について裁量権を有していること、③一般の従業員に比しその地位と権限にふさわしい賃金(基本給、手当、賞与)上の処遇を与えられていることを判断基準としている(菅野・前掲書339頁)。

6 特別な労働時間制

法定労働時間の枠を弾力化する特別な制度として、各種変形労働時間制、フレックスタイム制(労基32条の3)、みなし労働時間制(同法38条の2)、固定残業代制等がある。

V 配転・出向・転籍

1 配転

(1) 配転の意義

配転とは、同一企業内における労働者の職務内容・勤務場所を相当の長期間にわたって変更するものをいう。

配転命令の法的根拠については、包括的合意説と契約説が有力に唱えられてきたが、判例はどの見解をとるかは明らかにしていない。もっとも、実際には、就業規則等に配転命令権に関する包括的な規定がおかれていることが多く、包括的合意説と契約説とで配転命令権の範囲や主張・立証上の差異はあまり生じない。

(2) 配転命令権の制限

(A) 労働契約上の限界

職種や勤務地限定の合意が明示あるいは黙示になされている場合には、配転命令権はその合意の範囲内のものに限定される。

(B) 配転命令権の濫用

実務では、①配転命令に業務上の必要性が存在しない場合、②配転命令が不当な動機・目的をもってなされた場合、③労働者に通常甘受すべき程度を著しく超える不利益を負わせるものである場合等、特段の事情が存在する場合でない限り、配転命令は権利の濫用になるものではないとされている（最判昭和61・7・14労判477号6頁〔東亜ペイント事件〕）。

①業務上の必要性の有無について、業務上の必要性は、「当該転勤先への異動が余人をもっては容易に替え難いといった高度の必要性に限定することは相当でなく、労働力の適正配置、業務の能率増進、労働者の能力開発、勤務意欲の高揚、業務運営の円滑化など企業の合理的運営に寄与する点が認められる限りは、業務上の必要性の存在を肯定すべきである」として、比較的広く認められている。そして、業務上の必要性を基礎づける事実の主張・立

証は使用者が行う。

②不当な動機・目的の有無について、不当な動機・目的としては、いやがらせ目的、労働者を退職に追い込む目的、報復目的等で発令された配転命令があげられる。不当な動機・目的を基礎づける事実の主張・立証は労働者が行う。

③通常甘受すべき程度を著しく超える不利益の有無について、私生活上の不利益に関しては、労働者自身が健康状態に問題がある場合や、病気の家族を介護する必要がある場合には、著しい不利益があると認められる傾向にある。職務上の不利益に関しては、大幅な賃金の減額や権限の縮小を伴う配転等が著しい不利益として認められている。これらについても、労働者が自らどのような不利益を被ることとなるのかを主張・立証する。

(3) 配転に関する紛争

配転命令に関する紛争は、当該配転命令の有効性が争点となることが多い。就業規則に配転命令権の根拠規定がある場合がほとんどであり、労働者が職種または勤務場所の限定合意の存在や配転命令権の濫用を主張して争うこととなる。配転命令権の無効を主張する労働者は、その無効原因について具体的な事実に基づいて主張を行う必要がある。

2　出　向

(1) 出向の意義と法的根拠

出向とは、労働者が雇用先の企業との間で従業員としての地位を保持したままで、他の企業において相当長期間にわたって業務に従事することをいう。

出向は、配転とは異なり労務提供先の変更を伴うため、「労働者の承諾」が必要となる（民625条）。「労働者の承諾」については、出向規定が整備され、労働者に対する不利益への配慮もなされている場合には、労働協約や就業規則上の包括的同意で足りるとする条件付包括的同意説が有力である。

最高裁判所も、労働協約と就業規則に出向命令権を根拠づける規定があり、出向期間、出向中の社員の地位、賃金、退職金、各種の出向手当、昇格・昇

給等の査定その他処遇等に関し、出向者の利益に配慮した詳細な規定が設けられている事案につき、使用者は労働者の個別的同意なしに出向を命じることができる旨判断している（最判平成15・4・18労判847号14頁〔新日本製鐵（日鐵運輸第2）事件〕）。

(2) 出向命令権の濫用

出向命令は、「その必要性、対象労働者の選定に係る事情その他の事情に照らして、その権利を濫用したものと認められる場合には」無効となる（労契14条）。「その他の事情」としては、労働条件に及ぼす不利益の程度、私生活に与える不利益の程度、不当な動機目的の有無、出向先における労働条件に関する説明等があげられる。

出向は、労務提供先の変更を伴う、すなわち、指揮命令権者が変更するため、一般に配転よりも労働者に大きな不利益を及ぼす。したがって、出向命令権の濫用の判断は配転の場合よりも厳格になされる傾向がある。

(3) 出向に関する紛争

配転の場合と異なり、使用者は、就業規則や労働協約に労働者の利益を考慮した規定が存在することを主張する必要がある。これに対し労働者は、規定内容が不十分であることや出向命令権の濫用を主張して争うこととなる。労働者が、無効原因について具体的な事実に基づいた主張を行う必要があるのは配転の場合と同様である。

3 転 籍

転籍とは、労働者が雇用先の企業との間の労働契約関係を終了させ、新たに他の企業との労働契約関係に入り、当該企業において業務に従事することをいう。

転籍は、労働者と転籍元企業との間の労働契約を解約し、転籍先企業との間で新たな労働契約を成立させるものであり、労働者本人の個別的同意が必要となり、就業規則等に規定があるのみでは足りない。

VI 休職

1 休職の意義

休職とは、ある従業員について労務に従事させることが不能または不適当な事由が生じた場合に、使用者がその従業員に対し労働契約関係そのものは維持させながら労務への従事を免除することまたは禁止することをいう（菅野・前掲書525頁）。休職制度は、一定の期間をおいて復帰を待つという制度であるから、「解雇猶予措置」として位置づけられている。

2 休職制度の種類

休職制度の種類としては、業務外の傷病を理由とする「私傷病休職」、傷病以外の私的な事故を理由とする「事故欠勤休職」、刑事事件に関し起訴されたことを理由とする「起訴休職」、他社への出向を理由とする「出向休職」等がある。休職制度は任意の制度であり、一般に労働協約や就業規則等に定められている。したがって、休職に関する法律関係の判断の際には、使用者が採用した休職制度を個別的に検討する必要がある。

3 私傷病休職

(1) 復職をめぐる紛争

労働者は、休職事由が消滅すれば、すなわち傷病が「治癒」すれば、職務に復帰することができる。しかし、傷病が「治癒」したか否かが不明確なことが多く、復職は可能であるが従前の職務に従事することは困難であることもある。また、休職期間の満了時点で休職事由が消滅していないときには、解雇または自動退職とする旨の規定が就業規則におかれているのが一般的である。休職期間満了までに休職事由が消滅したか否かは、労働契約関係の存続にかかわるため、復職をめぐる紛争は重大な紛争となる。

(2)　「治癒」の判断

治癒とは、「原則として、従前の職務を通常の程度に行える健康状態に回復したこと」をいう（東京地判平成16・3・26労判876号56頁〔独立行政法人N事件〕）。もっとも、「従前の職務」は、厳格に解すべきものではない。最高裁判所は、「労働者が職種や業務内容を特定せずに労働契約を締結した場合においては、現に就業を命じられた特定の業務について労務の提供が十全にはできないとしても、その能力、経験、地位、当該企業の規模、業種、当該企業における労働者の配置・異動の実情及び難易等に照らして当該労働者が配置される現実的可能性があると認められる他の業務について労務の提供をすることができ、かつ、その提供を申し出ているならば、なお債務の本旨に従った履行の提供があると解するのが相当である」と判断しており（最判平成10・4・9労判736号15頁〔片山組事件〕）、現実に配置可能な範囲において労働者が他の業務につくことを想定している。

また、復職の可能性を緩やかに判断する指針を示した裁判例も存在する（大阪地判平成11・10・4労判771号25頁〔JR東海事件〕、大阪地判平成11・10・18労判772号9頁〔全日本空輸事件〕）。

(3)　「治癒」の立証責任

治癒したか否かが裁判上で争われた場合の立証責任については、さまざまな学説や裁判例が存在するが、実務上、労働者がその立証責任を負うとする見解が有力である（東京地判平成23・2・9労判1052号89頁〔在日米軍従業員解雇事件〕）。

(4)　「治癒」の判断方法

使用者が労働者の私傷病が治癒したか否かを判断する場合、主治医および産業医の診断書を参考にするのが一般的である。もっとも、主治医の診断書については、労働者の具体的職務を想定した判断であるかを慎重に検討する必要がある。

Ⅶ ハラスメント

1 ハラスメントの概念

　近年、職場におけるいじめや嫌がらせが問題となることが増加している。それらのうち、労働者の意に反する性的言動を「セクシュアル・ハラスメント」といい、同じ職場で働く者に対して、職務上の地位や人間関係等の職場内の優位性を背景に、業務の適正な範囲を超えて、精神的・身体的苦痛を与えるまたは職場環境を悪化させる行為を「パワー・ハラスメント」という。「セクシュアル・ハラスメント」は、職場において行われる性的な言動に対するその労働者の対応により当該労働者が解雇、降格、減給等の不利益を受けること（対価型セクシュアル・ハラスメント）、および性的な言動により当該労働者の就業環境が害されるもの（環境型セクシュアル・ハラスメント）に分類される（雇用の分野における男女の均等な機会及び待遇の確保等に関する法律（以下、「男女雇用機会均等法」という）11条1項）。

　しかし、当該行為が上記概念に該当するとしても、加害者ないし使用者に対し損害賠償を請求する際には、不法行為や、債務不履行等の要件に照らし判断されることとなる。

2 ハラスメントの一般的民事責任

(1) 加害者本人の民事責任

　加害者本人に対しては、性的自由・名誉・プライバシー等の人格権や快適な職場環境で就労する利益を侵害するものとして、慰謝料、治療費、休業損害、逸失利益等の損害につき不法行為責任（民709条）を追及するのが一般的である。

　ハラスメントに不法行為が成立するためには、不法行為上の違法性が必要となる。セクシュアル・ハラスメントの違法性については、主に客観的事情を総合して判断される。たとえば、「職場において、男性の上司が部下の女

性に対し、その地位を利用して、女性の意に反する性的言動に出た場合、これがすべて違法とされるものではなく、その行為の態様、行為者である男性の職務上の地位、年齢、被害女性の年齢、婚姻歴の有無、両者のそれまでの関係、当該言動の行われた場所、その言動の反復・継続性、被害女性の対応等を総合的に見て、それが社会的見地から不相当とされる程度」であるか否かを判断基準とした裁判例がある（名古屋高金沢支判平成8・10・30労判707号37頁、最判平成11・7・16労判767号14頁、同16頁（上告棄却））。

　パワー・ハラスメントの違法性については、法令上の規定がなく、一般的判断基準を示す裁判例は少ない。「パワーハラスメントといわれるものが不法行為を構成するためには、質的にも量的にも一定の違法性を具備していることが必要である。したがって、パワーハラスメントを行った者とされた者の人間関係、当該行為の動機・目的、時間・場所、態様等を総合考慮の上、『企業組織もしくは職務上の指揮命令関係にある上司等が、職務を遂行する過程において、部下に対して、職務上の地位・権限を逸脱・濫用し、社会通念に照らし客観的な見地からみて、通常人が許容し得る範囲を著しく超えるような有形・無形の圧力を加える行為』をしたと評価される場合に限り、被害者の人格権を侵害するものとして民法709条所定の不法行為を構成するものと解するのが相当である」と判断した裁判例があるが（東京地判平成24・3・9労判1050号68頁）、控訴審判決で破棄されており（東京高判平成25・2・27労判1072号5頁〔ザ・ウィンザー・ホテルズインターナショナル事件〕）、一般的基準を示すことなく個別的に判断している。

　(2)　使用者の民事責任

　使用者に対しては、その被用者が行ったハラスメントが不法行為にあたる場合、加害者本人への責任追及とは別に、使用者として使用者責任を追及することが考えられる（民715条）。

　また、使用者は、良好な職場環境を維持する義務（職場環境配慮義務）を負っており、ハラスメントを認知していたにもかかわらず、これを放置したような場合には、不法行為責任（民709条）または債務不履行責任（同法415

条）を負うこととなる。

3　事業主のセクハラ防止義務

　男女雇用機会均等法11条は、事業主に対し、職場におけるセクシュアル・ハラスメントに関して雇用管理上必要な措置を講じることを義務づけている。そして、同条2項に基づき、厚生労働大臣がその適切かつ有効な実施を図るための指針（「事業主が職場における性的な言動に起因する問題に関して雇用管理上講ずべき措置についての指針」（平成18年厚労省告示615号））を定めている。男女雇用機会均等法および指針は私法上の効力をもつものではないが、使用者が講ずべき防止措置の内容が具体的に記載されているため、これに沿って、不法行為責任や債務不履行責任の判断がなされる可能性が高いとされている。

　パワー・ハラスメントについては、現在セクシュアル・ハラスメントのような法律上の規定は存在していない。もっとも、パワー・ハラスメントの防止に取り組むにあたっては、セクシュアル・ハラスメント対策等の既存の枠組みを活用する等、それぞれの職場の事情に即した形でできるところから取組みをはじめ、それぞれ充実させていく努力が重要であるとされている（「職場のいじめ・嫌がらせ問題に対する円卓会議ワーキング・グループ報告」〈http://www.mhlw.go.jp/stf/shingi/2r98520000021hkd-att/2r98520000021hlu.pdf〉）。

VIII　労働災害

1　労災補償制度

　労働者が働いてけがや病気等の災害が発生した場合、不法行為として使用者に損害賠償請求することが考えられる。この場合、請求をする被災労働者が、使用者の故意・過失、損害の発生、使用者の行為と損害との間の因果関係の存在を立証すべき責任を負うことになるが、①十分な情報をもたない労働者がこれらの点を立証することは実際には困難である。また、仮にこれらの立証に成功したとしても、②使用者に十分な資力がない場合には労働者は

損害の賠償を受けられないおそれがある。

　このような状況の中、労働基準法は、労働者救済のために、労働者が労務に従事したことによって被った死亡、負傷、疾病に関する補償制度を設けた（労基75条〜88条）。労働基準法の労災補償制度の特徴は、①無過失責任であること、②逸失利益、休業補償、医療費等の損害のみが対象となり、衣類等の物的損害や慰謝料は対象とならないこと、③補償は、療養補償を除き、損害の全額ではなく平均賃金に対する定率によって算定されることである。

2　労災保険制度

(1)　労災保険制度とは

　使用者の支払能力が欠ける場合には、労働基準法上の労災補償制度でも実効性がない。そこで、同制度の限界を補うものとして設けられたのが労災保険制度である。

　労災保険制度は、①業務上の事由または通勤による労働者の負傷、疾病、傷害、死亡等に対して迅速かつ公正な保護をするため必要な保険給付を行い、あわせて②負傷し、または疾病にかかった労働者の社会復帰の促進、当該労働者およびその遺族の援護、労働者の安全および衛生の確保等を図り、もって労働者の福祉の増進に寄与することを目的としている（労災1条）。

　①の目的のための制度が、いわゆる保険給付の制度であり、②の目的のために行われるのが、社会復帰促進等事業である。

　労災保険は、政府が管掌しており、労働者を使用するすべての事業主はこれに加入し、保険料を納める義務を負う。労働災害が発生した場合、被災労働者や遺族が労働基準監督署長に保険給付の申請を行い、これに対し労働基準監督署長が、当該傷病や死亡が「業務災害」または「通勤災害」に該当するかを審査し、該当すると認められる場合に保険給付の支給を決定する。

(2)　業務災害

　業務災害とは、「労働者の業務上の負傷、疾病、傷害又は死亡」をいう（労災7条1項1号）。行政解釈によると、「業務上」といえるためには、労働

者が事業主の支配ないし管理下にある状態で災害が発生したこと（業務遂行性）を前提に、災害が業務に起因するものであること（業務起因性）が必要であるとされている。

「業務遂行性」が認められる災害は、次の3つの類型があげられる。

① 事業主の支配・管理下で業務に従事している場合
　　事業主から定められた業務に従事している場合、業務を行ううえで必要な行為、その他労働関係の本旨に照らして合理的と認められる行為を行っている場合等である。
② 事業主の支配・管理下にあるが、業務に従事していない場合
　　社員食堂で食事をしている場合、休憩室で休んでいる場合等である。
③ 事業主の支配下にあるが、管理下を離れて業務に従事している場合
　　出張での外出、事業場の外で仕事をする場合、事業場外での業務に付随する行為を行う場合等である。

以上の場合に、「業務起因性」が認められるか否かは次のように判断される。

①事業主の支配・管理下で業務に従事している場合には、原則として業務起因性が認められる。しかし、労働者の私的行為または恣意的行為が原因となって災害が発生した場合、地震、台風、火災等自然災害や第三者の暴行等外部の力が原因となって災害が発生した場合は業務起因性が否定される。

②事業主の支配・管理下にあるが業務に従事していない場合には、労働時間中であれば業務起因性が認められる災害が休憩時間中に発生した場合には認められない。また、事業施設の不備または欠陥が原因となって災害が発生した場合には、業務起因性が認められる。

③事業主の支配下にあるが、管理下を離れて業務に従事している場合には、労働者が危険にさらされる範囲が広いため、仕事の場所はどこであっても業務起因性が広く認められる。

　(3) **業務上の疾病**

業務上の疾病については、労働基準法施行規則35条が、労働基準法75条2

項の委任に基づき、その範囲を定めている（労基則別表第1の2）。

　(4)　通勤災害

　通勤災害とは、「労働者の通勤による負傷、疾病、傷害又は死亡」をいう（労災7条1項2号）。ここでいう「通勤」とは、「労働者が、就業に際し、住居と就業の場所との間を、合理的な経路及び方法により往復すること」をいい、「業務の性質を有するもの」は含まれない（同条2項、労災則6条、7条）。往復の経路からの「逸脱」や移動の「中断」があった場合は、それ以降は「通勤」とは認められない（労災7条3項）。もっとも、「逸脱」、「中断」が、日常生活上必要な行為をやむを得ない事由のために行うための最小限度のものである場合に限り「通勤」にあたるとされている（同項ただし書、労災則8条）。

　(5)　不服申立制度と取消訴訟

　労働基準監督署長の労災保険給付に関する決定に不服がある者は、労働者災害補償保険審査官に対して審査請求をし、その決定に不服のある者は、労働保険審査会に対して再審査請求をすることができる（労災38条1項）。すなわち、労働者災害補償保険法は、二審制の不服申立制度を設けており、処分取消しの訴えは、当該処分についての再審査請求に対する労働保険審査会の裁決を経た後でなければ、提起することができない（同法40条1項。いわゆる裁決前置主義）。

　もっとも、行政不服審査法（平成26年法律第68号）の改正に伴い、公正性の向上、使いやすさの向上および国民の救済手段の充実・拡大の観点から前記の規定が改正され、審査請求に対する労働者災害補償保険審査官の決定を経れば、労災保険給付に関する処分の取消訴訟を提起することができることとされた（行政不服審査法の施行に伴う関係法律の整備等に関する法律120条。平成28年度施行予定）。

3　労災民事賠償請求

(1)　労災保険との関係

　使用者は、被災労働者または遺族に労災保険給付が行われた場合、その価額の限度で民法上の損害賠償責任を免れる（労基84条2項類推適用）。しかし、労災保険給付には、逸失利益の一部や慰謝料が含まれず、被災労働者が被る損害をすべててん補できるものではない。

　したがって、被災労働者または遺族は、全損害を回復するために労災保険給付の有無にかかわらず、使用者に対して、不法行為責任（民709条、715条）や安全配慮義務違反による債務不履行責任（労契5条、民415条）に基づき損害賠償請求をすることができる。

(2)　安全配慮義務

　労働契約法5条は、「使用者は、労働契約に伴い、労働者がその生命、身体等の安全を確保しつつ労働することができるよう、必要な配慮をするものとする」と定めている。同条は、それまで判例で示されてきた安全配慮義務の法理を労働契約上の付随義務として明文化したものである（最判昭和50・2・25労判222号13頁〔陸上自衛隊事件〕、最判昭和59・4・10民集38巻6号557頁〔川義事件〕）。

　安全配慮義務の具体的内容は、一律に定まっているものではなく、「労働者の職種、労務内容、労務提供場所等安全配慮義務が問題となる当該具体的状況等によって異なるべきもの」（前掲最判昭和59・4・10）であり、事案ごとに判断される。一般的には、①物的・環境的危険防止義務、②作業内容上の危険防止義務、③作業行動上の危険防止義務、④宿泊施設・寮における危険防止義務に類型化されることが多い。

　裁判上の紛争となった場合には、労働者が、安全配慮義務違反の内容を特定し、義務違反に該当する事実を主張・立証する責任を負う（最判昭和56・2・16民集35巻1号56頁〔航空自衛隊事件〕）。その一方で、使用者は自らに帰責事由がないことを主張・立証する責任を負う。

第2章 集団的労使紛争

I 団体交渉

1 団体交渉の概要

　団体交渉（団交）は、労働者が使用者と対等の立場に立って、労働条件等に関する交渉を行い、取り決めをする場である。労働組合法は、団体交渉について刑事上の免責（労組1条2項）、民事上の免責（同法8条）を定めるとともに、「使用者が雇用する労働者の代表者と団体交渉をすることを正当な理由なく拒むこと」を不当労働行為として禁止し（同法7条2項）、使用者に対して団体交渉義務を課している。

2 団体交渉の主体

　団体交渉の「当事者」は、労働者側については労働組合（典型的には、単位組合、連合団体）であり、使用者側については個々の使用者および使用者団体である。「当事者」とは、その名で団体交渉を遂行し、その成果としての労働協約の当事者となる者である。

　労働組合は、大別して特定の企業やその関連企業の社員のみで構成される「企業内労働組合」と、所属企業や職種・産業の枠にこだわらず、個人単位でも加入できる「合同的労働組合（ユニオン）」に分類され、両者の行動原理は大きく異なっているといわれる。

　実際の団体交渉は、労働組合の代表者または労働組合の委任を受けた者

(労組6条)と使用者を代表する者(代表権を有する者)、すなわち団体交渉の「担当者」同士で行われるのが一般的である。

使用者は、上部団体や少数組合との団体交渉を拒否するために、特定の労働組合との間で「唯一交渉団体条項」を締結することがある。しかし、このような条項は、他の労働組合の団体交渉権を侵害し無効であり(憲法28条、民90条)、使用者は唯一交渉団体条項を理由に他の労働組合からの団体交渉の申入れを拒否することができない(東京地決昭和43・8・29労判67号87頁〔住友海上火災事件〕)。

3　団体交渉義務

使用者は、労働組合からの団体交渉の申入れを正当な理由なく拒否してはならない。また、使用者は、誠実に団体交渉に応じなければならない。すなわち、使用者には「合意達成の可能性を模索して誠実に交渉する義務」(誠実交渉義務)があり、労働組合の要求や主張に対する回答や自己の主張の根拠を説明したり、必要な資料を提出したりする等、誠意ある対応をとる必要がある(東京地判平成元・9・22労判548号64頁〔カール・ツァイス事件〕)。これに違反した場合は、実質的な団体交渉の拒否(団交拒否)として不当労働行為にあたる(労組7条2号)。

もっとも、団体交渉義務は、使用者に譲歩や同意することまでを義務づけるものではなく、誠実な交渉を行ったにもかかわらず、団体交渉が「行き詰まり」の段階に至った場合は、使用者は団体交渉を打ち切ることができる(最判平成4・2・14労判614号6頁〔池田電器事件〕、最判昭和53・11・24労判312号54頁〔寿建築研究所事件〕)。

4　団体交渉の対象事項

団体交渉の対象事項については、義務的団交事項と任意的団交事項に分けられる。義務的団交事項とは、「団体交渉を申し入れた労働者の団体の構成員たる労働者の労働条件その他の待遇や当該団体的労使関係の運営に関する

事項であって、使用者に処分可能なもの」をいう（東京地判平成9・10・29労判725号15頁〔エス・ウント・エー事件〕、神戸地判平成13・10・1労判820号41頁〔本四海峡バス事件〕）。

会社組織の変更、人事、設備の更新、生産方法の変更等の経営・生産に関する事項についても、労働条件その他の待遇に影響がある場合には、その限りにおいて義務的団交事項となると解されている。

II 不当労働行為

1 不当労働行為救済制度の趣旨

憲法28条は、労働者の地位と使用者の地位を対等とするために、労働者に対し、団結権・団体交渉権・団体行動権のいわゆる労働三権を保障している。この労働三権の保障を実効的にするために、労働組合法7条は、労働者や労働組合に対する使用者の不公正な行為を不当労働行為として禁止したうえ、同法27条以下で労働委員会による特別の審理・救済手続を定めている（憲法28条と不当労働行為救済制度の関係につき、最大判昭和52・2・23民集31巻1号93頁〔第二鳩タクシー事件〕参照）。

2 不当労働行為の類型

労働組合法7条は、①不利益取扱い（1号）、②黄犬契約（1号）、③団交拒否（2号）、④支配介入（3号）、⑤経費援助（3号）、⑥報復的不利益取扱い（4号）の6種類の不当労働行為を定めている。これらのうち、主たる不当労働行為の類型とされているのは、不利益取扱い、団交拒否、支配介入の3類型である。

3 不当労働行為の主体

労働組合法7条の「使用者」については、法律上明確にされていないが、「被用者の労働関係上の諸利益に何らかの影響力を及ぼし得る地位にある一

切の者」等包括的な定義をする学説が有力である。

　不当労働行為制度の目的は、労働者が団体交渉および団体行動を行うために労働組合を組織し、団結することを擁護すること並びに労働協約を締結するための団体交渉をすることおよびその手続を助成することであることから（労組1条1項参照）、労働契約の一方当事者としての雇用主が「使用者」にあたることはもちろん、次のような労働契約に近接した関係を有する者、労働契約関係と同視できる程度に、労働者の基本的な労働条件等に対して実質的な影響力を及ぼす者は、不当労働行為の主体たる「使用者」にあたるとされている。

① 請負、業務委託の契約関係における発注者や委託者（肯定：最判昭和51・5・6判時817号111頁〔油研工業事件〕、最判昭和62・2・26判時1242号122頁〔阪神観光事件〕、最判平成7・2・28民集49巻2号559頁〔朝日放送事件〕）

② 親子会社における親会社（肯定：大阪高判昭和58・5・10判時1088号150頁〔関西小野田レミコン事件〕、否定：東京地判平成23・5・12判時2139号108頁〔高見澤電機製作所ほか2社事件〕）

③ 「近い過去に使用者であった者」および「近い将来において使用者となる可能性がある者」（肯定：最判昭和61・7・15労判484号21頁〔日本鋼管鶴見造船所事件〕、東京地判平成23・3・17労判1034号87頁〔クボタ事件〕）

④ 合併契約締結後合併前における吸収会社（肯定：東京都労委昭和41・7・26命令集34=35集365頁）

⑤ 季節労働者の再雇用（肯定：中労委昭和27・10・15命令集7集181頁）

4　不当労働行為の要件

(1)　不利益取扱い

(A)　労働組合の正当な行為

組合内の少数派の独自活動であっても、役員選挙における選挙活動や組合内部での方針形成過程における意思表明・言論活動については、「労働組合

の行為」として保護を受ける。しかし、労働組合の統制に抵触する行為については、「労働組合の行為」とはいえない。

「労働組合の行為」が「正当な」行為であるか否かの判断は、争議行為、組合活動の正当性の判断基準により行われる。争議行為は、主体、目的、手続、態様の4つの点、組合活動は、主体、目的、態様の3つの点から判断される。

(B) 不利益取扱いの態様

不利益取扱いの態様はさまざまであり、懲戒、解雇、配転、出向、転籍、減給、降格等法律行為、事実行為を問わず、労働者に不利益を与えるあらゆる行為が含まれる。また、不利益取扱いは経済的待遇にとどまらず、広く精神的待遇等も含まれる（最判昭和24・4・23刑集3巻5号592頁）。

(C) 不当労働行為意思

労働組合法7条1号は、「故をもって」という文言を定めているところ、通説は、これを反組合的な意思ないし動機（不当労働行為意思）という使用者の主観的要件であるとしている。そして、その具体的内容は、①「労働者が労働組合の組合員であること、労働組合に加入し、若しくはこれを結成しようとしたこと若しくは労働組合の正当な行為をしたこと」を認識し、②その事実を理由として、その労働者に「不利益な取扱」をしようとの意欲をもつこととされている。

また、不利益処分の理由が競合した場合、判例および裁判例の多くは、動機・理由を比較し、いずれが決定的動機であったかによって判断している（決定的動機説。最判平成10・4・28労判740号22頁〔東京焼結金属事件〕）。学説の中には、労働者側の要件と不利益取扱いとの間に相当因果関係が認められるか否かによって判断するとの見解もある（相当因果関係説）。ただし、いずれの見解によっても結論に大きな違いをもたらすことはない。

(2) 団交拒否

団交拒否には、団体交渉を途中から正当な理由なく拒否することも含まれる。また、誠実交渉義務違反が含まれるのはすでに述べたとおりである（上

記 I 3）。

(3) **支配介入**

(A) **支配介入の態様**

支配介入の具体的態様としては、組合結成に対する公然の非難、組合の中心人物の解雇や配転、労働者への脱退や不加入の勧告や働きかけ、正当な組合活動に対する妨害行為、役員選挙その他組合の内部運営への介入、別組合の結成援助や優遇等があり、さまざまな組合弱体化行為がこれに含まれる。

(a) 使用者の意見表明

判例は、発言内容や発言の行われた状況、その発言が組合に与えた影響、使用者の意図等を総合的に考慮して支配介入の成否を判断する立場を採用している（最判昭和57・9・10労経速1134号5頁〔プリマハム事件〕）。

(b) 使用者の施設管理権の行使

判例は、施設使用を許さないことが、使用者の施設管理権の濫用と認められる特段の事情のない限り、支配介入とはならないとの立場を採用している（最判平成7・9・8労判679号11頁〔オリエンタルモーター事件〕）。

(B) **不当労働行為意思**

労働組合法7条3号には、不利益取扱い（同条1号）とは異なり、「故をもって」といった文言は用いられていないため、学説上は、意思必要説、不要説、折衷説等に分かれている。判例は、「客観的に組合活動に対する非難と組合活動を理由とする不利益取扱いの暗示とを含むものと認められる発言により、組合の運営に対し影響を及ぼした事実がある以上、たとえ、発言者にこの点につき主観的認識乃至目的がなかったとしても、なお労働組合法7条3号にいう組合の運営にたいする介入があったものと解するのが相当である」とし（最判昭和29・5・28民集8巻5号990頁〔山岡内燃機事件〕）、不要説をとるようにも思えるが、この判例について、「支配介入」に該当するか否かは労働委員会がなすべき法的評価であるので、「支配介入」と評価される行為をなそうとの意思（認識・意欲）は成立要件となるべきものではないとの趣旨に理解できるとの解釈もある（菅野和夫『労働法〔第10版〕』776頁）。

〈図表1-2-1〉 労働委員会の審査手続

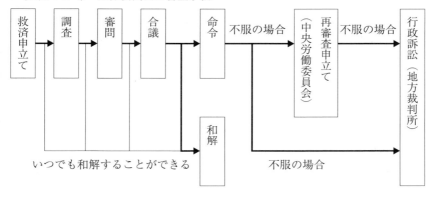

5 不当労働行為の救済

(1) 労働委員会と行政救済

不当労働行為救済の申立ては、原則として都道府県労働委員会に対して行われ（全国的に重要な問題に係る事件等については中央労働委員会の管轄となる）、審査手続を経て、労働委員会が救済命令または棄却命令を発する。また、審査委員会が和解勧告をし、和解が成立し審査手続が終了することもある。

都道府県労働委員会の命令に不服がある当事者は、中央労働委員会に再審査の申立てをすることができる。また、労働委員会の命令に対し不服のある当事者は、行政訴訟（命令の取消訴訟）を提起することができ、これは中央労働委員会に対する再審査の申立てをせずに行うことができる。

審査手続は、労働組合法に規定があり（27条～27条の26）、その詳細は中央労働委員会が制定する労働委員会規則に定められている。手続の流れは〈図表1-2-1〉のとおりである。

(2) 不当労働行為の司法救済

(A) 司法救済の法的根拠

判例は、労働組合法7条1号について、「不当労働行為禁止の規定は、憲法28条に由来し、労働者の団結権・団体行動権を保障するための規定である

から、右法条の趣旨からいつて、これに違反する法律行為は、旧法・現行法を通じて当然に無効と解すべき」（最判昭和43・4・9民集22巻4号845頁〔医療法人新光会事件〕）とし、労働組合法7条1号を根拠として司法救済を求めることができるとしている。また、団交拒否や支配介入についても、同条2号・3号を司法救済の根拠とする旨の判例および裁判例がみられる。また、同法7条に司法救済の根拠を求めない立場であっても、民法709条の不法行為責任は否定しないため、司法救済が認められる。

(B) 司法救済の内容

司法救済は、あくまで私法上の権利義務に基づくものであるため、専門的裁量に基づき柔軟に救済を行うことができる行政救済に比して、その内容には制約があると考えられている。

たとえば、労働組合の組合員であることや正当な組合活動を理由とする解雇等の不利益措置については、無効確認請求および不法行為に基づく損害賠償請求（民709条）をすることができる。しかし、労働者に就労請求権が認められない限り、労働契約上の地位確認がなされるのみで、原職復帰が命令されることはない。

また、団交拒否に対しては、団交を求める地位の確認請求および使用者に対して団交を求める地位にあることを仮に定める仮処分の申立てをすることができるが、使用者に対して団交を求める請求や団交に応諾すべき地位を仮に定める仮処分の申請は認められない。

第3章 労働審判制度

I 労働審判制度の概要

　労働審判制度は、個別労働関係民事紛争に関し、裁判官1名（労働審判官）および労働関係に関する専門的な知識経験を有する者2名（労働審判員）で組織する労働審判委員会が審理を行い、調停の成立による解決を試み、その解決に至らない場合には、労働審判を行う非訟手続をいう（労審1条）。

　労働審判制度は、労働審判員の専門的知識経験を取り入れ、原則として3回以内の期日で事件の審理を終結することにより、迅速かつ適正な紛争解決の実現を目的としている。

II 労働審判手続の対象

　労働審判手続の対象は、個別労働関係民事紛争（労働契約の存否その他の労働関係に関する事項について個々の労働者と事業主との間に生じた民事に関する紛争）である。具体的には、解雇、雇止め、配転、出向、降格の効力を争う紛争や賃金、退職金、解雇予告手当等を請求する紛争がこれにあたる。

　労働組合と事業主との間に生じた集団的労使紛争や、公務員が懲戒処分の取消しを求めるような行政訴訟に関する紛争は、労働審判手続の対象にはあたらない。労働審判の対象とならない申立ては、不適法却下となる（労審6条）。

III 労働審判手続の概要

1 申立て

当事者は、個別労働関係民事紛争の解決を図るため、裁判所に対し、労働審判手続の申立てをすることができる（労審5条1項）。申立書には、申立ての趣旨および理由を記載しなければならない（同条2項）。

労働審判手続に係る事件は、①相手方の住所、居所、営業所もしくは事務所の所在地を管轄する地方裁判所、②個別労働関係民事紛争が生じた労働者と事業主との間の労働関係に基づいて当該労働者が現に就業しもしくは最後に就業した当該事業主の事業所の所在地を管轄する地方裁判所、または③当事者が合意で定める地方裁判所の管轄とされる（労審2条1項）。

2 第1回期日の指定

労働審判手続の第1回期日は、特別の事由がある場合を除き、労働審判手続の申立てがされた日から40日以内の日に指定される（労審則13条）。相手方に対しては、裁判所から労働審判の申立書、証拠書類の写しとともに、期日呼出状および答弁書催告状が送付される。

3 答弁書の提出

相手方は、第1回期日の1週間程度前までに、裁判所に答弁書および証拠書類を提出する。原則として3回の期日で終結する労働審判手続では、申立書と同様に答弁書についてもできる限りの主張と証拠を提出することが必要となる（労審則16条参照）。

4 審理

第1回期日においては、提出された申立書、答弁書、証拠書類の内容を基に、争点と証拠の整理を行い、同期日において行うことが可能な証拠書類の

取調べや当事者の審尋を実施する。第2回期日以降においても、主張や証拠書類の提出は可能であるが、それらの提出は、やむを得ない事由がある場合を除き、労働審判手続の第2回の期日が終了するまでに終えなければならない（労審則27条）。

5　労働審判の終了

労働審判委員会は、審理の終結に至るまで、労働審判手続の期日において調停を行うことができる（労審則22条1項）。ほとんどの場合、第2回期日までに、労働審判委員会から調停が試みられ、調停案が提示される。調停が成立し、裁判所書記官が調書に記載した合意内容は、裁判上の和解と同一の効力を有する（労審29条、民調16条）。

調停による解決に至らなかった場合、労働審判委員会は、審理の結果認められる当事者間の権利関係および労働審判手続の経過を踏まえて、労働審判を行う（労審20条）。労働審判は、一般的に当事者が出頭している労働審判手続の期日の中で、審判官が、その主文および理由の要旨を口頭で告知する方法で行われる。

6　異議申立てと訴訟への移行

労働審判に対しては、審判書の送達または労働審判の告知を受けた日から2週間以内（不変期間）に、裁判所に対し、異議の申立てをすることができる（労審21条1項）。適法な異議の申立てがあったときは、労働審判はその効力を失い、労働審判手続の申立てに係る請求は、当該労働審判手続の申立ての時に、裁判所に訴えの提起があったものとみなされる（同条3項、22条1項）。

裁判所が審判書を送達することができずに労働審判を取り消した場合（労審23条1項）や労働審判委員会が事案の性質に照らし、労働審判手続を行うことが紛争の迅速かつ適正な解決のために適当でないと認め、労働審判を終了させた場合（同法24条1項）にも、異議申立てと同様に裁判所に訴えの提

起があったものとみなされる（同法23条2項、24条2項）。

IV 労働審判事件の実情

　全国の地方裁判所の労働審判事件の新受件数は、制度が導入された平成18年から平成21年にかけて大きく増加し、その後は同程度で推移している。平成25年の事件の種類は、地位確認および賃金手当等請求事件が全体の75％と大部分を占めている。

　また、労働審判既済事件の終局区分別数は〈図表1-3-3〉のとおりであり、70.6％が調停成立により終局している。また、労働審判で終局した事件に対する異議申立てがなかったものが40.7％であることから、全体の77.7％が労働審判手続により終局的解決がなされたといえる。

〈図表1-3-1〉　労働審判事件の新受件数推移

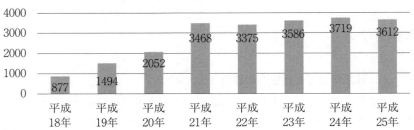

〈図表1-3-2〉　事件の種類別新受件数、割合（平成25年）

	地位確認	賃金手当等	退職金	その他	合　計
件　数	1670	1456	114	438	3678
割　合	45.4%	39.6%	3.1%	11.9%	100.0%

〈図表1-3-3〉 終局区分別労働事件既済事件数、割合（平成24年）

	労働審判	調停成立	決定等	24条終了	取下げ	合　計
件　数	644	2609	25	163	256	3697
割　合	17.4%	70.6%	0.7%	4.4%	6.9%	100.0%

第4章 手続選択

　労働事件においては、個別的労使紛争、集団的労使紛争が生じた場合には、その解決の手段として、①仮処分、②労働審判、③訴訟、④各種あっせん手続等がある。また、各手続の前に、任意に交渉することで、解決が図られることも多い。

　紛争解決の各オプションの選択の目安、およびそのメリット・デメリットについては、第2編第1章Ⅲ1(2)に解説されているので参照されたい。

第2編 労働事件の現場
―― モデルケースを素材として

第1章 仮の地位を定める仮処分
——保全の必要性を中心に

I 事案の概要

―〈*Case*①〉――

　X女は、34歳の女性、数年前に夫と離婚し、5歳の子を養育している。

　X女は、Y株式会社の事務職として勤務していたところ、同社を普通解雇された。

　X女としては、解雇されるいわれがなく、また、再就職も容易でないことから、会社への復職を希望し、新進気鋭の甲弁護士に相談した。（なお、本事例では、主として仮処分固有の論点を取り上げ、解雇の効力の有無等の被保全権利に関する部分は、必要最小限の解説にとどめる。民事保全事件全般については、同シリーズの『事例に学ぶ保全・執行入門』を参照されたい）。

II 実務上のポイント

〈*Case*①〉における実務上のポイントは、以下の4点である。
① 労働事件における手続選択の考え方
② 解雇の効力の有無を判断する際の判断枠組み

③ 労働事件における仮地位仮処分の考え方とその手続
④ 賃金仮払仮処分における保全の必要性の考え方

Ⅲ
Ⅹ女からの聴取書

1 相談内容

甲弁護士がⅩ女と面談のうえ、その要点を聴き取った内容は以下のとおりであった。

甲弁護士は、聴取を基に、本案訴訟提起を前提に、仮処分の申立てという方針を決定した。

1　私は、東京都区部に幼稚園児の子供と2人で暮らしています。
　子供が生まれた後、夫と離婚したことから独立して生計を立てていかねばならず、Ｙ株式会社に正社員として就職しました。
　Ｙ社に就職したのは、私の叔父がＹ社のOBで、有り体に言えば叔父のコネ入社です。

2　Ｙ社は、東京都区部に本店がある非上場の中堅ゼネコンで、年商100億円、従業員300人ほどの会社です。震災の復興需要やオリンピック需要があることから、業績はよいようです（注1）。
　私の職種は、事務職です。日商簿記2級の資格をもっていることから、経理を担当していました。
　正社員ですので当然に契約期間の定めはありません。定年は60歳ですが、継続雇用制度（注2）があります。
　月給は、手取りで30万円ほどです。ボーナスは、年2回、会社の業績と社員の査定に応じて支給されます。

3　解雇された経緯について説明します。
　私は、先ほどお話したとおり、コネ入社ということもあって、入社当初から上司や同僚に白い目で見られていたように感じていましたが、そのようなことは気にせず、与えられた仕事をきちんとこなしていました。
　しかし、だんだんと嫌がらせとも思える仕打ちがエスカレートしてきました。Ｙ社はゼネコンということもあり、技術系の人が多く、経理のことを

よく知っている人は少なかったのです。私は、日商簿記2級をもっていますし、結婚するまでは別の会社でやはり経理の仕事をしていましたからそれなりの経験と能力があります。Y社の経理のやり方は、おかしな点が多く、私が「こうしたほうが良いのではないですか」と提案しても全く相手にされず、「会社が決めたことに口出しするな！」、「うちにはうちのやり方がある。もっと勉強しろ」、「お前の叔父さんはとっくに定年になっている」などとパワハラまがいのことを上司から言われたり、同僚からは完全に仲間外れにされたりするようになりました。

そのような状況の中、2週間ほど前ですが、私自身が3日間ほど子供の面倒をみなければならなくなりました。いつもは母が面倒をみてくれているのですが、母の都合でどうしても私自身が面倒をみなければならなくなったのです。そこで私は、3日間の有給休暇を申請したのですが、会社は「有給休暇は認められない」といって有給休暇をとらせてくれませんでした。しかし、子供を放置するわけにもいかず、仕方なく私は会社を休みました。

休み明けに出社しますと、「お前は無断欠勤をした。これから懲戒委員会で審査する。その期日が決まったら通知するので、それまで給料は払うから自宅待機しろ」と言われ、帰宅させられました。翌日、上司から電話があり「明日、懲戒委員会でお前の話を聴くから出てこい」と言われました。しかし、その日に子供が熱を出してしまい、会社に行くことができませんでした。その翌日に上司に電話すると、上司から「お前はクビになった。明日からもう出社しなくてよい。解雇予告手当と日割した給料は、振込みですぐ払う。解雇通知は郵送で送る」と一方的に言われ、解雇されてしまいました。

2日後、解雇通知が届きました。解雇理由としては、「就業規則57条第5号、同条第7号に違反し、解雇事由に該当する」と書いてあります。
会社の就業規則は、会社のパソコンで誰でも見て、プリントアウトできます。私も、プリントアウトしたものを持っていますのでお渡しします。

「(Y社就業規則)
　第57条（解雇事由および解雇の予告）
　　当社は、正社員が次の各号の一に該当するときは、30日前に通告するか、または1ヶ月分の平均賃金を支給した上で、解雇することがある。

　　　　　（略）
　　(5)　無断欠勤が連続して3日以上続いたとき。
　　　　　（略）
　　(7)　業務上の指示・命令に従わないとき。
　　　　　（略）」
　　解雇予告手当と日割分の給料は、その後すぐに振り込まれました。
　　会社からは、社会保険関係の資格喪失通知や離職票もそのうち届くだろうと言われています。
4　私の家庭の生計ですが、手取り30万円の月給で、母子2人が何とか生活していけるという状況です。
　　預貯金は、ほとんどありません。解雇予告手当等が振り込まれたので、今現在50万円ほど残高はあると思いますが、2カ月も保ちません。
　　夫から養育費はもらっていません。
　　実両親も年金暮らしで、資金援助する余力はないと思います。母に子供の面倒をみてもらうのが精いっぱいです。
　　借金はありませんが、クレジットカードは持っています。
5　今後どうしたいかですが、私はまじめに働いてきたのに有給休暇ももらえず、それを逆手にとって無断欠勤などといわれて解雇され、会社を許せない気持でいっぱいです。現実問題として再就職も難しいと思いますし、解雇を取り消してもらい、職場に復帰し、定年まで働きたいと思います。
　　当面の問題としては、先ほどお話したとおり、2カ月もすれば預金も底をつきお金がなくなって生活ができなくなるのでそれを何とかしてほしいです。さらに心配こととしては、健康保険も使えなくなると思うのでこれも何とかしてほしいと思います。
　　和解については、復職したいと思っていますので考えていませんが、定年までの給料分を補償してもらえるのであれば考えます。

注(1)　平成27年7月現在の状況である。
　(2)　高年齢者等の雇用の安定等に関する法律9条1項参照。

2　検　討
(1)　聴取時の留意点

　労働事件に限らず、依頼者は自己に都合の良い事実だけを話したり、あるいは有利な事実はことさらオーバーに、不利な事実は矮小化して話す傾向がある。特に労働事件における労働者の場合、被害者的立場に立つことが多く、しかも、善・悪等の評価が鋭く対立しがちであるため、この傾向が強くなる。したがって、聴取する際は、依頼者の話を鵜呑みにすることなく、

① 話に矛盾がないか
② 客観的事実はあるか、あるいは客観的事実に符合するか
③ 話し振りに不自然な点がないか

等を頭の中で吟味しつつ、話を誘導し、質問する必要がある。

　たとえば、前記聴取書でのＸ女の発言の中で、Ｘ女は、簿記2級をもっていること、経理の経験があること等をことさらに強調して話し、それに自信をもっていることがうかがわれる一方、上司・同僚等を見下している節がある。また、有給休暇の取得に関して、子供は幼稚園に通っているはずであるのに、Ｘ女の母が面倒をみる、3日間面倒をみる必要があるなど、話に整合性を欠く場面がみられる。すなわち、ある一定の事象に対して、自己中心的な認知を行い、自己正当化を行う性格がうかがわれる。そうすると、Ｘ女は、「正当な提案」が受け入れられず、パワハラまがいの行為を受けた旨話しているが、真実は逆で、客観的には会社の指示・命令が正しいにもかかわらず、（Ｘ女の主観として）会社が間違っていると言っているにすぎないとの仮説、有給休暇の取得に関して、無断欠勤と会社が判断したことに正当性があるとの仮説も十分に成立しうるのであり、この仮説を払拭できるだけの客観的資料・事情をより詳細に聴き出す必要があったといえる。

　もっとも、依頼者の話を端から否定するような態度でその矛盾点を追及するようなことは、依頼者との信頼関係を甚だ毀損する行為であるので、まずは依頼者に言いたいことを言ってもらい、話が脱線しそうになったら適宜修正を図り、ひととおりの依頼者のストーリーを組み立てたうえで客観的資料

の有無の確認や矛盾点についての聴取りを行うようにするのが穏当である。

依頼者の主張するストーリーと弁護士の心証に齟齬が生じる場合、弁護士としてはシビアな状況に陥ることになる。理由を話して受任しないという方向性もあるが、依頼者の主張の中にも理があるとの心証を抱いた場合、若干高度な技術が必要となるが、依頼者のストーリーに沿いつつ書面等を作成し、依頼者のストーリーが崩れ、会社（使用者）側のストーリーが通った場合でもなお法律論として依頼者が勝ちうる主張・事実関係を潜ませておくという手法をとることも考えられる。

(2) 手続の選択

(A) 争訟オプション

労働事件の争訟手段としては、以下のオプションおよびシーケンスが考えられる。これらのオプションの中から、最も紛争解決に適合性があるものを選択することとなる。

(B) 労働事件における紛争解決の大枠的考え方

労働事件においては、他の一般民事事件に比して、和解による解決が適合するケースが多い。なぜならば、雇用契約の本質は、継続的かつ当事者間の

〈図表 2-1-1〉　労働事件の争訟手段

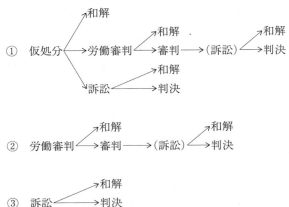

信頼関係を前提とする契約であるところ、判決あるいは審判という形で明確に白黒つけることは、当事者間の信頼関係を危うくさせ、事後の継続的な契約の維持に支障を来すおそれがあるためである。

　噛み砕いていえば、会社内にしっかりとした労働組合があり団結して闘っていけるのであれば格別、労働者が仮に判決等で勝訴しても、日本人特有の同調圧力により、使用者からは目の敵にされ、同僚からも「生暖かい目」でみられ、社内において「浮いた」存在となってしまい、当該労働者本人が勤務することが難しくなりがちであるということである。

　特に解雇系（普通解雇、懲戒解雇、雇止め、休職期間満了による自然退職等）の紛争の場合、判決等で勝訴する＝（イコール）職場に復職することになるが、解雇系に関する労働紛争では、労使が先鋭化しがちであり、上告審まで争われることも多く（注3）、確定判決が出るまでに相当の年数を要する。相当の年数が経過すれば（注4）、職場の環境（主に人間関係）が大きく変化していることが多く、そのような環境で元どおりに勤務することは、労働者本人にとっても会社の他の社員にとっても大きな違和感をもたらすものであり、遺憾ながら現実的ではない。和解による解決（相応の解決金を受領し、合意退職する）がより適合する紛争類型である。和解による解決を依頼者に推奨し、依頼者の明示的かつ強固な意思がある場合でも、復職が現実的に難しい事案であれば、判決手続と並行して和解による解決を常に念頭においておく必要がある。

　　注(3)　2周目、3周目という言葉もある。一般的に、地位確認訴訟と給料の請求訴訟を提起した場合、判決では将来請求分の給料に関しては判決確定の時まで認容するのが通例である。このため、1周目の確定判決で労働者が勝訴しても、使用者が現実的な復職を認めず、給料の支払いもしない場合、1審判決確定後の給与を請求するためには、新たに訴訟を提起しなければならない。これが2周目である。
　　(4)　相当の年数が経過する中で、依頼者が他所で再就職することもある。この場合、中間収入控除（最判昭和37・7・20民集16巻8号1656頁、最判平成18・3・28労判933号12頁）の争点が加わるほか、「就労の意思と能力の欠如」（東京地判平成24・8・23労判1061号28頁、菅野和夫『労働法

〔第10版〕』280頁）の争点に発展し、事件はより複雑化・先鋭化する。
(C) 各オプションのメリット・デメリット
　(a) 仮処分
〈*Case*①〉のように、解雇の効力を争う場合のスタンダードな仮処分は、賃金仮払いの仮処分と従業員たる地位確認の仮処分であるが、これら仮処分は、「仮の地位を定める仮処分」であり（民保23条2項）、必要的審尋事件である（同条4項）。

したがって、この審尋の場で和解協議を行うことも可能であり（民保7条、民訴89条）、実務上も仮処分の段階で和解により解決することも多い。

仮処分の場合における最大のメリットは、速やかに結論が出ることである。すなわち、仮処分の性質上、審尋期日は極めて近接して指定されることが通例であり、労働専門部のある東京地方裁判所では、申立てから1～2週間後に初回の審尋期日を入れ（債権者面接は行わない）、その後も10日～2週間ごとに審尋期日を入れ、3カ月内に審理を終結させる運用がとられている。紛争の解決として和解を第一義に考える場合、1～2カ月で解決することも可能であり速度の点ですぐれている。

また、解雇系の場合、それは収入がゼロになることを意味するのであるから、本案で争うにせよ喫緊の課題として収入を確保（賃金仮払い）する必要があり、これは仮処分によらざるを得ない。

デメリットというわけではないが、仮処分制度の本質からして、和解で終わらない限り、当該決定には暫定的な効力しかなく、訴訟または労働審判の本案を提起しなければならない点がある。

　(b) 労働審判
平成18年4月1日から施行された制度であるが、広く利用されている。

原則として3回の期日で終了する手続であり、調停の成立（労審1条、労審則22条）により解決することも多く、簡易・迅速に紛争解決ができるというメリットがある。

デメリットとして、仮に審判で終了した場合でも、異議の申立てがあれば

訴訟に移行すること（労審21条1項、22条1項）（注5）、第1回期日において争点・証拠の整理を行い（労審則21条）、主張・立証等は、第2回期日までに提出しなければならない（同規則27条）等、期間制限、主張制限が厳格であり、短期間に集中して業務を行う必要があること、また、その性質から、複雑な事案には向かないこと。和解（調停）を考えた場合、速度としては仮処分と同等か、仮処分のほうが結果が出るのが速いこと、等がある。

　(c)　訴　訟

確定的司法判断が得られる。複雑な事案でも時間をかけてじっくりと審理できるという点がメリットである。デメリットは、時間がかかることであろう。

　(d)　甲弁護士の蹉跌──〈*Case*①〉での考え方

甲弁護士の方針に特段誤りはない。

依頼者X女の希望は、復職であり、解雇の効力を争うことである。したがって、単純に失業給付を受けることや、他所に就職することは（注6）、自己の主張と矛盾するうえ、解雇の効力を認めたと主張されるおそれがあり、直ちにとり得ない。喫緊の課題としては、少なくとも解雇の効力の有無につき白黒がつくまでの間の収入を確保することであり、この観点から仮処分（賃金仮払仮処分）が第一の選択肢となる。

一方で、和解による解決、特に金銭的解決が図れるという高度の蓋然性があれば、仮処分を経ることなく直ちに労働審判の申立てを行い、調停を成立させるという戦術もありうるが、〈*Case*①〉では、依頼者X女は復職を希望しており、解雇という最終手段に及んでいる会社側のスタンスからして、和解が成立する可能性は低い。X女に有利な審判が出たとしても、会社から異議が出され訴訟に移行することは必至であり、結局、確定判決までの無収入状態を防ぐため、仮処分を並行して申し立てざるを得ない。仮処分でも和解解決が可能であることをも勘案すれば、労働審判を申し立てる実益は乏しく、仮処分から本案訴訟というオプションとシーケンスの組合せが最も適合性が高い。

注(5)　異議の申立てが行われた場合、労働審判事件の申立書は訴状とみなされるが（労審22条 3 項）、同事件記録は訴訟に引き継がれないため、新たに準備書面、証拠等を提出する必要がある。
(6)　転職して新たな職場に専念している場合には履行の意思と能力を保持しているとはいえない（菅野・前掲書280頁）。「労働者が、使用者において受領を拒絶するか否かにかかわりなく、客観的に就労する意思又は能力をはじめから有していない場合には、労働者の責めに帰する事由による履行不能というほかなく、このような場合まで、使用者の責めに帰すべき事由によるものと解し、労働者に賃金請求権を認めることは相当でない」（東京地判平成 9・8・26労判734号75頁、同平成10・6・5 労判748号117頁）。「使用者が労働者の就労を事前に拒否する意思を明確にしているときも上記労働者の労務を遂行すべき債務は履行不能となるものと解されるが、ただ、その場合であっても当該労働者は、その履行が使用者の責めに帰すべき事由によるものであることを主張立証しなければならず、しかも、この要件事実を主張立証するには、その前提として、自らは客観的に就労する意思と能力を有しており、使用者が上記就労拒絶（労務の受領拒絶）の意思を撤回したならば、直ちに債務の本旨に従った履行の提供を行い得る状態にあることを主張立証する必要があるものと解するのが相当である（菅野和夫「労働法〔第 9 版〕」227頁同旨）」（前掲（注 4 ）東京地判平成24・8・23）。

Ⅳ　仮処分申立書

1　甲弁護士の懊悩

　甲弁護士は、仮処分申立書の起案にとりかかったが、新進気鋭なだけにいくつもの疑問点が湧き上がり悩むこととなった。

(1)　仮処分の内容

　甲弁護士は、従業員としての地位確認および賃金支払請求の本案訴訟を提起するつもりであるが、仮処分として、賃金仮払いの仮処分を申し立てるのは当たり前として、従業員としての仮の地位を確認する仮処分（以下、「地位保全仮処分」という）も申立てするものなのかどうなのか判断がつきかねた。
　甲弁護士は、解雇により X 女の社会保険関係が切れてしまうので、地位

保全仮処分を求めたほうがよいのではないかと考えている。
　　(2)　解雇無効を主張する場合の要件事実
　甲弁護士は、被保全権利について、どこまで書けばよいのか判断がつきかねた。
　甲弁護士は、解雇の正当化事由を Y 社が主張・疎明すべきであり、申立書では、解雇が無効であることの主張・疎明まではいらないのではないかと考えている。
　　(3)　賃金仮払仮処分の内容
　甲弁護士は、賃金仮払いの仮処分について、仮払いすべき賃金の額をいくらにするか、また、その期間はどれくらい認められるものなのか判断がつきかねた。甲弁護士は、手取り給与額で、判決確定まで認められるのではないかと考えている。
　　(4)　保全の必要性の主張・疎明の程度
　甲弁護士は、保全の必要性の主張・疎明について、どの程度まで行うべきか判断がつきかねた。
　甲弁護士は、X 女が収入を断たれたことにより生計が苦しいということを主張・疎明すれば足りるのではないかと考えている。

2　検　討

　甲弁護士は、疑問点をはらすべく、文献、判例を調査した。
　　(1)　仮処分の内容
　(A)　概　説
　解雇系の紛争における仮処分の内容として、第一義的には、賃金の仮払いを求めることとなるが、特段の事情がない限り、賃金の仮払仮処分のほかに、地位保全仮処分を認める必要性はないとされる（山口幸雄ほか編『労働事件審理ノート〔第 3 版〕』189 頁）。
　敷衍すれば、そもそも地位保全仮処分は、一定の地位を確認するにすぎない、いわば「確認の訴え」の保全版とでもいうべきものであって、任意の履

行を求める効果しかもたないこと、仮の地位を求める場合の中核的利益は、判決確定までの賃金確保にあるところ、それは賃金仮払仮処分という、いわば「給付の訴え」の保全版で対応でき、特段の事情がない限り、これとあわせて地位保全仮処分を認める必要性が乏しいということである。

　東京地方裁判所の運用では、特段の事情がない限り、原則として地位保全仮処分を認めないが、地方の裁判所では、特段の事情を参酌することなく発令される事案も散見される。少なくとも東京地方裁判所で仮処分の申立てを行う場合、特段の事情がない限り、賃金仮払仮処分に加えて、地位保全仮処分を申し立てる実益はないと考える（当該仮処分は、保全の必要性がないとして却下される）。

　特段の事情が認められた裁判例として、東京地判昭和62・1・26労判497号138頁がある。これは、雇用契約上の地位保全が国内滞在の要件となる外国人の場合にこれを認めたものであり、特段の事情を考えるにあたって参考になる。

(B)　甲弁護士の蹉跌――〈Case ①〉での考え方

　〈Case ①〉では、Y社＝（イコール）債務者（被告）の本店は東京都区部であり、依頼者X女＝（イコール）債権者（原告）の住所も東京都区部である。債務者（被告）の普通裁判籍または義務履行地のいずれをとっても裁判管轄は東京地方裁判所である。したがって、賃金仮払仮処分のほかに地位保全仮処分の発令を得るためには、その特段の事情が厳格に判断されるところ、甲弁護士は、この点に関する追求が不足している。

　〈Case ①〉で地位保全仮処分の必要性を基礎づける特段の事情として考えられることは、X女は、解雇により、健康保険の被保険者の資格を喪失するため、健康保険が使えなくなるということである。確かに、地位保全仮処分が認められれば、資格喪失の効力は遡及して失われ、健康保険は使えるようになる（「解雇の効力につき係争中の場合における健康保険等の取り扱いについて」（昭和25・10・9保発68号））。しかし、地位保全仮処分のような、「仮の地位を定める仮処分」の保全の必要性は、「著しい損害又は急迫の危険を

避けるため」と、極めて高度のものが要求されている（民保23条2項）。単に健康保険が使えなくなって万が一のときに心配、という程度の抽象的な事情では、国民健康保険に加入するか任意継続するかで対応可能であり（注7）、特段の事情があるとはいえない。自己または扶養親族が現に傷病に罹患しており、かつ、その療養に高額の医療費が継続して必要である等の事情が必要であろう。甲弁護士は、この点に対する事実調査（聴取り等）が不足している。

注(7) 解雇の有無にかかわらず、一定の保険料を納付しなければならない。任意継続の場合、事業者負担分の保険料も納付しなければならないが、解雇無効が確定すれば還付されるうえ、賃金仮払仮処分で仮払いされる金額で調整することも可能である。

(2) 解雇無効を主張する場合の要件事実

(A) 概　説

いうまでもなく、解雇権濫用法理により、客観的に合理的理由を欠き社会通念上相当であると認められない解雇は無効である（労契16条）。その具体的な内容については、後に検討するとして、ここでは、その要件事実の考え方を基に申立書にどのレベルまで記載したほうがよいか検討する。

まず、本件事例＝（イコール）仮の地位を定める仮処分であり、地位保全仮処分の訴訟物が、従業員としての地位確認請求権であることは疑いないが、賃金仮払仮処分も訴訟物としては賃金請求権ではなく、上記と同様に従業員としての地位確認請求権である。すなわち、賃金仮払仮処分は、賃金請求権の保全のために認められる仮処分ではなく、解雇により収入を絶たれたことから、著しい損害または急迫の危険を避けるため、その必要がある範囲で金員の支払いを求めるものであり、その根拠は、まさに従業員である地位を有するということに存する。

〈*Case*①〉のような普通解雇における従業員としての地位確認を訴訟物とする場合、就業規則に定めのある解雇事由のみ認めるか（限定列挙説）、これ以外でも解雇を認めるか（例示列挙説）につき争いがあるが、例示列挙説

〈図表 2-1-2〉 地位確認を訴訟物とする普通解雇のブロック・ダイアグラム（例示列挙説）

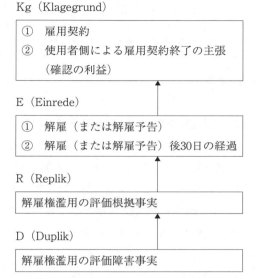

を前提とすると、地位確認を訴訟物とする普通解雇のブロック・ダイアグラムは〈図表 2-1-2〉のとおりである（山口ほか・前掲書19頁）。

(B) 甲弁護士の蹉跌——〈*Case* ①〉での考え方

解雇が無効であること＝（イコール）解雇の主張と解雇権濫用の評価根拠事実の主張・疎明は不要との甲弁護士の判断は、要件事実的には誤っておらず、迎撃戦（先に主張させて、矛盾点を突いたり弾劾証拠を出す）の観点からは、訴訟戦術としても「有り」ではある（注8）。

しかし、〈*Case* ①〉は、仮処分であり、賃金の仮払いは本来一刻も速く実現されるべき事柄である。この観点からすれば、迎撃戦では一手、手が遅くなり、相手方の主張書面（答弁書）に対する反論のため、一期日浪費することは必至である。したがって、Y社が主張してくるであろう解雇の正当

化事由＝（イコール）解雇権濫用の評価障害事実を見越し、解雇権濫用の評価根拠事実を主張・疎明すべきである。

> 注(8)　要審尋事件であるため、債権者、債務者間の攻撃防御方法の提出が考えられることの帰結である。通常の保全事件であれば、せいぜい債権者の面接しか行わず、攻防がない。そのため、申立書には、再抗弁事実をいわばせり上げて主張・疎明する必要がある（野村創『事例に学ぶ保全・執行入門』参照）。

(3) 賃金仮払仮処分の内容
(A) 概　説

賃金仮払仮処分は、満足的仮処分であり、本案訴訟勝訴と同等の効力をもたらす。債権者は仮払いを強制されるうえ、仮に本案で勝訴したり保全異議が認められたりあるいは事情変更に基づく保全取消し（注9）が認められたとしても、仮払いした金員の回収を図ることは現実的には困難である。したがって、その効力＝（イコール）仮処分の内容を考えるにあたっても、債権者に与える打撃の大きさと、債務者に生じる著しい損害または急迫の危険を比較考量する必要がある。

また、賃金仮払仮処分は、債権者（労働者）およびその家族の生活の困窮を避けるため、暫定的に発せられるものであって、従前の生活水準や勤務中の同僚と同等の生活水準を保障するものではない。

すなわち、「賃金仮払い」と銘打ってはいるが、賃金額が仮払いされる性質のものではない。仮払いが認められる額は、債権者の資産、他の収入状況、同居親族の収入、親族や労働組合からの支援金の額等を鑑み、著しい損害または急迫の危険を避けるために必要な額に限定され、従前支払われていた賃金額は、上限を画する意味しか有さない。

一般論としていえば、債権者およびその家族の生活に恒常的、固定的に必要な範囲の額が認められるケースが多い。

期間に関しては、仮払いの必要性が認められる以上、論理的には判決確定の時までとなろう（本執行できるため）。

しかし、上述のとおり、賃金仮払仮処分は債権者の打撃が大きいこと、将

来の必要性は流動的であること（再就職、パート・アルバイトで収入を得られれば、保全の必要性は消滅するか、低減する）、1審判決で仮執行宣言が付されることが通例であること（仮執行できる）等から、解雇後1年間または1審判決の時までとするのが一般的である（東京地方裁判所の運用では1年とされることが多い。以上につき、納屋肇「従業員の地位保全仮処分及び賃金仮払仮処分の必要性について」判時1270号3頁）。

注(9)　保全命令発令後、債権者（労働者）が就職し、固定収入を得ているようなケースが該当する。この場合、原状回復の裁判（民保33条）をあわせて申立てする。

(B)　甲弁護士の蹉跌──〈*Case*①〉での考え方

甲弁護士は、従前の賃金額が仮払いされ、判決確定まで認められるものと誤解しており、この点で誤っている。X女に不用意な期待を抱かせて、後にトラブルとなる危険をはらんでいる。

ただし、上記(A)で述べた理屈を踏まえたうえで、従前の賃金額や判決確定時までということがあくまで上限であり、その上限を主張するという意味合いにおいては、「有り」であり、間違っているとまではいえない。

甲弁護士としては、X女の家計や資産、他の収入の有無等をより緻密に聴取りし、保全の必要性が認められる額・期間を検討すべきであった。

(4)　保全の必要性の主張・疎明の程度

(A)　概　説

保全の必要性は、発令の要件であり（民保23条2項）、その主張・疎明責任は、債権者（労働者）にある。

当該仮処分の本質は既述のとおり、債権者（労働者）およびその家族の生活の困窮を避けるためのものである。したがって、賃金仮払仮処分における保全の必要性を基礎づける事情は、債権者およびその家族全体についての、資産・収入、負債・支出の有無および程度・額等であり、より具体的には、家族構成、必要経費（生活費、借家の場合の家賃、住宅ローンの額、就学子女の学費、病人の治療費等）、保有資産の有無および内容、アルバイト・副収入の

有無および額、配偶者等の収入の有無および額、並びに親族や労働組合等支援団体の援助の有無および額等となる。

　この点、債権者である労働者が収入源である賃金の支払いを止められている（解雇されている）事実を疎明すると、それだけで一応生活に困窮しているという要証事実が事実上推定され、その推定を覆す事実（一定の資産がある、他に収入がある、配偶者に収入がある等）を債務者（使用者）が、主張・疎明すべきとする考え方もあるが、現下の社会状況に鑑みれば、そのような事実上の推定が働く経験則が存在するとは直ちに首肯しがたく、また、このような事実は、債権者（労働者）に関することであり、債権者が疎明することは容易である反面、債務者が疎明することは困難が伴うことから、債権者において、一応の主張および疎明を行う必要があると解される（納谷・前掲論文）。

　実務上も債権者にこれらの点の主張・疎明を求められるのが通例である。

(B)　甲弁護士の蹉跌——〈*Case* ①〉での考え方

　甲弁護士は、保全の必要性に関する考え方が甘いといわざるを得ない。

　上記(A)のとおり、実務上は、債権者に生活に困窮していることあるいは困窮する危険があることの一定の主張・疎明が求められており、単に賃金の支払いがなくなったので生活に困窮するという事情のみでは、保全の必要性を認めさせることは難しい。

　少なくとも以下の点は疎明資料として準備するか、聴取りして陳述書としてまとめるべきである。

・直近2〜3カ月分の家計の収支（破産申立て用の家計の収支表を流用すると簡便である）
・直近の預貯金通帳のチェック（残高の確認と賃金以外の収入の有無の確認。恒常的支出の確認）
・資産調査（預貯金に加え、株・外国為替証拠金取引（FX）等の取引の有無）
・親族・労働組合等からの支援金の有無
・再就職、パート・アルバイトの予定

【書式2-1-1】 仮処分申立書（《Case①》）

地位保全等仮処分命令申立書

平成27年7月〇日

東京地方裁判所民事部　御中

　　　　　　　　　　　　債権者代理人弁護士　　　甲

　　　当事者の表示　　　別紙目録（略）記載のとおり

　　　保全すべき権利　　解雇無効による労働契約上の地位の保全

申　立　の　趣　旨

1　債権者が、債務者に対し、労働契約上の権利を有する地位にあることを仮に定める。
2　債務者は債権者に対し、平成27年8月25日から本案判決確定に至るまで毎月25日限り、30万円を仮に支払え。
との裁判を求める。

申　立　の　理　由

第1　被保全権利
　1　当事者
　　①　債務者は、東京都に本店を置く、非上場のいわゆるゼネコンである（甲1・現在事項全部証明書）。
　　　　年商は、約100億円、従業員数は、約300人程の規模であり（甲2・会社ホームページ）、労働組合は存在しない。
　　②　債権者は、昭和〇〇年〇月〇日生まれ、本日現在満34歳の女性である。夫とは平成〇〇年に離婚し、平成〇〇年〇月〇日生まれ（満5歳）の長女と二人で生活している（甲3・陳述書）。

　2　労働契約の存在

① 債権者は、平成○○年○月○日、下記条件で債務者と雇用契約を締結し、同日より債務者に雇い入れられ、就労を開始した（甲4・雇用契約書）。

記

i 契約期間　　期間の定めなし（正社員）
ii 職　　種　　事務（経理）
iii 就労場所　　債務者本店（東京都……）
iv 給　　与　　基本給○○円　毎月○日締め、○日払い
v 賞　　与　　年2回、会社の業績及び労働者の勤務状況に応じて支給
vi 有給休暇　　労働基準法に準じて付与

② 債務者の就業規則には、以下の定めがある（甲5・就業規則）。
　　第57条（解雇事由および解雇の予告）
　　当社は、正社員が次の各号の一に該当するときは、30日前に通告するか、または1ヶ月分の平均賃金を支給した上で、解雇することがある。

略

(5)無断欠勤が連続して3日以上続いたとき。

略

(7)業務上の指示・命令に従わないとき。

略

3　解雇の事実

　　債務者は、平成27年7月○日債権者到達の書面により（甲6・解雇通知）、就業規則第57条第5号及び同条第7号違反を理由として解雇の意思表示を行った（以下「本件解雇」という。）。

　　なお、解雇予告手当及び解雇日までの賃金は、平成27年7月○日支払われている（甲3）。

4　本件解雇の違法性

　① 結論

　　　本件解雇は、客観的に合理的理由を欠き社会通念上相当であると認められない違法なものである（労契法第16条）。本件解雇は、解雇権を濫

用したものであり無効である。
② 事実経過（甲3・陳述書）
　ⅰ　債権者は、平成〇〇年〇月〇日、債務者に入社し、就労を開始したが、債権者の採用は、債権者の叔父で、債務者の元役員であったKの紹介によるものであり、いわゆる縁故採用であった。
　　　このため、債権者は、就労当初から、上司や同僚からいわれなく白眼視されていた。具体的には以下のとおりである。
　　　……
　ⅱ　……
　ⅲ　……
　・
　・
③ 債務者の主張する解雇事由とそれに対する否認
　ⅰ　ア　債務者は、……という点（争点1）、……という点（争点2）……（争点X）等を解雇事由として主張する。
　　　イ　争点1に関して
　　　　　しかし、事実は……であり、債務者主張の事実は認められない。
　　　ウ　争点2に関して
　　　　　しかし、債権者が行った……ということは、……という点で正当であり、業務命令違反とは評価できない。
　　　・　……
　　　・　……
　ⅱ　債務者は、……という点を無断欠勤として解雇事由に当たると主張する。
　　　しかし、債務者は、……と有給休暇の申請を事前に行っており、有給休暇の取得を認めなかった債務者の行為は違法であり、無断欠勤には当たらない。
④ 本件解雇が社会通念上の相当性を欠くこと
　　仮に本件解雇につき、解雇事由該当性が認められたとしても、債権者の非違行為は重大なものではなく、債務者の業務を著しく阻害するもの

ではない。加えて、債務者は、注意・指導を受けた後、同種の業務命令違反行為を繰り返しておらず改悛・改善の意思がある。

それにもかかわらず、生活の糧を断ち、既存の人間関係からの排斥という重大な不利益を課す解雇を容認することは、債権者の非違行為との均衡を著しく欠き、処分として厳格に過ぎる。

本件解雇は、およそ社会通念上相当とはいえないものであり、解雇権の濫用である。

5 まとめ（被保全権利）

以上のように本件解雇は無効であるから、債権者・債務者間の労働契約は現在も継続しており、債権者は労働契約上の地位を有している。

第2 保全の必要性
1 家計の収支

債権者は、肩書地において、長女（5歳）と2人で生活している。

債権者らの直近3ヶ月間の家計の収支は、甲7号証の1乃至3（家計の収支表）記載のとおり、恒常的支出として月額約27万円ほどが必要である。一方収入としては、債務者より支払われる賃金しかない（甲8の1乃至3・給与明細）。債務者からの賃金が支払われなければ、一家の生活は根底から破壊される。

2 資産関係

債権者が有する資産としては、平成27年7月○日現在で、甲3号証（陳述書）記載のとおり、現金約30万円（解雇予告手当）と預金100万円（甲9・預金通帳写し）のみである。

一方、債権者はFX取引を行っているが、現在20万円ほど損失が出ている状態である（甲10・取引明細）。解雇されたという状況に鑑み、これ以上の損失による家計の圧迫を避ける為、早晩、FX取引を手仕舞いする予定である。

してみれば、債権者は、現時点で130万円ほどの流動資産を有してはいるが、月額27万円ほどの恒常的支出が必要なことを勘案すれば、5か月で現金及び預金を使い尽くすこととなり、以後、家計は破綻することとなる。

3 資金援助等

　債権者の両親は、年金生活者であり（甲11・年金振込通知書）、債権者を資金的に援助する余力はなく、他に資金を援助する親族等も存在しない。

　また、債権者は現在職に就いておらず、当面パート・アルバイト等を行う予定もない。

4 まとめ

　債権者は、本件解雇の無効を理由として、近日中に地位確認等の本案訴訟を提起する予定であるが、本案判決が確定するには長期間を要するため、労働者としての地位、就中、賃金を得られる地位を早急に保全しなければ、家計が破綻し、債権者とその子供は、路頭に迷う等、著しい損害を蒙るおそれがある。

疎 明 方 法

甲1	現在事項全部証明書
甲2	債務者会社ホームページ
甲3	陳述書
甲4	雇用契約書
甲5	就業規則
甲6	解雇通知
甲7の1～3	家計の収支（直近3か月分）
甲8の1～3	給与明細（直近3か月分）
甲9	預金通帳写し
甲10	取引明細
甲11	年金振込通知書

添 付 書 類

甲号証写し	各1通
資格証明書（甲1と兼用）	1通
委任状	1通

以上

（甲弁護士の蹉跌を踏まえてのもの。後述Ⅵの事情も盛り込まれている。また、

あえて従業員たる地位保全の申立ても行っている）

V 仮処分申立て

申立書の起案を終え、所定の書類も整ったことから、甲弁護士は、手続について予習のうえ、担当秘書のＯ嬢に仮処分の申立てを指示した。

甲弁護士：Ｏさん。労働事件の仮処分を申立てするので、よろしくお願いします。

Ｏ　嬢：わかりました。保全は得意です。東京地裁２階の民事第９部に持って行けばいいですか。

甲弁護士：惜しい。普通の仮差押えや仮処分なら民事第９部で正解なんだけれど、今回は労働事件なので、労働部で申立てします。

Ｏ　嬢：（パラパラと弁護士便覧をめくる）先生、東京地裁には労働部って、11部、19部、36部と３つもあるようですけれど、どこに持って行けばいいですか。

甲弁護士：いいところに気づきましたね。東京地裁13階の民事第19部が受付になっているので、そこに持って行ってください。ちなみに、労働審判申立ての受付も同じですから、覚えておくといいですよ。

Ｏ　嬢：はい。わかりました。勉強になります。これは、申立書正本と疎明資料一式だけ持って行けばいいのですか。

甲弁護士：今回の事件は、ほら最近やった面談禁止の仮処分と同じで、仮の地位を定める仮処分なので、必ず相手方を呼び出して、審尋しなければならないものなんです。だから申立ての時に債務者用の副本も必要になります（平成27年7月現在の運用）。

Ｏ　嬢：予納郵券は1082円のセットが２つですか。

甲弁護士：いえ、審尋の場合、呼出し等に特別送達の必要はないので、

	書類の重さにあわせた通常郵便料分の切手を収めればいいです。
O　嬢	：先生、審尋ってどんな感じなんですか。
甲弁護士	：最近の事件で弁論準備をやったよね。勉強のためということで、裁判所と相手方弁護士にお願いして、Oさんも傍聴した事件。あの弁論準備と大体同じです。
O　嬢	：ニュアンスがわかりました。では、裁判所に行ってきます。

　O嬢はつつがなく申立てを終えた。その後、担当部（民事第36部）から第1回審尋期日の日程調整のための電話があり、第1回審尋期日が決定した（申立ての2週間後）。

VI　答弁書の提出

1　答弁書の概要

　第1回審尋期日の3日前に、債務者（Y社）の代理人弁護士から答弁書および疎明資料（乙号証）が直送された。

　債務者（Y社）の主張の骨子は、以下のとおりであった。

　内容は合理的であり、主張に符合する証拠も添付されている。何よりX女からの聴取りの時に感じた違和感が答弁書を読んで解消されたような気すらした。

　解雇は正当として、被保全権利は認められないのではないか。認められたとしても保全の必要性はどう考えるか、甲弁護士は憂鬱になった。とりあえず答弁書記載の事実関係につきX女から再度聴取し、逐一反論するとして、和解も真剣に考えたほうがいいな、と思った。

1　解雇理由は、無断欠勤とたび重なる業務命令違反である。それぞれ就業規則第57条(5)および同条(7)に該当する。

2　業務命令違反の点について

　　Xは、Y社の元専務取締役Kの姪であり、Kの紹介で入社した。Kは、退任後も現社長の後見人的ポジションにあり、社長の信任も篤かった。

　　Xは、入社当初からことあるごとに「自分はKの姪である」ということを鼻にかけ、同僚や上司でさえ自分より下に見る傾向が強かった。このようなことから職場の雰囲気もギクシャクしたものとなりがちになり、さすがにみかねた当時の上司は、「Kさんの姪であるということは、仕事とは直接関係ないし、人間関係が悪くなるから控えたほうが良いよ」と注意した。すると、Xも「Kの姪である」ということは言わなくなったが、今度は、ことあるごとに「経理の仕方がおかしい。間違っている。そんな指示には従えない」などと上司に反抗するようになった。Y社は、建設業計理士の資格を有する従業員を経理部に配置し、適正に経理を行っており、税務署等の当局から是正の指導等を受けたこともない。Xが言っていることは、単に自分のやり方と会社のやり方が違い、自分のやり方のみが唯一の正しいやり方だと言っているにすぎない。

　　上司の、すなわち会社の指示どおりに仕事をしないので、たびたび口頭で注意したが、そうするとますます反抗してくるという状況であった。懲戒処分ではないが、文書で注意したが、それでも改善しなかったため、就業規則に則り、訓告の懲戒処分に付したうえで、Kに相談した。Kは、「すまない。私から言って聞かせるから」と話を引き取ってくれた。その後、KからXに話があったのか、業務命令に反抗することは影を潜めた。

3　無断欠勤

　　ところが、その後、Xは、頻繁に遅刻したり、早退することを繰り返すようになった。理由を尋ねると「パワハラまがいのことをされて精神的に参っている」と言うので、周りは皆腫れものに触るような扱いとなった。さすがに人事部のほうでもこのままでは本人にも他の従業員にもよくないと考え、配置転換か任意に退職してもらうことを検討し始めた。

　　そのような折、始業後、Xから職場に電話があり、「今日から3日間有給休暇をとりたい」との話があった。上司は、「そんな突然に言われても困る。仕事もたまっているし、他の人にも迷惑がかかるから、今日だけでも出てこれないか」と言うと、Xは、「有給休暇は権利なので会社は断ることはでき

ないはず。私は、今日から3日間休みが必要なのです」というばかりであった。上司は、「会社は、有休の時季を変更することもできるはず（労基法第39条第5項）。別の日に振り替えてくれないか。ただ、病気とか急用であればそれは考えるから理由を教えてほしい」というと、Xは、「理由を教える必要はないです。私は有休を申請しましたのできちんと処理してください」と言うと電話を切って、その後3日間、会社に出社しなかった。上司は、毎日Xに電話したが、Xは全く出なかった。

Xの有給休暇申請は、会社の事業の正常な運営を妨げるものであり、会社の時季変更権は正当である。したがって、Xの有休取得は認められず、その後3日間出社しなかったことは無断欠勤にあたる。

4　保全の必要性について

Xは、同僚に「FXでいくらいくら儲けた」という話を盛んにしていた、昼休みなどにスマートフォンでFX取引を行っている姿が何度もみかけられている。また、Xは、「離婚の慰謝料で元旦那から200万円もらった」などの話もしていた。

これらの話からすれば、Xには相応の預貯金を有していると考えられ、仮払いがなくとも直ちに生活に困窮するということはなく保全の必要性はない。

2　検討──解雇の効力の有無を判断する際の判断枠組み

(1)　概　説

繰り返しになるが、客観的に合理的理由を欠き社会通念上相当であると認められない解雇は無効である（労契16条）。解雇には、大きく分けて整理解雇と普通（懲戒）解雇がある。整理解雇については、いわゆる整理解雇の4要件（東京高判昭和54・10・29判タ401号41頁等）による具体的な判断枠組みが一応、実務上定着しているといえるが、普通（懲戒）解雇の場合、具体的な判断枠組みがあるとはいえない。これは、裁判所が事案に応じて柔軟・妥当な判断を行っている結果といえるが、予測可能性を欠くという批判もある（注10）。

一応理論的には、以下のように整理できる。
・合理性要件：構成要件該当性＝解雇事由該当性
・相当性要件Ａ：量刑の相当性＝非違行為に対して、職場から排除（労働者は、生活の糧と社会的人間関係を奪われる）することを是認できるか。
・相当性要件Ｂ：適正手続＝解雇するにあたり、被解雇者に弁明の機会を与える、懲戒委員会に図る、労働組合の意見を聴く等の手続的保障がなされたか。

ただし、実際の裁判例をみると、解雇事由該当性が認められるとしながら、「処分は重きに失し、客観的合理的理由がない」等と判断されることが多い。

結局のところ、裁判所の考え方としては、
① 解雇事由の重大性
② 解雇回避手段の欠如
③ 労働者の悪質性

等が認められる場合に解雇権の濫用がないと判断するのが一般的であり、解雇の有効性に関して極めて厳格に判断している。

端的にいえば、労働者が可哀相かそうでないかで判断しているともいえ、年功序列システムの下、終身雇用を前提とする労働者に対しては、容易に解雇（注11）を認めない一方、一定の能力や専門知識を買われて（ヘッドハンティング等）、中途採用された専門職、上級労働者に対しては、比較的緩く解雇を認めている。

私見ではあるが、筆者の経験からすると、裁判所が解雇を認める場合の具体的な判断枠組みは以下のとおりと考える。
ⓐ 業務阻害性：当該非違行為により会社の業務に大きな支障が出ないし支障が出る蓋然性がある。
ⓑ 改善可能性の欠如：同じ過ちを繰り返す。注意指導しても改善されない。

私見ⓐの要件は前記①の、私見ⓑの要件は前記②および③の具体化である。

注⑽　地域性や裁判体により相応の振幅がある。
　⑾　雇止めにつき、労契19条。なお同条は、雇止めに関する判断枠組みとして、解雇権濫用法理を準用した最判昭和49・7・22民集28巻5号927頁（労働判例百選〔第5版〕25頁および最判昭和61・1・24判時1213号136頁（労働判例百選〔第7版〕85頁）を立法化したもの。

(2)　甲弁護士の蹉跌──〈*Case* ①〉での考え方

　甲弁護士は答弁書を読んで鬱モードに入ってしまっているが、事態はそう悪くない。

　仮に債務者（Y社）の主張が真実であったとしても、答弁書では、X女の非違行為に関して業務が阻害されたとの具体的主張が一切なされていない。また、Y社主張の業務命令違反について、Y社の主張によっても、X女は、注意・懲戒処分により、問題とされた非違行為を改めているのであり、改善可能性がないとはいえない。無断欠勤の件に関しても、確かに当日分の有給休暇はY社の時季変更権が認められる可能性があるが、2日目、3日目まで時季変更権が及ぶのか、すなわち、事業の正常な運営が妨害されたか否かはなお争点たり得る。

　甲弁護士としては、事実関係について逐一反論することを考えている。これはこれで解雇権濫用の評価根拠事実として当然なすべきであるが、上記検討で述べた、業務阻害性および改善可能性の欠如が、存在しないか、存在しても極めて僅少であるという視点を強く打ち出し、かつ、その観点から主張の整理を行うべきである。

　保全の必要性に関して、保全事件の要であり、本来は事前に預貯金通帳のチェック等を行っておくべきであった。甲弁護士としては、まずは事実関係（預貯金残高）を確認し、取り崩せない預貯金であるか、または預貯金を取り崩しても、生活が困窮するということを主張・疎明することとなる。

VII
第1回審尋期日

　甲弁護士は、民事第36部書記官室に赴き、出頭簿に署名して、書記官室前

の椅子に座り、呼ばれるのを待った。去来するのは悔悟の念ばかり、弁護士に向いていないなと思ったとき、書記官に呼ばれた。まずは、債権者側から話を聴きたいとのことで、書記官室に入ると裁判官のみであった。

> 裁 判 官：早速ですが、まず形式面について先生とお話したいと思いましてお呼びしました。さて、債権者ご本人やお子さんには、何か持病がありますか。
> 甲弁護士：特にないです。
> 裁 判 官：持病ではなくても今現在、病気やけがで治療しているということはないですか。
> 甲弁護士：特にないです。解雇のせいか、精神的にはやや不安定なところがありますが。
> 裁 判 官：う〜ん。そうすると申立ての趣旨第1項の地位保全仮処分ですが、2項で賃金仮払いを求めていますよね。地位保全しなければならない理由は、何かありますか。
> 甲弁護士：健康保険が……。
> 裁 判 官：だから、持病や病気はありますかとお聴きしましたよね。そういう事情があればまた考慮しなければなりませんが、単に健康保険が使えないというのみでは、なかなか……第1項は取下げを検討してください。
> 甲弁護士：はい。
> 裁 判 官：それと保全の必要性に関してですが、家計の収支が出ていないようです。これについての陳述書や報告書もない。これではちょっと保全の必要性があるのかないのか判断できないので追完してください。
> 甲弁護士：はい。
> 裁 判 官：ご承知と思いますが、債務者からは、相応の預貯金があるのではないかとの指摘がありますので、これについても調査し

てください。
甲弁護士：ふぁい。
裁 判 官：形式面はとりあえずこれだけです。その他、債務者から答弁書が出ていますので反論していただくことになるでしょう。それはそれとして、進行に関してですが、金銭解決の方向性は考えていますか。
甲弁護士：金額次第ではありだと考えていますが、債権者の希望は復職ですので、和解を考える場合、まずそれを模索したいと思います。
裁 判 官：わかりました。債務者に意向を聴いてみますが、金銭解決する場合は、どれくらいをお考えですか。
甲弁護士：債権者もまだ若いですから、定年を考えますと、まあ相応の金額になると思います。
裁 判 官：それはなかなか……まあ、その点も債務者の意向を聴いてみましょう。

その後債務者と交代して、再び甲弁護士のみ裁判官と面接した。

裁 判 官：債務者の意向を伝えます。まず復職の点ですが、これはできない。他の社員に示しがつかないということのようです。次に金銭解決の件ですが、債務者としても考えないではないが、やはり他の社員に示しがつかないので、解決金名目で出して100万円が限度でそれ以上は考えられない。訴訟で争いたいということです。この点は裁判所としても強く説得したのですが100万円は譲れないとのことです。
甲弁護士：開きが大きいですね。一応債権者の意向も聴いてみますが、まず無理ですね。
裁 判 官：そうですね。何にせよ期日は続行しますので、双方に入って

もらって、次回までに準備すべきことの確認と期日を決めましょう。

次回期日は、2週間後に決定した。

VIII 第2回、第3回期日

1 第2回審尋期日前の準備

(1) 和解の可否

甲弁護士は、X女と面談のうえ、和解に関するY社の意向をX女に伝えた。

X女の意向としては、100万円程度の和解金ではとうてい納得できず、金銭和解であればあくまで定年までの賃金が基本であり、譲っても500万円でなければ駄目とのことであった。甲弁護士は、Y社の提案が堅いことを伝えたうえ、次回期日で500万円の提示はするが、合意形成は難しいこと、また、復職も難しいことを伝え、駄目であれば和解の話は打ち切り、決定をもらうという方針をX女に伝え、依頼者の了解を得た。

(2) 答弁書の認否——被保全権利に関して

X女の認否・反論は以下のとおりであり、甲弁護士はこれに沿って主張書面を起案した。

> ① 業務命令違反の点について
> ・懲戒処分を受けたのは事実。甲弁護士から聞かれなかったから言わなかった。しかし、間違っているのは、Y社のほうであり、Xの主張する経理方法のほうがはるかに合理的であり、省力化できる。Xが就職してから、当該セクションにおける他の同僚の残業時間は減少した。Xが効率的に仕事し、他の同僚の分までこなしたからである。
> ・Xは間違ったことをしていないと今でも思っているが、叔父から「俺の顔を潰すのか‼　言われたとおりやってくれればいいんだ」と強く叱られたの

で泣く泣く何も言わなくなっただけである。
・遅刻・早退は、事実。しかし、7～8回しかない。すべて事前に連絡等している。理由は、叔父にきつく叱られ、しかし、現場の仕事内容は非効率なまま何も言えなくなり、心労から不眠や体調不良が続いたため。
② 無断欠勤の点について
・Y社の主張は虚偽。Xは、有休の前日に、子供の面倒をみるためと理由を説明して申請している。
③ 保全の必要性の点について
・FX取引はやっている。儲かっていたのは数年前の話で、現時点では約20万円の赤字になっている。
・離婚した夫から慰謝料200万円をもらったのは事実。うち100万円はFX取引に使った。残額100万円は、子供の教育資金として定期預金している。先のことがわからないので解約したくない。

2　第2回審尋期日

　甲弁護士は、上記諸点をまとめ、第2回期日前に主張書面と疎明資料を提出した。
　第2回審尋期日において、甲弁護士は、解決金500万円の和解案を提示し、裁判官も強くY社を説得したが、Y社は、100万円の線から降りなかった。
　このため同期日で和解は打ち切りとなり、進行として、20日後をめどにY社が主張書面に対する反論書面を提出し、債権者（X女）にさらに反論があれば、その1週間後までに再反論の書面を提出するという流れとなった。

3　第3回審尋期日──終結

　予定どおり、Y社から反論の主張書面が提出された。
　争点は多岐にわたったが、業務阻害性に関する具体的な主張はなく、有給休暇取得に関する時季変更権の正当化事由の主張と預金があるから保全の必要性を欠くとの主張が主であった。
　甲弁護士は、業務阻害性がないという点、有給休暇取得に関し、仮に時季

変更権が認められるとしても、それは初日に限られ2、3日目には及ばず、有給休暇取得は正当で無断欠勤にはあたらないという点および預金はあるが100万円にすぎずそれを取り崩しても数カ月で底をつき、判決確定または1年後までには生活に困窮することは必至であるという点をまとめて再反論の主張書面を提出した。

　第3回審尋期日で、双方これ以上主張・疎明はなく、和解の考えもないということから審尋期日は終了し、決定がなされることとなった。

IX　仮処分決定

申立てから3カ月後、仮処分命令が発令された。
満額とはいかなかったが、一定の範囲で賃金仮払仮処分が認められた。

【書式2-1-2】　仮処分決定（《Case ①》）

平成27年㋵第○○○号　地位保全等仮処分命令申立事件

決　　　　定

　　　当事者の表示　　　別紙目録（略）記載のとおり

主　　　　文

1　債務者は、債権者に対し、平成27年10月25日から同28年9月25日まで、毎月25日限り、20万円を仮に支払え。
2　債権者のその余の申立てをいずれも却下する。
3　申立費用は債務者の負担とする。

理　由　の　要　旨

第1　申立て
　1　債権者が、債務者に対し、労働契約上の権利を有する地位にあることを仮に定める。

2　債務者は債権者に対し、平成27年8月25日から本案判決確定に至るまで毎月25日限り、30万円を仮に支払え。

第2　事案の概要
　本件は、債権者が、債務者が債権者に対してした平成27年7月〇日付け解雇（以下「本件解雇」という。）は無効であると主張して、債務者に対し、労働契約に基づき、労働契約上の権利を有する地位を仮に定める旨求めるほか、同年8月25日から本案判決確定に至るまで、賃金支払日である毎月25日に賃金仮払いを求める事案である。
　1　争いのない事実
　　(1)　当事者等
　　　　（略）
　　(2)　解雇事由の定め
　　　　（略）
　　(3)　本件解雇
　　　　（略）
　　(4)　賃金額
　　　　（略）
　2　主要な争点
　　(1)　被保全権利の存否について
　　　　本件解雇は、客観的に合理的な理由を有し、社会通念上相当といえるか。
　　(2)　本件申立ては、「債権者に生じる著しい損害又は急迫の危険を避けるため」（民事保全法第23条第2項）にされたものか。
　3　当事者の主張
　　　前記主要な争点に対する債権者の主張は、仮処分命令申立書、準備書面1及び同2のとおりであり、債務者の主張は、答弁書、準備書面のとおりである。

第3　主要な争点に対する判断
　1　争点(1)（被保全権利の存否）について

……
　上記認定した事実及び審尋の全趣旨によれば、債権者には、解雇事由該当性（就業規則第57条第7号・業務命令違反）が一応認められる。
　しかしながら本件解雇は、平成27年7月〇日にされたものであるところ、債権者は、本件各業務命令違反を起こし、注意を受け又は訓告処分を受けた後、同様の注意・指導を受けておらず、またその業務命令違反の態様も、やや自己主張の度合いが強いものと認められはするものの、現実的に債務者の業務を大きく阻害するものであったとまではいえず、経理担当の事務社員としての適格性を判断する上で重要度が高いものに該当するとまではいえないことが認められ、当該非違行為に対する処分として、解雇は重きに失するというべきである。
　また、無断欠勤の点について、上記認定した事実及び審尋の全趣旨によれば、1日目の有給休暇申請については、債務者の適法な時季変更権の行使と認められ、その取得を認めなかったことは一応適法と認められるものの、2日目以降の有給休暇の申請にあたっては、事業の正常な運営を妨げる事情は認められず、債務者の時季変更権の行使は無効である。従って、債権者の2日目以降の欠勤は、有給休暇の取得によるものであり、無断欠勤にはあたらず、就業規則第57条第5号に規定する「無断欠勤が連続して3日以上続いたとき。」には該当しない。
　以上検討したところによれば、本件解雇には客観的に合理的な理由がなく、社会通念上相当とはいえず、解雇権の濫用に当たるから、本件解雇は無効である。
2　争点(2)（保全の必要性の存否）について
　以上のとおり、本件においては、本件解雇は無効であり、また、疎明資料（略）及び審尋の全趣旨によれば、債権者は債務者から支給される給与で家族の生活を賄ってきたことが一応認められる。そうだとすると、債権者については、賃金仮払の保全の必要があると認めるのが相当であるが、賃金仮払の仮処分は、「債権者に生ずる著しい損害又は急迫の危険を避けるため」（民事保全法第23条第2項）に必要な限度で発令すべきものであるから、仮払いされるべき賃金額は、債権者が人並みに生活を維持していくのに必要な額と解される。

これを債権者についてみると、債権者は長女（5歳）と同居し、毎月27万円程度の生活費が必要なこと、親族等からの援助が期待できないことが認められる一方、平成27年7月時点で、現金30万円及び預金100万円の資産があることが認められる。
　以上の諸事情に照らすと、債権者らが人並みに生活を維持していくのに必要な額は、1か月20万円と認めるのが相当である。
　賃金の仮払期間についてみると、将来の事情の変更、債務者の被る損害及び本案訴訟に要する期間等も考慮すれば、平成27年10月以降1年間に限って、その必要性を肯定すべきである。
　なお、債権者は、地位保全の仮処分をも求めているが、保全の必要性があるとの疎明がされているとは言い難い。

第4　結論
　以上によれば、債権者の本件申立ては、主文第1項の限度で理由があるので、事案の性質に照らし債権者に担保を立てさせないでこれを認容することとし、その余の申立ては理由がないのでこれを却下することにする。

　平成27年10月○日

　　　東京地方裁判所民事第36部
　　　　　　裁判官　○　○　○　○

X　その後

　仮処分命令発令後、甲弁護士は直ちに本案訴訟を提起するとともに、Y社に対し、仮処分で認容された仮払金の履行を請求した。Y社は、仮処分命令に基づく差押えを回避するため、仮払金につき任意の支払いには応じたが、仮処分命令自体を保全異議で争ってきた。保全異議でも当該仮処分の効力が認可（維持）されたが、Y社は徹底抗戦のかまえで、保全抗告で争い、保全抗告も破れると特別抗告まで争ってきた。

本案訴訟も並行して審理が続けられたが、途中、X女が再就職したという事情もあり、証拠調べ後、和解が成立し解決した。

> 　本稿は、複数の事例を組み合わせるなどして構成したものであり、実際の事例とは異なる。

第2章 労働審判──臨時職員からの退職金請求への企業側の対応

I 事案の概要

― ⟨*Case*②⟩ ―

　甲弁護士の下に、顧問先であるX社の担当者より、雇止めした臨時職員Y氏から労働審判を申し立てられたので相談にのってほしいという連絡があった。

　X社担当者によれば、Y氏との間の雇用契約書には退職金を支給する条項はなく、就業規則上も臨時職員に退職金を支払う旨の規程はないとのことであった。

II 実務上のポイント

⟨*Case*②⟩における実務上のポイントは、以下の3点である。
① 使用者側における労働審判対応の心がまえ
② 雇止めの適法性
③ 退職金支給に関する労使慣行の有無

III 相談の記録

　X社担当者から電話で相談を受けたのは、5月10日のことであった。同担当者によれば、臨時職員であったY氏から労働審判を申し立てられ、東京地方裁判所民事第11部（労働部）から、呼出状が届いたとのことであった。答弁書の提出期限は6月1日で、期日はその1週間後とのことだったので、急いで打合せの日時を設定し、面談することにした。

【書式2-2-1】　労働審判手続期日呼出状及び答弁書催告状（《Case②》）

事件番号　平成27年（労）第○号　退職金請求労働審判事件
申立人　Y
相手方　X社

労働審判手続期日呼出状及び答弁書催告状

平成27年5月8日

相手方代表者代表取締役　○　○　○　○　殿

東京地方裁判所民事第11部○係
裁判所書記官　○　○　○　○
電話番号　03-0000-0000
FAX番号　03-0000-0000

　当書の事件について、申立人から労働審判手続申立書が提出され、当裁判所に出頭する期日及び場所が下記のとおり定められましたから、同期日に出頭してください。
　なお、労働審判手続申立書及び証拠書類の各写しを送付しますから、下記答弁書提出期限までに答弁書及び証拠書類の写しを提出してください。提出方法について、別紙「注意書」をお読みください。
　また、第1回期日の前にあらかじめ主張及び証拠の提出に必要な準備をして

おいてください。
記
期　　日　平成27年6月8日　午前10時
　　　　　（所要時間は、2時間程度の予定です。）
出頭場所　東京地方裁判所民事第11部書記官室
　　　　　（別添「庁舎案内図」（省略）のとおり）
答弁書提出期限　平成27年6月1日
（出頭の際には、この呼出状を上記場所で示してください。）
以上

【書式2-2-2】　労働審判手続申立書（《Case②》）

労働審判手続申立書

平成27年5月1日

東京地方裁判所　民事部　御中

申立人代理人
弁護士　○　○　○　○

当事者の表示　別紙目録（略）のとおり

退職金請求労働審判事件
　労働審判を求める事項の価額　80万円
　貼用印紙額　4000円

申立の趣旨

1　相手方は、申立人に対し、金80万円及びこれに対する労働審判確定の日の翌日から（注1）支払済みに至るまで年6分の割合（注2）による金員を支払え
2　申立費用は、相手方の負担とする
との労働審判を求める。

申立の原因

1 当事者

　相手方は、コンピュータソフトの開発、販売等を目的とする株式会社である。

　一方、申立人は、大学卒業後、平成23年4月より、相手方に臨時職員として雇用され、勤務してきたが、期間満了により雇止めされた者である。

2　雇用契約の内容

　相手方は、平成23年4月、以下の条件で申立人を雇用した（甲2）。

　　　給与　　　　月額30万円
　　　契約期間　　平成23年4月1日より1年
　　　契約更新　　双方に継続の意思がある場合、本契約を更新することができる
　　　退職金　　　支給しない
　　　（略）

　以上の条件において、退職金は支払われないものとされているが、過去に臨時職員として採用された者には退職金を支給されていた実績があり（申立人において具体的に確認できただけでもa氏〜d氏の4名について退職金が支給されていた。）、具体的な計算式も以下のように定められていたことから（甲3）、申立人においては、このような労使慣行の存在から、退職時には退職金が当然支払われるものとの期待を抱いていた。

　（略）

　その後、上記契約は、平成24年4月に更新され、その内容は上記と変わるところはなかった（甲4）。

　しかし、平成25年4月の2回目の更新の際、上司のA部長は、申立人に対し、甲5の雇用契約書に署名・押印するよう求め、これに署名・押印しなければ雇用契約を継続することはできないと述べた。申立人は、転職先のあてもなかったことから、やむなく甲5に署名・押印し、以下の雇用契約が成立した。

　　　給与　　　　月額30万円
　　　契約期間　　平成25年4月1日より1年
　　　契約更新　　更新しない
　　　退職金　　　支給しない
　　　（略）

ただし、申立人は、甲5に署名・押印するにあたり、給与の水準が多少変動する可能性はあるが引き続き勤務することができるという話をA部長から聞かされており、そのような期待を抱いていた。

3 雇止めの通告

しかし、平成26年3月中旬頃、上司のA部長は、前触れもなく申立人を呼び出し、「期間が満了するので辞めてもらう」と述べた。申立人は、甲5に署名・押印して契約を更新した際に、期間満了後も引き続き勤務することができるという話を聞いていたのと話が違うではないかと反論したが、同年4月1日、人事部長に呼び出され、期間満了による退職を告げられた。

4 退職金の請求

したがって、申立人において、労働契約が更新されるものと期待することについて合理的な理由があるものであるから、申立人としては相手方との間の雇用契約の継続も主張しうるところではあるが（労働契約法19条2号）、本審判においては、雇用契約終了を前提として、採用時の退職金支払合意に基づき、以下のとおり退職金80万円を請求する。

（略）

証拠方法

甲第1号証	陳述書（申立人）
甲第2号証	平成23年4月1日付雇用契約書
甲第3号証	メモ書き
甲第4号証	平成24年4月1日付雇用契約書
甲第5号証	平成25年4月1日付雇用契約書

（略）

(注1) 遅延損害金の起算日を「申立書送達の日の翌日」とはしない（申立書は送達されないため）。

(注2) 利率は、会社その他商人に対する請求では年6分、商人でない場合（公益法人等）に対する請求では年3分となる。なお、賃金の支払の確保等に関する法律6条（年14.6％）の適用はない。

1　聴取内容

　甲弁護士は、申立書と証拠を読み込んで事案を確認し、疑問点をまとめておいた。また、X社において労働審判が申し立てられるのは初めてのことだったので、労働審判の制度を説明できるよう復習したうえで、打合せにのぞんだ。

X社担当者：先生、お世話様です。今回、臨時職員として雇用していたY氏から労働審判を申し立てられてしまいまして、裁判所から呼出状が届きました。答弁書の提出期限までもう3週間しかないので、間に合わせるのは難しいかもしれません。

甲弁護士　：御社は、労働審判は初めてでしたよね。

X社担当者：はい。訴訟でしたら私自身も担当したことがあるのですが。

甲弁護士　：訴訟と勝手の違うところもありますので、簡単にどういう制度か説明させていただきますね。労働審判制度というのは、労働関係に関する紛争を迅速に処理するために制定された制度で、裁判官である労働審判官1名と、専門的知識を有する労働審判員2名で組織する労働審判委員会が審理することになります。

X社担当者：そのあたりは自分でも調べてきました。労働審判員というのは、民間人で、使用者側と労働者側で1名ずつ選ばれるのですよね。

甲弁護士　：そのとおりです。ここからがポイントなのですが、原則として3回以内の期日で、調停による解決を試みつつ、調停による解決ができない場合には労働審判を行うことになります。判決のような判断が出るわけですね。

X社担当者：3回となると、反論→再反論→調停、というような流れですか。

甲弁護士　：まさか。原則3回ではあるのですが、双方とも小出しに主張・立証することは想定されていません。複雑な紛争でなければ第1回期日で事実関係の主張・審理を終了してしまうこともあるくらいで、第1回期日はまさに真剣勝負の場なんです。

X社担当者：訴訟のときとはえらい違いですね。

甲弁護士　：確かに。訴訟だと第1回期日には欠席してしまうこともあるくらいですし、全然違いますよね。答弁書の段階で必要な反論を終えなければいけませんし、期日での相手方の主張や労働審判委員会からの質問等に答えられるようにしておく必要もあります。今回はかなりタイトなスケジュールですね……。

X社担当者：第1回期日を先延ばしにすることはできないのですか。

甲弁護士　：期日変更は例外的なものですから、容易ではないですね。答弁書の準備ができないからというような理由であればまず相手にされないでしょう（なお、東京地方裁判所労働部においては、審判員を指定するまでの間（通常は、第1回期日の2週間前から3週間前までの間）に、相手方から期日変更の申立てがあった場合は、申立人の意向や具体的な変更理由等も考慮しつつ、認めることがあるが、その時期を過ぎてしまうと認めないという運用をしている（白石哲編『労働関係訴訟の実務』508頁））。

X社担当者：う～ん。申立人側はじっくり準備したうえで申し立てているのに対して、こちらの準備期間がここまで短いというのはあまりに不公平のような……。

甲弁護士　：お気持はわかりますが、労働者というのは雇用主である会社と比べると弱い立場にいるわけですね。とはいえ、早期解決が望めるというのはこちら側にとっても大きなメリ

> ットですよ。
> X社担当者：そうですね。では今回の事案について説明します……。

　甲弁護士が、X社担当者から聴取した内容を整理すると以下のとおりであった。

> ・採用にあたり、更新を期待させるような発言はしており、実際、基本的には更新することがほとんどだった。
> ・Y氏の勤務態度があまり良くなかった（無断外出や備品の私的使用等）のでできれば更新したくないということで、平成25年の更新の際には、翌年は更新しないという内容にしていた。しかし、A部長は、Y氏に対して、給与等の勤務条件を変更すれば何らかの形で勤務できるというような発言をした。
> ・就業規則には、臨時職員に退職金を支給する旨の規定はない。
> ・雇用契約書には「退職一時金についてはこれを支給しない」と記載されている。
> ・基本的には臨時職員に退職金を支給する扱いとはしていない。
> ・申立人が過去の実績としてあげるa氏～d氏については、そもそもa氏以外には退職時に金銭を支払ってはいなかった。a氏への支払いも、旦那さんの転勤で引っ越すことになるということだったので、社長が気を利かせて支払ったものだった。
> ・Y氏については、勤務態度にも問題があったので、退職金支払請求には応じられない。

2　方針の検討

　甲弁護士は、聴取した内容を基にX社担当者と今後の方針について検討を進めた。

> 甲弁護士　：これまでにうかがった内容ですと、退職金は支払わないと明確に決められていたわけですから、申立人がこれを覆すのは難しいだろうという印象ですね。

X社担当者：そうですよね。こういう内容を労働審判委員会に理解してもらえれば、大丈夫だろうと思っています。
甲弁護士：そのとおり。まずは答弁書の内容を充実させるということでしょうね。もう1つは、先ほども申し上げましたが、当日の口頭での説明ですね。事件の内容についてかなり詳しく聞かれることになりますから、事情に精通した方を連れて行く必要があります。Y氏の勤務状況についてお話できる方だと、どなたでしょう。
X社担当者：A部長です。言いたいことがあるんだとしきりにおっしゃっていましたし、喜んで出廷すると思いますよ。
甲弁護士：関係ないお話をされても困りますから、逆に心配です。規定類や、過去の退職金の支給状況について話せる方だと、人事の誰かでしょうか。
X社担当者：そうですね。Y氏が入社した当時のことは私もよくわからないので、人事部から来てもらうのがいいでしょうね。人事部長に頼んだほうがいいでしょうか。
甲弁護士：部長でなければいけないということはないですよ。むしろ、一番実務に詳しい方のほうがいいですね。
X社担当者：なるほど。そうするとBさんですね。彼女は古株なのでこれまでの運用にも詳しいですし、Y氏の採用面接も行ったみたいですからいろいろ知っていると思います。
甲弁護士：当日は、審判官から事案についての質問に答えてもらうことになりますので、事前に打合せをお願いします。
X社担当者：わかりました。
甲弁護士：あとこれも重要なことですが、労働審判は本当にスピーディーに進むものですから、第1回期日から調停が行われて、労働審判委員会のほうから金銭解決の可能性について尋ねられることになります。ですから、あらかじめ解決金の上

　　　　　　限についても検討しておいてもらえますか。
　Ｘ社担当者：そうですね。内部決済もとっておきます。

　その後、Ｘ社担当者より電子メールで連絡があり、
・当日はＸ社担当者、Ａ部長、Ｂ女が出席する。
・解決金の上限は他の職員への影響を踏まえ、10万円とする
とのことであった。

3　使用者側における労働審判対応の心がまえ

　労働審判手続においては、申立書および答弁書によって、当事者双方の基本的な主張がされた後は、原則として、書面による主張は予定されておらず、期日における口頭でのやりとりによって、双方が主張・立証を行う方法で審理されることになる（労審則17条1項）。したがって、相手の主張や労働審判委員会からの質問等に対して、期日で具体的に回答できるよう準備しなければならない（第1編第3章参照）。

　第1回期日においては当事者の審尋も行うことになるため、依頼者との関係でも、詳細な事情聴取を行うなどして十分な打合せをしておく必要があるし、事情に精通した人物（担当者や上司等）を同行しなければならない。また、審尋後に調停を行うことになるため、紛争解決のために組織上の決定権をもつ担当者や役員、社長等にも立ち会ってもらうことが望ましい。労働審判に限ったことではないが、期日の雰囲気を実際につかんでもらうことで、見通し等について依頼者とのギャップが生じにくくなり、社内の方針を決定するにあたっても、意思決定がスムーズになることが多く、そのような意味でも有意義であると思われる。

　なお、同行が難しい場合には、期日において電話等により連絡できるようにしておく方法も考えられる。

　以上のとおり、使用者側は、申立時期を選択できる申立人側とは異なり、短い期間で相当の準備をしなければならない負担がある。したがって、労働

紛争が予想されるような場合には、このようなことも念頭において、労働審判の申立て等がされる前から弁護士等に相談してもらうよう、依頼者とコミュニケーションをとり、必要書類等を前もって準備しておく体制をつくり上げておくことが有用であると思われる。使用者側における労働審判対応の心がまえをまとめておくと、以下のとおりである。

・とにもかくにも迅速な準備
・答弁書の充実
・出席者の選定（事案をよく知る者、調停内容についての決定権者）

IV 答弁書の作成・提出

　労働審判手続において、第1回期日から充実した審理を行うためには、相手方において、実質的な記載がされた答弁書および必要な証拠書類を提出することが重要である。その後に主張を補充する機会はほとんどないので、主張したいことはすべて答弁書に盛り込みつつ、争点を意識して簡潔に記載することが肝要である。

　また、答弁書の提出期限は非常にタイトであるが、労働審判委員会を構成する審判員は非常勤であり、当事者から提出された主張等を検討するための一定の時間が必要であり、当然のことではあるが、提出期限を遵守することも非常に重要である。

1　検　討

(1)　雇止めの適法性

　〈*Case*②〉は、雇用契約の継続を前提とせず退職金を請求するものであるから、雇止めの適法性自体は主たる争点にはならない。ただし、申立人が雇止めの違法性を示唆する主張をしているため、甲弁護士は、念のためこの点について検討することにした。

(A)　雇止めの適法性に関する判断枠組みの確認

判例上、期間の定めのある労働契約であっても一定の場合には解雇権濫用法理（労契16条）を類推適用し、合理的理由および社会的相当性の認められない雇止めは無効とされてきた（雇止めの法理。最判昭和49・7・22民集28巻5号927号〔東芝柳町工場事件〕、最判昭和61・12・4労判486号6頁〔日立メディコ事件〕）。この雇止めの法理を法定化したものが労働契約法19条である。同条の判断枠組みを整理すると以下のようになる（第1編第1章Ⅲ参照）。
　① 労働契約法19条1号タイプ（東芝柳町工場事件タイプ）
　　以下の要件を満たすと雇止めは違法となる。
　　ⓐ 過去に反復更新された有期労働契約について雇止めすることが、無期労働契約の労働者を解雇することと社会通念上同視できると認められること
　　ⓑ 使用者が当該申込みを拒絶することが、客観的に合理的な理由を欠き、社会通念上相当であると認められないこと
　② 労働契約法19条2号タイプ（日立メディコ事件タイプ）
　　以下の要件を満たすと雇止めは違法となる。
　　ⓐ 有期労働契約の期間満了時に労働者が契約更新を期待することについて合理的理由が認められること
　　ⓑ 使用者が当該申込みを拒絶することが、客観的に合理的な理由を欠き、社会通念上相当であると認められないこと
　そして、ⓐの要件については、ⅰ業務の客観的内容、ⅱ契約上の地位の性格、ⅲ当事者の主観的態様、ⅳ更新の手続・実態、ⅴ他の労働者の更新状況等を総合考慮して判断される、ⓑの要件については解雇権濫用法理とほぼ同様の枠組みで判断されることとなるのである。
　(B) 〈Case②〉の場合
　〈Case②〉については、申立人の主張は労働契約法19条2号タイプを前提にしていると考えられ、日立メディコ事件の事案と比較しながら検討を行った。
　① 申立人の業務は比較的簡単な事務作業ではあったが、季節的労務や特

定物の製作のような臨時的作業ではなく、ある程度の継続性が期待されていた（日立メディコ事件に近い）
② 更新後の雇用契約書上、更新をしないと明記されてはいるものの、労働契約の更新を示唆する発言があり、申立人において労働契約が更新されるとの期待を有していたことは否定できない。
③ 更新の手続に際しては雇用契約書に署名・押印する正式な形をとっていた（日立メディコ事件よりも使用者側に不利）
④ 申立人についても二度契約更新されており、他の臨時職員についても何度も契約更新は行われてきていた（期間２カ月の契約が５回更新された事案である日立メディコ事件よりは使用者側に有利か）

上記①から④より上記(A)における②ⓐの要件を満たすと考えられる。

⑤ 雇止めの理由は勤務態度の不良

⑤については、日立メディコ事件との比較は難しい。勤務態度不良を理由とする解雇が認められるケースは一般に稀であるし、〈*Case*②〉においては勤務態度不良ならばなぜわざわざ更新したのかという疑問も残るところであるから、上記(A)における②ⓑの要件も満たすと考えざるを得ない。

以上から、甲弁護士は、雇止めの違法性に関しては、こちらにとって厳しい状況にあると結論づけた。

　(2) 退職金支給に関する合意の効力

使用者が退職金の支給を制度化する場合は、就業規則にその支払いに関する規定をおかなければならないとされているが（労基89条３号の２）、〈*Case*②〉においては、雇用契約書上、退職金を支給しないと規定されてはいるものの、申立人は、過去の支払実績等を根拠に、退職金を支給する旨の労使慣行があったと主張しているようである。

甲弁護士は、まず文献を確認したところ、「『労使慣行』の法的意義」なる項目を発見した。

「長年続いてきたある取扱いがその反復・継続によって労働契約の内容になっていると認められる場合、その取扱いには労働契約としての効力が認め

られることになる」（菅野和夫『労働法〔第10版〕』100頁）。

〈*Case*②〉においては、基本的には臨時職員に退職金を支給する扱いとはしていないし、退職金が支払われたａ氏についても、旦那さんの転勤で引っ越すことになるということだったので、社長が気を利かせて支払ったものだった。長年続いてきた取扱いとも、反復・継続されたともとうていいえないだろう。

次に、甲弁護士は、参考となる判例がないか、判例検索システムで「退職金請求、労使慣行」等の検索ワードで検索してみた。

早速、最高裁判例である三菱自動車工業事件（最判平成19・11・16労判952号5頁）が見つかった。

「被上告人が退任する執行役員に対して支給してきた退職慰労金は、功労報償的な性格が極めて強く、執行役員退任の都度、代表取締役の裁量的判断により支給されてきたにすぎないものと認められるから、被上告人が退任する執行役員に対し退職慰労金を必ず支給する旨の合意や事実たる慣習があったということはできず……」。

三菱自動車工業事件は役員の事案なので、〈*Case*②〉とは退職金の性質が異なってくるが、退職金が功労報償的な性格を有するという点は、退職金一般についていえるはずである。〈*Case*②〉でａ氏に支払われたのはまさに功労報償として、社長の裁量で支払われたものと整理することができるだろう。

さらに検索を続けていると、東京地判平成19・7・13判例集未登載というものがみつかった。

この事件は、原告がかつて被告会社に勤務して退職し、その後再び被告会社に勤務し退職したが、再度の退職にあたり、当初在籍期間と同基準による退職金の支払いを求めた事案であり、裁判所は以下のように判示している。

「原告は、当初在籍期間の退職金の支給基準について労使慣行があったことを前提に当該基準が再入社後の原告の退職金に適用される旨主張するが……一定の支給率なり基準を定めて退職金を支給する慣行の存在を認定する

ことはできず、……確定的な支給率なり支給基準を見出すことができず、被告のメイン株主である訴外Cの意向なり、当時の相談役である社会保険労務士の助言のもとに恣意的な金額の個別の取り決めがなされていた実態が看取できる。それゆえ、原告が主張するような退職金に対する支給慣行の存在は認定することができない」。

　退職金支給に関する労使慣行の有無の判断にあたって、参考にはなったが、判例集等にも掲載されていない単独事件にすぎないということで、参考程度にとどめておくこととした（労使慣行に基づく退職金請求の肯定例として、学校法人石川学園事件（横浜地判平成9・11・14労判728号44頁）など）。

(3) 方針の確認

　甲弁護士は、上記打合せの概要をボス弁に報告するとともに、答弁書や期日対応について相談した。

甲弁護士：事案の概要は以上です。雇用契約書上は退職金を支給しないと明記されている中で、申立人としては、退職金を払う旨の労使慣行が存在したというような主張をしているのだと思います。基本的には、そのような合意や労使慣行が存在したかどうかが争点になると考えられます。

ボス弁：雇止めの有効性自体は争点とはならないということだね。

甲弁護士：はい。今回は雇用契約の継続を前提に、すなわち雇止めの有効性は争わず、退職金を請求していますので。

ボス弁：ちなみに、雇止めの有効性が争われていたらどういう結論になりそうなの。

甲弁護士：雇止めの合理性の説明は少し苦しいですし、無効となる可能性が高いと考えています。まあ今さら会社に戻りたくもないということで争っていないのでしょうが、なぜわざわざ申立書で雇止めの話なんか持ち出したのでしょうね。

ボス弁：申立人に有利な争点なので、和解のときにこちらの落ち度に

甲弁護士：関する材料として主張したということかな。
なるほど。いずれにしてもこちらに不利な話のようですし、争点にはならない部分ですから、答弁書では退職金支給合意に関する反論について主張・立証するにとどめようと思います。それから、X社担当者との打合せで、Y氏の勤務態度があまり良くなかったという話も出てきていたのですが、この主張はどう位置づけるべきなのでしょうか。退職金規定が備わっているようなケースであれば懲戒解雇に伴って退職金を不支給としたという主張に位置づけることもできると思うのですが……。

ボス弁：勤務態度の不良というのは、無断外出と備品の私的利用のことだよね。程度問題ではあるけれど、懲戒解雇にあたるとするのは難しいだろうし、少なくともこれが主要な争点となることはないだろう。ただ、調停での話合いのときの材料にはなるだろうから、勤務態度の話もどこかに盛り込んでおいたほうがいい。

甲弁護士：（どこかってどこだよ！？）検討します。

2　答弁書

　甲弁護士は、答弁書のドラフトを作成し、ボス弁へ提出した。間もなく、ボス弁から若干の修正が入ったものの、X社担当者等の異議はなく、答弁書が完成した。

【書式 2-2-3】　答弁書（《Case ②》）

平成27年（労）第〇号　退職金請求労働審判事件
申立人　Y
相手方　X社

答　弁　書

平成27年6月1日

東京地方裁判所民事第11部労働審判委員会　御中（注１）

〒○○○―○○○○
東京都千代田区霞が関○丁目○番○号
××××法律事務所
相手方代理人弁護士　　　甲

第１　申立の趣旨に対する答弁
　１　本件申立てにかかる請求を棄却する
　２　申立費用は申立人の負担とする
　との労働審判を求める。

第２　申立書に記載された事実に対する認否
　　（略）

第３　相手方の主張
　１　退職金請求権の法的性格
　　退職金制度は、就業規則の相対的記載事項（労基法89条３号の２）であり、それを支給するか否か、いかなる基準で支給するかがもっぱら使用者の裁量に委ねられているかぎりは、任意的恩恵的給付にすぎない。
　　したがって、労働者は、退職金請求権を当然に有するものではなく、就業規則等で退職金を支給すること及びその支給基準が定められていなければならない。
　２　本件について
　　申立人は、雇用契約の締結に際して退職金支払の合意があったと主張し、その根拠として、甲３のメモ書きにａ氏～ｄ氏の退職に際して、一定の金銭を支払った記載と、その算出根拠と思われる記載があることを挙げる。しかし、以下に述べる点からすれば、申立人の主張に理由がないことは明らかで

ある。

(1) 雇用契約書上、退職金は支給されないと規定されていたこと

　申立人は、退職金についての労使慣行が存在していたことを根拠に退職金の支払いを求めているが、そもそも労使慣行とは、就業規則や労働協約等の成文の規範に基づかない集団的（一般的）な取扱いが長い間反復・継続して行われ、それが使用者と労働者の双方に対して事実上の行為準則として機能するものであり、このような慣行が契約当事者間に行為の準則として意識されてきたことによって黙示の合意が成立していたものとされるなどして労働契約の内容となるものである。

　本件においては、まさに、雇用契約書において、「退職一時金についてはこれを支給しない」と明確に記載されており、また、本申立てに至るまで、申立人が異議を述べたという事実もなかった。したがって、退職金を支払わないということこそが労使（申立人と相手方）間の明確な合意となっているのであるから、労使慣行によって退職金請求が認められる余地は一切ない。

(2) 退職金を継続的に支払ってきた実績がないこと

　申立人は、a氏～d氏に対する金銭の支払いによって労使慣行による退職金制度の存在を基礎付けようとするが、a氏以外については、退職に当たって金銭が支払われたという事実はなく、また、a氏についても、退職に当たって支払われたのは実際には30万円であってそもそも甲3のメモ記載の金額とは異なる（乙1、2）。しかも、同支払いは、a氏の勤務態度が極めて良好であったことに加えて、a氏の退職のタイミングでa氏の夫の転勤が決まったため、引っ越し等にお金がかかるだろうということで、X社社長がいわば恩恵的に与えたものに過ぎなかった。

　したがって、少なくとも、a氏が退職した平成10年以降、a氏以外については、臨時職員として雇用されていた労働者において、退職金が支払われたことは一度もなかったのであるから、退職金支給について労使慣行が存在していなかったことは明らかである。

　なお、申立人は、甲3のメモ書きをその主張の根拠とするものであるが、相手方においては原本を所持しておらず、他にこの記載内容を裏付ける資料は存在しなかった。

(3) 申立人の勤務態度が良好ではなかったこと

　これに加えて、申立人においては、①勤務中に無断で外出することがしばしばあり、②社内の裁断機やスキャナを使用して申立人の書類等を電子データ化するなど、社内の備品を私的に使用する、③退職にあたっての引継業務を一切行わなかったなど、勤務態度は良好ではなかった。

　したがって、申立人において保護すべき利益はない。

（略）

3　まとめ

　したがって、労働契約上、申立人において退職金請求権は存在せず、また、過去に退職金を支払った実績があったとはいっても任意的・恩恵的なものであって具体的な請求権が存在するわけではないし、少なくとも勤務態度が良好ではなかった申立人において保護すべき利益は存在しない。

第4　当事者間の交渉について

　本労働審判の申立てに至るまで、当事者間において、本件に関する交渉等が行われたことはなかった。（注2）

証拠方法

　　　乙第1号証　離職証明（a氏）
　　　乙第2号証　源泉徴収票（a氏）
　　　（略）

附属書類

　　　（略）

（注1）細かい話だが、答弁書等は、係属する労働審判委員会に提出するものであるから、書面の宛先は「○○地方裁判所民事第○部労働審判委員会」となる。

（注2）事前に申立人との交渉等を行っていた場合には、当事者間においてされた交渉その他の申立てに至る経緯の概要も答弁書に記載しておく必要がある（労審則9条1項3号）。

3 答弁書の提出

答弁書を裁判所へ提出する際には、写し3部（労働審判委員会の各人用）を添付することに注意が必要である。労働部に限らず、専門部や集中部（知的財産部や医療集中部）においては、書面等の提出にあたって独自のルールが設けられていることがあるため、担当事務局ともその旨を共有し、間違いのないようにしたい。

申立人に対しては、写しの交付またはファクシミリ送信により直送する（労審則20条1項）。

V 第1回期日

甲弁護士は、X社担当者らと東京地方裁判所のロビーで待合せをして、担当部へ向かった。出頭カードには、出席予定者の氏名のほか、出席者の傍聴の必要性が理解できるよう、肩書も記載しておいた。時間になり、書記官に呼ばれて法廷に入ると、すでに審判官と審判員2名が着席していた。

〈図表 2-2-1〉 労働審判廷

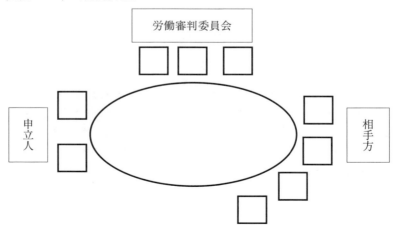

東京地方裁判所労働部の運用としては、第1回期日の30分程度前から審判官と審判員2名で事前評議を行っており、あらかじめ検討している双方の主張や証拠について、事件の争点を確認し、事実認定上および法律上の問題点についての意見交換を行い、その段階での印象や事件の見通し、期日に出頭した本人や関係者に対する審尋の内容、解決の方向性等についても評議を行っているとのことである（白石・前掲書508頁）。

　まず、審判官、審判員の紹介がされ、当事者双方の出席者の確認をした後、審判官から主張の整理・確認のために質問を受け、審尋が始まった。

審判官：臨時職員だったとのことですが、どのような業務をされていたのですか。

Y　氏：印刷作業だったり電話対応だったり何でもやっていましたが、前職でパソコンの扱いに慣れていたので、社員さんからの指示を受けてExcelやPowerPointの資料を作成したりもしていました。雑務といえば雑務ですが、マクロを使える人はあまりいなかったので、かなり重要な仕事も任されていたと思います。

審判官：採用されるにあたって雇用契約を締結していますね。

Y　氏：はい。

審判官：雇用契約書には「退職一時金についてはこれを支給しない」と記載されていますが、署名・押印はあなたのものに間違いありませんか。

Y　氏：私の署名・押印であることに間違いありませんが、その時は雇用契約の内容はよくわかっていませんでした。法律に詳しいわけでもないので。

審判官：別に法律に詳しくなくても、「退職一時金についてはこれを支給しない」という意味はわかるでしょう。

Y　氏：……。

審判官：その後更新にあたって甲4、甲5の雇用契約書も作成されてい

　　　　ますが、これもあなたの署名・押印に間違いないですか。
Y　氏：間違いありません。ただ、最後の甲5については、A部長がすごい剣幕で迫ってきて、これにサインしないと更新しないなんて言うから、仕方なく署名・押印したんです。
審判官：A部長はこの頃のことは覚えていますか。
A部長：はい。私が雇用契約書を渡したのは覚えていますが、すごい剣幕で迫ったということはあり得ません。Y氏が申立書に記載しているところですが、Y氏に悪いなと思ったので、給与等の条件を変更すれば期限が来た後も何らかの形で雇えるようにするから、というようなことを述べてしまったくらいです。
Y　氏：A部長がどうかはともかくとして、少なくとも私の受け止め方はそうだったんです。
審判官：いやいやサインをさせられたということなら、誰かに相談したりしていないのですか。
Y　氏：仕事をすることについては家族に話をしていましたが、細かい待遇についてまで相談はしていません。
審判官：契約書にサインしている以上はなかなかね……。
Y　氏：確かにサインはしていますが、臨時職員にも退職金が支払われていたという実態があったので、契約書の内容は関係ないと思います。
審判官：確かにそのような主張をなさっていますね。少し話を変えましょう。今回、過去に退職金が支払われた実績として甲3のメモを提出していますが、これを入手した経緯を教えてください。
Y　氏：一昨年だったと思うのですが、過去に臨時職員にも退職金が支払われた実績があるということを聞いていましたから、その証拠をつかんでおこうということで経理書類をみていたところ、このメモをみつけたので、これは証拠になるのではないかと思って持ち帰りました。

審判官：過去に退職金が支払われたという実績を探していたのはなぜですか。

Y　氏：雇用契約書には、退職金は支払われないと記載されていたので、きちんと支払われるのか不安だったのです。

審判官：Yさんの勤務態度が良好でなかったという主張がありますが、反論はありますか。

Y　氏：心当たりがありません。社内でいわゆる自炊を行っていたなどと主張していますが、私は自宅に裁断機もスキャナも持っていますから、わざわざ会社でやるはずがありません。引継ぎが不十分だったとも主張していますが、私としては翌年度も同じように契約を更新されると考えていたので、引継ぎを行う理由がありませんでした。いろいろと細かいことを言い出したらキリがないです。そもそも勤務態度が不良だということであれば、契約を更新されていないはずですよね。

甲弁護士：だからこそ最終年はこれ以上更新しないということで、雇用契約書にもその旨記載されたんでしょう。

Y　氏：……。

審判官：臨時職員というのはそもそも何人くらいいるのですか。

B　氏：現在は30人前後います。

審判官：これまでの、たとえばa氏が退職した平成10年以降の合計は何人くらいですか。

B　氏：全員が必ず1年で期間満了となるわけではないので、正確な数字は即答できませんが、200〜300人くらいかと思います。

審判官：その中で、退職時に金銭が支払われたのはa氏だけということですか。

B　氏：確認できた範囲ではa氏だけです。

その後しばらく審尋が続き、頃合いを見計らって審判官が以下のようにま

とめた。

> 審判官：それでは、労働審判委員会で評議を行います。皆さんのほうで言い足りない点や、評議にあたって特に留意してもらいたい点等はありますか。
> 双　方：特にありません。
> 審判官：わかりました。では、退席していただき、こちらからお呼びするまで外でお待ちください。評議後、話合いによる解決が可能かどうか検討したいので、個別にお呼びします。

　第1回期日においては、事前に出された書類に基づいて争点を確認した後、審尋に入る。審尋では審判官や審判員から（実際には審判官から質問されることが多い）、出席した関係者に直接質問されることになる。法廷での証人尋問のように、一方が主尋問をして相手方が反対尋問をするというような流れではなく、出席者に対する質問が次々飛び交う形となる（争点ごとに当事者に聞き、また別の争点について当事者に聞く、というような流れで、まさに会議のような雰囲気である）。なお、審尋（労審17条2項、民訴87条2項）とは、裁判所が当事者その他訴訟関係人に、個別的または一緒に、書面または口頭で陳述する機会を与えることを意味するのであり（秋山幹男ほか『コンメンタール民事訴訟法Ⅱ〔第2版〕』192頁）、証人尋問と違ってメモ等を見ながら話すことも許されないわけではないと考えられるが、審判官らは審尋での発言を基に心証を形成していることを踏まえると、メモ等は見ないで話すようにすべきである。

　最初の1時間程度は、労働審判委員会からの質問とそれに対する回答という形でやりとりをすることが多い。特に、事実関係についての質問は、代理人ではなく、出席している当事者に対して直接されることが多い。

　質問に対する答えを聴きながら審判官らが心証を形成し、関係者がいったん退席して審判官と審判員が合議し、早ければ第1回の期日にはおおよその

心証とともに、調停案を示されたりする。争点整理と審尋の区別は曖昧で、争点整理からいつの間にか審尋に入っていると感じることもある。

甲弁護士：お疲れ様でした。事実関係の確認はこれで終わりです。今は労働審判委員会が、先ほど調べた事実関係を基に、心証を確認し合っているところで、後で個別に呼ばれた際に心証を開示されます。

X社担当者：もう結論が出てしまうということですよね。

甲弁護士：そのとおりです。後はその心証を前提に、調停が可能かどうかを調整していくことになります。こちらとしては、先ほどのやりとりを通しても、やはり申立人の請求は認められないということになるかと思います。

X社担当者：ええ。

甲弁護士：そういう前提で、こちらとしては最大10万円までは支払えるということでしたね。

X社担当者：はい。

甲弁護士：万が一審判官たちの心証が逆だった場合のことは、今は考えないことにしましょう。

X社担当者：先生、これは事件の中身と直接関係のある話ではないのですが、実はY氏が他の臨時職員退職者を焚き付けて同じように退職金を請求しようという動きがあるようなので、今回の労働審判事件の決着がどうも注目されてしまいそうなのです。

甲弁護士：それは影響が大きいですね。仮に調停に応じるのであれば、厳格な守秘義務を定めておき、解決内容が外にもれないようにしましょう。

ここまで話し合ったところで、甲弁護士らは、書記官に呼ばれ、緊張しな

がら法廷に入室した。

審判官：今回の争点について評議でいろいろと検討しました。少なくとも現時点では、退職金支給に関する労使慣行の存在について、申立人の立証は不十分だろうという心証でおります。

甲弁護士：ありがとうございます（よかった……）。

審判官：先ほど、申立人に対しても、こちらの心証を率直に伝えたのですが、申立人としてはあくまで80万円全額の支払いを求めるとのことでした。とはいえ、調停が成立しないとなると訴訟になる可能性が高いので、相手方においても、訴訟コストを踏まえれば譲歩の余地がないわけではないだろうと思います。20万円ではどうかということで検討してもらっています。いかがですか。

甲弁護士：(思ったより高いな)　こちらとしては10万円までということであれば支払うつもりでしたが、それ以上となると難しいですね。

審判官：通常訴訟に移行すれば、弁護士費用だけでも20万円は超えてしまうでしょうし、先ほどの心証もあくまで現時点での心証にとどまりますから、申立人が立証を充実させればまた違った判断になることもあり得るのではないかと思うのですが。

甲弁護士：申立人の請求には全く理由がないものと考えていまして、他の職員との公平性を考えても、20万円も支払うというわけにはいきません。

審判官：どこか譲歩の余地はありませんか。

甲弁護士：今回の答弁書ではY氏の勤務態度についても問題視していますが、この点について、再就職等の際に不利になるようなことは言わない、というような条項を入れることは可能ですがどうでしょうか。

> 審 判 官：わかりました。一応申立人にもその旨伝えてみます。
> 甲弁護士：仮に10万円でということであっても、他の職員への影響もありますから、労働審判手続の審理の経緯や調停内容については守秘義務を設けてもらう必要があります。その旨もお伝えください。
> 審 判 官：わかりました。

　その後、何度かやりとりを重ね、双方で譲歩できないか持ち帰って検討することとなった。次回期日は平成27年6月23日午後1時となった。
　なお、裁判所で審理の内容を記録化しているわけではないため、要点だけでも審尋等の内容を記録しておくべきである（期日は長時間に及ぶため、メモをとるのは相当大変だが、期日終了直後にできるだけ新鮮な記憶のうちに再現を試みるなど工夫してみるとよい）。記録化しておくことが、依頼者への期日の内容の説明に際して有用なことはもちろんであるが、次回以降の期日において、審理中の当事者の発言について言及することもできるし、通常訴訟に移行した場合等に審理中の当事者の発言を立証するために、証拠として提出することも考えられる。

VI 審判手続移行後の流れ（第2回期日）

　平成27年6月23日午後1時に第2回期日が開かれたが、結局双方で折り合いはつかなかった。審判官からは、審理を終結する旨と審判の内容が告知された。申立人主張の退職金支払いの合意ないし慣行の立証がないとして、申立人の請求を棄却するとのことであった。また、異議がある場合には、2週間以内に手続を行うことおよび審判の調書が必要な場合には、別途申請するよう伝えられた。

【書式2-2-4】 労働審判手続期日調書（《Case②》）

第2回労働審判手続期日調書（労働審判）

事件の表示　平成27年（労）第○号
期　　　日　平成27年6月23日午後1時
場　　　所　東京地方裁判所民事第11部労働審判廷
労働審判官　○　○　○　○
（略）

手続の要領等

労働審判官
1　審理終結
2　別紙のとおり、労働審判の主文及び理由の要旨を告知

　　　　　　　　　　　　　　　　　裁判所書記官　○　○　○　○

（別紙）
第1　当事者の表示
　　　（略）
第2　主文
　申立人の請求を棄却する。
第3　申立てに係る請求の表示
　申立ての趣旨及び理由は、労働審判手続申立書記載のとおりであるから、これを引用する。
第4　理由の要旨
　審理の結果認められる当事者間の権利関係及び労働審判手続の経過を踏まえ、主文のとおり解決することが相当であると認める。
　　　　　　　　　　　　　　　　　　　　　　　　　　　　　　　以上

　労働審判委員会は、労働審判を行ったときは、主文および理由の要旨を記載した労働審判書を作成して当事者に正本を送達するか（労審20条3項・4項、労審則29条1項）、すべての当事者が出頭した期日において主文および理由を

口頭で告知することにより（労審20条6項）、労働審判の効力を生じさせる。

　なお、東京地方裁判所労働部では、原則として口頭告知による方法で労働審判を行っており、理由の要旨は【書式2-2-4】のとおり、定形文言で告知している。このような概括的な記載では、通常訴訟に移行した際に裁判官が困るのではないかと疑問に思うかもしれないが、労働審判は適法な異議によって失効するので、上級審の審査に備えて詳しい理由を明らかにしておく必要はなく、理由の要旨に盛り込む内容は、労働審判委員会の裁量的判断に委ねられているのである。したがって、労働審判委員会が口頭で述べる理由の要旨は、一字一句逃すことなくメモしなければならない。

　労働審判について、2週間以内に適法な異議申立てがないときは、労働審判は裁判上の和解と同一の効力をもち（労審21条4項）、形成力や執行力が認められる。

VII 審判後の手続（通常訴訟への移行）

　以下は、第2回労働審判期日の終了後、東京地方裁判所1階ロビーでのＸ社担当者と甲弁護士とのやりとりである。

Ｘ社担当者：先生、お疲れ様でした。
甲弁護士　：何とか乗り切りましたね。
Ｘ社担当者：今後のことも含めて会社に報告しなければならないのですが、相手が納得しなければ訴訟になるのでしたよね。
甲弁護士　：そのとおりです。相手方が今回の審判に対して異議の申立てをすれば、訴えの提起があったとみなされることになります（労審21条3項、22条1項）。今回の労働審判は申立人の請求は全部棄却されたわけですから、異議を申し立てるでしょうね。
Ｘ社担当者：では、引き続きよろしくお願いします。訴訟になった場合、

> 　　　　　　今回の裁判官と同じ方が担当するのですか。
> 甲弁護士：別の裁判官が担当する運用になっています（白石・前掲書512頁）。
> X社担当者：そうですか、残念です。労働審判で一度こちらが勝っているということは訴訟で有利には働かないですかね。
> 甲弁護士：労働審判の結果を一応尊重はするでしょうね。とはいえ違った結論にならないともかぎりませんから油断は禁物です。

　当事者は、労働審判に対し、審判書の送達または労働審判の告知を受けた日から2週間以内に、裁判所に対し、異議の申立てをすることができる（労審21条1項）。異議の申立ては書面でしなければならず（労審則31条1項）、労働審判に対し適法な異議の申立てがあったときは、労働審判手続の申立てに係る請求については、当該労働審判手続の申立ての時に、当該労働審判が行われた際に労働審判事件が係属していた地方裁判所に訴えの提起があったものとみなされる（労審22条1項。第1編第3章Ⅲ6参照）。

　訴えの提起が擬制された場合、労働審判手続の申立書が訴状とみなされるが（労審22条3項）、その他の労働審判事件の記録は訴訟には引き継がれないため、当事者はあらためて訴訟において主張書面、証拠書類を提出しなければならないことになる。なお、東京地方裁判所では、申立人（原告）に対し、労働審判手続の審理を踏まえ、法的主張等を整理し直した準備書面（訴状に代わる準備書面）の提出をするよう促している（白石・前掲書512頁）。

　移行後の訴訟においては、すでに労働審判手続において争点整理・主張整理を行っていることから、第1回期日にはひととおりの主張が出そろうことになり、若干の補充等を行ったうえで、和解や証人尋問等を行うことになる。

〈参考文献〉
・山口幸雄ほか編『労働事件審理ノート〔第3版〕』
・白石哲編『労働関係訴訟の実務』

・菅野和夫『労働法〔第10版〕』
・最高裁判所事務総局行政局監修『労働審判手続に関する執務資料』
・東京弁護士会会報「LIBRA」Vol. 12、No. 11

> 本稿は、複数の事例を組み合わせるなどして構成したものであり、実際の事例とは異なる。

第3章 労働審判──内定取消しへの企業側の対応

I 事案の概要

―〈Case ③〉――

　顧問先のY社から「弁護士から文書が送られてきた。昨年、採用をお断りした女性から採用内定取消しの件で労働審判を申し立てられそうである。どうすればよいか今後の対応について相談をお願いしたい」との連絡があった。

　登録1年目の甲弁護士は、ボス弁から、顧問先との挨拶も兼ねて、打合せに立ち会うよう指示された。

II 実務上のポイント

〈Case ③〉における実務上のポイントは、以下の4点である。

① 採用内定の成否
② 採用内定取消しの適法性
③ 採用内々定の意義
④ 中途採用の場合の採用内定

Ⅲ Y社との打合せ①

　連絡を受けた翌日、Y社の取締役兼人事部長のP氏と打合せを行った。事案についてのP氏からの説明は、以下のとおりである。

1　平成24年夏に、人材紹介会社A社のB氏から紹介を受けたX女（38歳・女性）と面接を行った。
2　平成24年9月（1次面接）と10月（2次面接）に面接を行った。
3　その後、平成24年10月30日、人材紹介会社A社のB氏に口頭で採用の方向で検討している旨を伝えた。それを受けて、B氏はX女に対し、「内定おめでとうございます」と記載した電子メールを送ってしまった。Y社としては、B氏に対し、このような電子メールをX女へ送ることについて指示や承諾をしていない。
4　その後しばらくの間、X女から音沙汰がなかったので、平成24年11月30日に会社に来てもらった（3次面接）。その際、X女は、明確に「入社します」とは言わなかった。
5　「いつから来ることができますか」と尋ねると、X女は「明日から」と言ってきた。しかし、受入れ部署の準備がまだできておらず、明日からというのも突然の話だったため、「来てもらうとしても、年明けから来てもらうことになると思います」と伝えた。
6　それ以後も、X女は労働条件について納得していない様子であり、繰り返し質問を重ねていたことから、平成24年12月20日前後に、P部長からX女に対し、「Xさんを採用することはできない」旨を伝えた。
7　B氏の話によると、X女は、平成24年12月5日、10日に他社企業の紹介を依頼しているようである。
8　Y社は、今回初めてA社を利用して採用手続を行った。労働契約が成立した場合には、Y社からA社に対して年収の40％の報酬を支払うこととなるため、会社としても慎重に人材選びをする必要があった。
9　Y社は、平成24年12月頃に新卒採用者を2名採用内定している。
10　平成25年3月30日付で、X女代理人弁護士から「受任のご連絡」という

文書が届いた。近いうちに労働審判を申し立てるとのことである。

甲弁護士は、X女代理人乙弁護士から届いた受任通知を読み、Y社P氏に対し、以下のとおり事実を確認した。

> 甲弁護士：まず、御社としては、X女を採用することは内定していたのですか。
> P　氏：いいえ。私どもとしては、B氏に対して、X女を採用の方向で検討している旨伝えたにすぎません。採用内定はしていないのです。ですから、当然、採用内定の取消しの事実もありません。
> 甲弁護士：X女に「採用することはできない」と伝えた際に、その理由については説明しましたか。
> P　氏：ええ。業績の悪化が不採用の理由の１つであると伝えました。
> 甲弁護士：実際、業績の悪化が不採用理由だったのですか。
> P　氏：実は、業績の悪化はあくまで１つの事情にすぎません。本当の理由は、X女がいつまで経っても労働条件に納得せず、３次面接後も、１次面接時と同様の質問を繰り返していたことにあります。どうやら労働条件に不満があるようなので、そのような方に入社してもらっても、こちらの望むような仕事はしてもらえないのではないかと感じたものですから、採用を見送らせていただくことにしたのです。ただ、本当の理由についてはB氏には伝えておりません。先生、私どもはどのように対応したらよいでしょうか。
> 甲弁護士：今の段階では、X女側の具体的な請求内容がわかりませんから、何とも言えません。おそらく社員としての地位確認および未払賃金の請求がなされるであろうと予想はできますが、それもはっきりしないところです。裁判所から申立書が届い

た段階で再度打合せを行うことにしましょう。着手金等も相手の請求内容がわかってから決定させていただきます。ただ、X女に関する資料等は今のうちに準備しておいてもらえませんか。それから、御社とB氏との間では電話でのやりとりが多く、証拠がないようですから、陳述書を作成することになると思います。

P　氏：わかりました。

甲弁護士：ほかには、B氏はX女にメールで内定と伝えた張本人ですから、当時のB氏とX女のやりとりやその内容について聴取りをする必要がありますね。B氏に協力してもらうことになると思いますから、あらかじめ連絡をしておいていただけると助かります。

P　氏：わかりました。先生、もし、裁判になった場合には勝てますか。

甲弁護士：相手の請求内容がわかりませんから、何とも言えません。ただ、一般的には、採用内定通知の時点で労働契約が成立するとされているのです。今回は、御社から、B氏を通じてではあるもののX女に対して「内定」と伝わってしまっていることから、裁判所も、労働契約は成立していると考える可能性は高いかもしれません。

P　氏：業績が悪化したという理由でも内定の取消しを正当なものと考えてはもらえないのでしょうか。

甲弁護士：今回のような場合、経営状況の悪化という事情は、採用の取消しを正当化する理由としては厳しいように思います。ただ、和解の際の和解金額を減縮する事情にはなり得るかもしれません。しかし、いずれにしても、内定という言葉が相手に伝わっている以上、厳しい戦いになりそうです。

P　氏：そうですか……。

甲弁護士は、この段階では、Y社はB氏にX女を採用の方向で検討している旨伝えていたにすぎないものの、B氏がX女に「内定おめでとうございます」と伝えてしまっていることから、内定は成立しているとして内定取消しの適法性が認められるか否かを検討していくことになるのか、それとも、そもそも内定は成立していないという主張でいくのか悩んでいた。

Ⅳ　Y社との打合せ②

1　相手方の主張

　初回の打合せから約2週間後、Y社のP氏から「裁判所から書類が届いた」との連絡があった。

　送られてきたのは、「労働審判手続申立書」（【書式2-3-1】）、「労働審判手続の進行に関する照会書」、「労働審判事件の進行について」、「注意書」であった。早速、申立書を確認したところ、やはり請求の内容は、社員としての地位確認と労働審判確定までの賃金請求であった。

【書式2-3-1】　労働審判手続申立書（《Case ③》）

労働審判手続申立書

平成25年4月20日

東京地方裁判所　民事部　御中

申立人代理人弁護士　　乙
申立人　　X

内定不当取消事件
労働審判を求める事項の価額　　金200万円
貼用印紙額　　　　　　　　　　金7,500円

第1　申立ての趣旨

1 申立人が相手方に対し、雇用契約上の権利を有する地位にあることを確認する
2 相手方は、申立人に対し、平成25年1月から本労働審判確定の日まで毎月20日限り月額35万円の割合による金員を支払え
との労働審判を求める。

第2 申立ての理由
1 事案の概要
　本件は、申立人が相手方の求人（申込みの誘引）に応じて、労働契約の申込み（求人に対する応募）をし、相手方がそれに応じ採用内定通知（申込みの承諾）をしたにもかかわらず、相手方の会社の業績が悪化したという理由により、採用内定を不当に取り消した事案である。
2 相手方の求人に申立人が応募をしたこと
(1) 相手方の求人に対する応募
　申立人は、平成24年4月頃、従前より登録していた人材紹介会社であるA社を通じて、職業紹介を依頼した。
　平成24年8月10日、A社の転職コンサルタントであるB氏（以下「B」という。）から、相手方の求人紹介（申込みの誘引）があった。
　申立人は、相手方の求人対象の職種が自動車製品のOEMビジネスにおける海外営業職ということであったことから、興味を持ち、Bを通じて相手方の求人に応募（労働契約の申込み）した。
　なお、当初の話では、採用部署は、「第一営業部」ということであった。
(2) 相手方の採用手続について
　申立人は、Bを通じて、相手方の採用選考フローについて、①書類審査、②第1次面接、③第2次面接を通じて採否を決める旨の説明を受けた（甲1）。
(3) 書類審査・第1次面接・第2次面接
　① 書類審査について
　　申立人は、Bを通じて、相手方に申立人の履歴書・職務経歴書等を送付し、書類審査を受けた。申立人は書類審査を通過し、平成24年9月10日、Bから第1次面接の連絡を受けた（甲2）。

② 第1次面接について

平成24年9月20日に相手方本社ビルにおいて、第1次面接が行われた。面接官は、相手方の取締役兼人事部長Ｐ氏とＱ氏であった。

第1次面接において、申立人は自分の職務経歴を説明した上で、どのような職務を想定し、相手方に対してどのように貢献できるのかを述べた。相手方からも申立人自身を知るための質疑応答もあった。

そうしたところ、取締役兼人事部長のＰ氏とＱ氏から「（申立人は）すぐにでも営業社員として活躍できるレベルであるから、売りに行って欲しい」という話をされた。

申立人が、相手方の研修制度についても質問をしたところ、「他の営業社員に同行してもらい、OJT（オンザジョブトレーニング）で仕事を覚えて貰います。」という回答であった。

③ 第1次面接の通過の連絡

平成24年10月10日、Ｂから第1次面接を通過したという連絡を受けた。第2次の面接が平成24年10月20日10時から相手方で行われる旨の連絡を受けた（甲4）。

④ 第2次面接について

平成24年10月20日10時から相手方本社ビルにおいて、第2次面接が行われた。

面接官は、取締役兼人事部長Ｐ氏と営業部長らほか合計4名であった。

⑤ 第3次面接について

平成24年11月30日に相手方本社ビルにおいて、第3次面接が行われた。面接官は、取締役兼人事部長Ｐ氏と営業部長らほか合計3名であった。本来であれば、第3次面接は通常の採用手続の中には予定されていないものの、申立人は、労働条件について確認したいことがあったため、第3次面接が実施されることとなった。

具体的には、申立人は、新人研修期間が半年間あることに対して不満を抱いていたことから、その期間を短縮してほしいとの提案をした。それに対し、相手方の営業部長は、「人によっては、期間を短縮することもできる」旨の発言をしていた。さらに、給料や休暇、想定残業時間、

育休・産休を含めた女性に対する制度の存否・その実績等についての確認も行い、相手方の労働条件についての理解を深めていった。
(4) 採用内定通知（労働条件通知書の交付）を受けたことについて

申立人は、平成24年10月30日、Ｂを通じて、相手方から正式な採用内定通知が出た旨の連絡（労働契約の申込みに対する承諾）（甲５）を受け、メールに添付されて送られて来た詳細な労働条件について記載がなされた「労働条件通知書」を受け取った（甲６）。
3 申立人と相手方との間で雇用契約が成立したこと
(1) 申立人と相手方との間の雇用契約の成立について

以上の経緯により、申立人は、相手方の求人（申込みの誘引）に応募し（申込みの意思表示）、採用選考フローを経て、平成24年10月30日に採用内定通知（申込みに対する承諾の意思表示）を受けた（甲７）。

これにより、申立人と相手方との間には、以下の具体的な内容の労働契約が成立した（甲６）。

　　1　契約期間　期間の定め無し
　　2　雇用形態　社員
　　3　就業場所　第一営業部
　　4　従事する業務内容　海外営業業務
　　　（略）
　　8　賃金　基本給　35万円
　　9　昇給　有　4月
　　10　賞与　6月・12月に支給
　　　（略）

上記のような詳細事項について、明示されていることからすれば、平成24年10月30日の時点で労働契約が成立していたことは明らかである。
4 採用内定の取消について
(1) 採用内定取消の意思表示について

平成24年12月20日にＢを通じて、相手方が平成24年10月30日付けの採用内定を白紙撤回する旨の連絡があった。（甲９）
(2) 当初の採用内定の取消事由について

相手方のＰ氏は、Ｂに対して、採用内定の取消事由として、「急激な円

安進行による影響で（相手方の）後期の業績が想定以上に落ち込み、採用を含む経費を抑えるべきであるという役員判断があった。」と採用内定の取消事由を述べていた（甲9）。

(3) その後の相手方の主張の変遷について

その後、相手方のP氏は、採用内定を白紙撤回した理由として、前述した「業績悪化」ではなく、「今回の採用手続において、合意を得られていないと判断させていただいたので、白紙に戻させて下さい。」と述べはじめた（甲10）。

なお、内定通知を出したこと自体が労働契約を締結する合意そのものであるから、P氏の「合意を得られていないと判断させていただいたので白紙に戻させてください」との主張は、失当であるといわなければならない。

証拠方法

甲1　会社概要
甲2～5、7～9　メール写し
甲6　労働条件通知書
甲10　陳述書（申立人）

2　書面の提出

まずは、申立書到達後10日以内に「労働審判手続の進行に関する照会書」（【書式2-3-2】）を裁判所に提出しなければならない。

これは、必要事項を記載すればよいだけなので、比較的簡単に提出することができる。

【書式2-3-2】　労働審判手続の進行に関する照会書（⟨*Case* ③⟩）

平成25年（労）第○○○○号

労働審判手続の進行に関する照会書

東京地方裁判所民事第11部

本件の円滑な進行を図るため、下記の照会事項に御回答の上、本書面到着10

日以内（必着）に当部に提出されるよう御協力ください（ファクシミリも可）。
　弁護士に代理人を依頼する予定のときも、2欄に記載の上、必ず提出してください。受任される弁護士の方も、この書面を必ず提出してください。
　なお、御回答いただいた書面は、本記録につづり込むこととなります。
（照会事項）
　1　連絡担当者の氏名等
　　(1)　電話番号　00-0000-0000　ファクシミリ番号　00-0000-0000
　　(2)　担当者の役職　取締役兼人事部長　氏名　　　P
　2　弁護士に代理人を依頼する予定
　　■ある（氏名　甲　電話番号　00-0000-0000）
　　□ない
　　□未定（※未定の場合には、確定次第御連絡ください。）
　3　申立人との事前交渉
　　□ある（交渉内容 _………）
　　■ない
　4　調停（話合いによる解決）について
　　■条件によってはあり得る
　　（その内容　金銭的な解決）
　　□考えていない
　5　その他、労働審判手続の進行に関する希望等、参考になることがあれば自由に記入してください。

　　平成25年4月30日
　　　　回答者　役職　相手方代理人弁護士　　　甲
　　　　　　　　電話番号　00-0000-0000

　次に、第1回労働審判期日の1週間前までに、答弁書と証拠説明書を提出しなければならない（労審則16条、14条）。
　労働審判手続申立書が届いてから書面の提出期限までは非常に時間が限られている。労働審判は、とにかく時間との闘いである。
　〈*Case*③〉においては、甲弁護士は、いまだ新人弁護士であるから、ボ

ス弁のチェック作業と依頼者のチェック作業を考えると、答弁書と証拠説明書の作成に一刻の猶予もない。

甲弁護士は、直ちに、最も重要な答弁書に記載すべき反論、法的構成についてボス弁と検討することにした。

3　方針の検討

> ボ ス 弁：さて、甲先生、なかなか厳しい事情が多いように思いますが、この事案、Y社としてはどのように主張していきましょうか。
>
> 甲弁護士：そうですね。まず、本件においては、そもそも採用内定が成立しているかが問題になると思います。Y社は、B氏に対して労働条件通知書を渡していますが、通常の採用手続で送られるべき採用内定通知書と内定承諾書は送っていないようなので、採用内定といえないのではないかと思います。
>
> ボ ス 弁：いつの時点で採用内定成立といえるか、判例ではどうなっているか調べる必要がありますね。（論点①）
>
> 甲弁護士：はい。
>
> ボ ス 弁：次に、採用内定については、新卒採用と中途採用では何か違いがありますか。
>
> 甲弁護士：おそらく基本的には変わらないと思いますが、手続の部分で何か違いがあるかもしれません。これから調べてみます。（論点②）
>
> ボ ス 弁：Y社は、X女に対して、業績悪化を理由として採用できないと伝えたようですが、この理由は採用内定の取消しとして認められるでしょうか。（論点③）
>
> 甲弁護士：同じ時期に、新卒採用者を2名採用内定していますし、厳しいのではないかと思います。

ボス弁：そうですね。参考になる判例も確認しておく必要がありますね。

甲弁護士：はい。

ボス弁：Ｐ氏は、Ｘ女が３次面接後も同様の質問を繰り返し、いつまで経っても入社意思を表明しないことから、Ｘ女の採用をやめたとお話していました。Ｐ氏としては、まだ採用内定の段階に至っていないと考えているようですね。この主張は何とかならないでしょうか。

甲弁護士：そうですね。通常の採用内定の考え方とは異なる気がしますが、実際に、Ｐ氏は採用内定をそのように理解していたようですので……採用内定の前の段階ということになると、内々定ということになるのでしょうか。そもそも、内々定がどのようなものかわかりませんので、この点についても調べてみようと思います。（論点④）

ボス弁：そうですね。Ｐ氏の考えに沿って、何か主張ができないか考えてみてください。

甲弁護士：わかりました。検討してみます。

　その後、甲弁護士は、Ｙ社のＰ氏と打合せを行った。

　Ｐ氏から、Ｙ社の通常の採用内定手続においては、「労働条件通知書」を渡した段階では内定したことにはならず、Ｙ社から応募者に対して、「採用内定通知書」と「内定承諾書」を送り、応募者が「内定承諾書」に署名・捺印したものを返送し、これがＹ社に到達した時点で初めて採用内定となると説明があった。また、Ｙ社から電子メールや書面で内定の旨を伝えていないにもかかわらず、Ｘ女が採用内定していたと主張することに納得がいかないとのことであった。

　つまりＰ氏の理解では、電子メールや書面等の客観的証拠が残っていない限りは「内定」とはいえず、応募者がＹ社の労働条件に納得して署名・

捺印した承諾書を会社に返送した時点で「内定」となるという理解のようである。

(1) 採用内定の成否（論点①）

一般的に、企業による募集は労働契約申込みの誘因であり、これに対する応募は労働者による契約の申込みと解されている。そして、採用内定通知の発信が使用者による契約の承諾であり、これによって労働契約は成立する。

ただしこの契約は、始期付であり、かつ解約権留保付である。

すなわち、採用内定通知書または誓約書に記載されている採用内定取消事由が生じた場合には解約できる旨の合意が含まれていると解されている。

採用内定に関するリーディング・ケースである最判昭和54・7・20民集33巻5号582頁〔大日本印刷事件〕、最判昭和55・5・30民集34巻3号464頁〔電電公社近畿電通局事件〕は、いずれも、各事実関係の下において、採用内定通知のほかには労働契約締結のための特段の意思表示をすることが予定されていなかったことを考慮するとき、企業からの募集（申込みの誘因）に対し、労働者が応募したのは、労働契約の申込みであり、これに対する企業からの採用内定通知は、その申込みに対する承諾であって、これにより両者間に解約権を留保した労働契約が成立したものと判示した。

なお、上記2判例は、いずれも新卒採用に関する事例である。

(2) 中途採用者に対する採用内定（論点②）

中途採用者に対する内定についても、その法的性質については前掲最判昭和54・7・20〔大日本印刷事件〕と同様に解した裁判例がある（東京地決平成9・10・31判時1629号145頁）。

ただ、中途採用の場合には、内定の法的性質いかんよりも、労働契約締結に向けた条件交渉の過程で、どの時点で内定または端的に労働契約の成立が認められるかという時期の問題が生じる。

また、中途採用の場合は、採用過程が圧縮され、就労開始までの経過も個々に異なるうえ、採用内定通知が省略される場合も多いことから、給与等の主要な雇用条件の合意、または、入社後の具体的な職務を念頭においた事

前研修への参加依頼等によっても採用内定の成立を認めてよい場合もある。

中途採用者に対する採用内定の成否が争われた事例としては、給与についての合意がないことを理由に労働契約の成立を否定した大阪地判平成17・9・9労判906号60頁〔ユタカ精巧事件〕もあり、一概に新卒採用のケースと同様に解することは適切でない場合もある。

(3) 採用内定取消しの適法性（論点③）

採用内定を始期付解約権留保付労働契約の成立と解する場合、採用内定取消しの適法性は、留保解約権の行使の適法性の問題となる。この留保解約権の内容は、採用内定通知書や誓約書に記載された「取消事由」を参考にして判断されるが、前掲最判昭和54・7・20〔大日本印刷事件〕や、同最判昭和55・5・30〔電電公社近畿電通局事件〕は、これに「解約権留保の趣旨、目的に照らして客観的に合理的と認められ社会通念上相当として是認することができるものに限られる」との限定を付した。こうして、採用内定取消しの適法性は、客観的に合理的で社会通念上相当として是認できるか否かによって判断されることになるが、裁判所は概して使用者の行った内定の取消しに厳しい態度をとる傾向にあり、経済変動による経営悪化に際しての採用内定取消しについても、整理解雇に準じた検討（必要性、回避努力、人選、説明）が必要となる。

(4) 「内々定」とは（論点④）

では、内定とまではいえなくともいわゆる内々定であると考えることができる場合もあるのではないか。

内々定は、後の採用内定が労働契約の成立に向けた最終の意思表示となるため、「正式な内定までの間、企業が新卒者をできるだけ囲い込んで、他の企業に流れることを防ごうとする事実上の活動の域を出るものではない」（福岡高判平成23・2・16労判1023号82頁〔コーセーアールイー事件〕）と解されており、内々定の時点では労働契約はいまだ成立しているとはいえない。

近年、大学卒業見込者の就職については、いわゆる「就職協定」（日本経済団体連合会における「採用選考に関する企業の倫理憲章」〈https://www.

keidanren.or.jp/policy/2011/015.pdf〉）における採用内定開始日よりかなり前に企業が採用を望む学生に口頭により「採用内々定」を表明し、内定開始日に正式に書面で「採用内定」を通知するという慣行が形成されている。そして、学生は数社からこのような「内々定」を得た後、採用内定開始日までに１社を選択し、これと「採用内定」関係に入っていくことも多い。

このような「内々定」は、採用内定前の事実上の拘束状態であって、「内々定」が出された後も、労働者の就職活動は制限されず、労働者、使用者ともに確定的な拘束関係に入ったという意識がないのが通例である。

(5) 検　討

以上を踏まえ、甲弁護士は、Ｐ氏と今後の方針を検討した。

まず、Ｙ社は、Ｂ氏に対して、Ｘ女について採用の方向で検討している旨を伝えたにすぎず、採用内定の通知すら出していないのであるから、採用内定は成立していない、という主張を中心に据えることとした。

なお、Ｂ氏がＸ女に伝えた内定を内々定と解釈して、労働契約はそもそも成立していないとの主張も可能かもしれないが、〈*Case*③〉は中途採用者に対する採用内定であり、内々定という解釈はとりにくいのではないかと考えられることから断念した。

次に、Ｐ氏がＢ氏に対し、内定という言葉を伝えてしまっている場合に備えて、どのような法律構成が考えられるか検討してみた。

Ｐ氏の理解では、応募者が労働条件に納得して承諾した時点で労働契約が成立するとの理解であったことから、〈*Case*③〉でいうところの内定とは、応募者であるＸ女がＹ社の提示する労働条件を承諾し、かつ、Ｙ社への入社意思を表明することを停止条件として、申立人の労働契約の申込みを承諾するという、いわば「条件付の承諾の意思表示」という趣旨での「内定」にすぎないと主張してみようということになった。

そこで、Ｐ氏のいう「内定」とは、そもそも条件付の承諾の意思表示という趣旨での内定であり、Ｘ女の承諾や入社意思の表明という条件が成就していないために、〈*Case*③〉では労働契約は成立していない、という方向

で主張することとした。

　採用内定取消しの適法性については、X女の採用手続と同じ時期に新卒者の採用内定を2名出していることや、Y社としても、X女の採用内定を見送ったのは、業績悪化が理由ではないとのことであるから、主張しないこととした。

V　答弁書の作成・事前打合せ

　ボス弁との検討の下、何度も修正されながら、何とか締切り前に答弁書（【書式2-3-3】）と証拠説明書を裁判所に提出した。

【書式2-3-3】　答弁書（〈*Case* ③〉）

平成25年（労）第1234号　地位確認等請求労働審判事件
　　　　　　　　　　　　　　　　　　　　　直送済
申立人　X
相手方　Y社

　　　　　　　　　答　弁　書

　　　　　　　　　　　　　　　　　　　平成25年5月20日

東京地方裁判所民事第11部　御中

　　　　　　　　　　　　　相手方代理人弁護士　　　　甲

第1　申立ての趣旨に対する答弁
　1　本件申立てにかかる請求をいずれも棄却する
　2　申立費用は、申立人の負担とする
　との労働審判を求める。

第2～第5　（略）

第6 相手方の主張

1 申立人の主張

申立人は、平成24年10月30日に申立人と相手方との間で労働契約が成立したと主張する。また、仮に同時点において労働契約が成立していないとしても3次面接時に労働契約が成立したと主張する。

しかしながら、本件においては、いずれの時点においても、申立人と相手方との間で労働契約は成立していない。以下、詳述する。

2 平成24年10月30日に労働契約は成立していないこと（乙1）

(1) 相手方のP氏は、平成24年10月20日、2次面接後に、B氏に対して、「相手方としては、申立人を採用の方向で検討している」と伝えた。そして、この連絡を受けて、B氏は、申立人に対して、相手方が「内定」を出した旨の連絡をした。

申立人は、このB氏を介した相手方からの連絡を「承諾の意思表示」と捉え、この時点において労働契約が成立したと主張している。

(2) しかしながら、相手方がB氏に対して言った「相手方としては、申立人を採用の方向で検討している」という連絡は、申立人に対して承諾の意思表示を行う趣旨ではない。

相手方は、「申立人を採用の方向で検討している」と言ったに過ぎないのであるから、採用を決定したわけではなく、もう少し本人と話をしてみて特に何も問題がなければ採用する方向で考えているという趣旨である。

よって、相手方は、そもそも採用内定をしていない。仮に、相手方からB氏を通じて申立人に採用内定の通知が伝わったとしても、相手方がB氏に伝えたのは、「申立人が相手方の提示する労働条件を承諾し、かつ、相手方への入社意思を表明することを停止条件として、申立人の労働契約の申込みを承諾する」という、いわば「条件付きの承諾の意思表示」という趣旨での「内定」に過ぎない。

(3) したがって、平成24年10月30日に、相手方から連絡を受けたB氏が申立人に対し、「内定」という言葉を使って連絡をしていることをもって、相手方が申立人の申込みを承諾したということはできず、この時点において労働契約は成立していない。

3 平成24年11月30日に労働契約は成立していないこと（乙1）

(1)上述のとおり、平成24年10月30日に、相手方は、B氏を介して、申立人に対し、条件付きの承諾の意思表示という趣旨で「内定」を伝えた。

しかし、それ以降も申立人は、B氏を通じて、相手方に対し、相手方の給料や職務内容や社風、休日や営業手当に含まれる想定残業時間等の条件について詳細を確認したい旨の連絡を寄越してきており、相手方への入社を決めかねる状況が続いていた。

(2)そこで、相手方のP氏は、詳細に労働条件を協議する機会としての最終面接という趣旨で、平成24年11月30日、通常の採用手続では行っていない3次面接を特別に設定した。

相手方は、申立人と詳細な労働条件まで話し合うことによって、申立人に相手方の労働条件を承諾してもらい、申立人に入社の意思を表明してもらうことを目的として、この3次面接を設定した。

しかし、この3次面接においても、申立人は給料や休暇、想定残業時間、育休・産休を含めた女性に対する制度の存否・その実績等の労働条件について質問を繰り返し、結局Y社の提示する労働条件を承諾しなかったし、入社の意思も表明することはなかった。

(3)このように、平成24年11月30日の3次面接において、申立人は労働条件を承諾することも、入社の意思を表明することもなかったのであるから、この時点において労働契約が成立したとはいえない。

4　条件付き承諾の意思表示が撤回されていること

(1)3次面接後も、申立人は、相手方に対し、相手方の労働条件等について確認行為を続けていた。

一方、申立人は、3次面接後の平成24年12月5日及び同月10日に、B氏に対して、他企業の紹介を依頼しており、Y社への入社をいまだ決めかねていた（甲9）。

このように、3次面接後も、申立人が入社の意思を表明しない状況が続いた。

(2)その後、平成24年12月8日、相手方は、B氏に対し、申立人の採用自体を白紙に戻したい旨を連絡した（乙2、3）。これは、相手方が条件付きの承諾の意思表示という趣旨での「内定」を出してから、1か月以上経過しても未だに申立人が相手方の提示した労働条件を承諾せず、入社の意思

も表明しない状況が続いていたため、相手方としてはこれ以上申立人の採用選考手続きを続けても仕方が無いと判断し、条件付きの承諾の意思表示を撤回するという趣旨で連絡したものである。

　この連絡を受けて、Ｂ氏は、平成24年12月８日、申立人に対して、「Ｐ様とご相談し、ご入社頂く場合には受入準備があるためＸ様からは12月20日（月）までに正式に回答頂きたいとの事でございます。」と連絡した（乙２）。ただし、相手方は、Ｂ氏に対して、このように期限を区切って申立人の意向を確認するよう要請したことはない（甲８）。

　しかし、平成24年12月20日までに、申立人は相手方に対し、相手方の提示した労働条件を承諾する旨を連絡することは無かったし、入社の意思を表明することも無かった（甲９）。

(3)このように、平成24年12月８日にＢ氏が申立人に対して行った連絡内容は、相手方の意向（12月８日をもって条件付き承諾の意思表示を撤回するという趣旨）を正確に伝えたものではないが、Ｂ氏の連絡内容を前提としたとしても、結局申立人は平成24年12月20日までに相手方に対し、相手方の提示した労働条件を承諾する旨の連絡も入社の意思を伝える連絡もしていないのであるから、遅くとも平成24年12月20日をもって、相手方の申立人に対する条件付き承諾の意思表示は撤回されたといえる。

５　相手方の業績悪化について（乙１）

　Ｂ氏は、申立人に対して、相手方が条件付き承諾の意思表示を撤回する理由が「相手方の業績悪化」であるかのように説明しているが、これは、相手方の意向とは異なる説明である。

　相手方が条件付き承諾の意思表示を撤回する理由は、要するに「申立人がいつまで経っても相手方の提示した労働条件を承諾せず、かつ入社の意思を表明しないこと」である。

　相手方は、急激な円安進行による影響で後期の業績が想定以上に落ち込んだ（乙４）。相手方は、このような業績の悪化についてＢ氏に説明したことはあるが、「条件付き承諾の意思表示を撤回する理由は業績の悪化である」と説明したことはない。業績の悪化は、今回相手方が上記意思表示を撤回するに至った一背景に過ぎない。

６　通常の採用手続との違い

相手方は、通常の採用手続において、申込者を採用することを会社内部で決定した場合、当該申込者の入社意思を確認するために、当該申込者に対して、採用内定通知書及び内定承諾書を郵送している（乙5、6）。そして、当該申込者が署名捺印した内定承諾書を相手方に返送することをもって、申込者が労働条件に承諾し、かつ、入社意思を表明したことを確認することとしている（採用内定通知書には「入社の意思の確認ができましたので、貴方を採用させていただくことに内定いたしました」との記載がある。）。

　しかしながら、本件では、採用内定通知書及び内定承諾書は申立人には渡されていない。

　このことからも、本件における申立人の採用選考手続が最終段階まで至っていないこと、すなわち、労働契約が成立しないことが分かる。

以　上

証　拠　方　法

乙1　陳述書（P氏）
乙2　経緯書
乙3　電子メール
乙4　比較損益推移表
乙5　採用内定通知書
乙6　内定承諾書
人証　P氏（相手方取締役部長）

附　属　書　類

1　答弁書写し　　　　　　3通
2　乙号証写し　　　　　　各1通
3　相手方証拠説明書　　　1通
4　委任状　　　　　　　　1通

VI 労働審判期日

1 第1回期日

当日、甲弁護士は、ボス弁とP氏とともに裁判所に向かった。待合室で待っていると書記官に呼ばれ部屋に通された。部屋には、1名の審判官、2名の審判員のほか相手方であるX女と乙弁護士がいた。どうやら、双方同席の下、審判を進めるようだ。

審判官から、当事者双方の主張を説明するよう言われ、申立人代理人乙弁護士が、申立書の内容を説明し、相手方代理人である甲弁護士は、答弁書の内容を説明した。いよいよ審判が始まった。

審 判 官：争点は、採用内定の合意があったかどうかですね。

乙弁護士：10月30日に、A社のB氏から、X女に「内定おめでとうございます」とメールで連絡がきていますし、相手方は労働条件通知書も出しているのですから、この時点で採用内定の合意があったといえると思います。仮に、10月30日時点で採用内定の合意がないとしても、11月30日の3次面接時に、X女は面接日の翌日から働ける旨を伝えており、労働条件に承諾をしていたといえるのですから、この時点で採用内定の合意があったといえると考えます。相手方は、X女が労働条件について承諾していないと主張していますが、X女は、労働条件通知書に記載されていたことを詳細に確認していただけであり、労働条件には承諾していたのです。加えて、X女はB氏に対して、11月の時点で、12月から働くことが可能であると伝えていました。

P 氏：B氏から、X女が働き始める時期についての話を聞いたことはありません。3次面接後も、X女が労働条件について詳

しく聞いてくるため、B氏には、X女を採用することはできない旨を伝えたのです。

審判官：詳しく聞いてくる、というのは、たとえばどういったことでしょうか。

P　氏：待遇面、出張の頻度、教育方針、残業代などについて、1次面接から繰り返し同じようなことを細かく聞かれていました。

乙弁護士：それは、労働条件通知書の内容を確認するために聞いているにすぎません。

審判官：相手方は、どのようなスケジュール感を考えていたのですか。

P　氏：9月の段階で面接をしているのですから、11月30日でも遅いと感じていました。しかし、予定があわず、12月に3次面接をすることになったのです。

審判官：3次面接の際に、いつまでにお返事をくださいというように、期限を区切ってX女に伝えたことはありますか。そもそも最終回答期限を決めていたのでしょうか。

P　氏：最終回答期限は、決めていませんでした。ただ、通常の採用手続は2次面接で終わるところを、わざわざ3次面接の機会まで設けているのですから、できる限り早い段階で返事がほしいとは思っていました。

審判官：たとえ内心でそう思っていたとしても、X女に対して、その旨を伝えなければ、それはわからないでしょう。期限を区切るべきだったのではありませんか。表に出ている言葉だけをみていると、相手方の承諾があったとみられても仕方がないと思われるのですが。両者の間にA社が入っているので、いろいろと行き違いが生じてしまっているようですね。

乙弁護士：甲第9号証からもわかるように、X女は、すでに合意を得たものを再確認する趣旨でB氏にメールをしていたのに、B氏は違う趣旨に理解したようで、齟齬が生じてしまっていま

> 審判員A：3次面接の際に、強くイエス・ノーを迫らなかったのはなぜですか。
> 　P　氏：X女は、いったん持ち帰って検討するのかなと思っていました。
> 審判員A：採用の決裁権者はどなたになるのですか。
> 　P　氏：私です。
> 審判員B：通常の内定のときは、内定承諾書を申込者に渡すのですか。
> 　P　氏：はい。渡します。中途採用の方についても、最終的には渡しています。

　ここで審判官から、個別に話を聞くことにする旨が伝えられ、甲弁護士らは待合室で待つように言われた。まずは、申立人から話を聞くようである。
　待合室にて、P氏と打合せをする。
　A社が間に入っていることで事実関係が不明な部分が多いものの、裁判所は、B氏からX女に「内定おめでとうございます」というメールが送られていることから、採用内定の合意があったのではないか、という心証を抱いている可能性があること、3次面接においてX女の入社意思の表明の期限を明確に伝えていなかったこと等、Y社側にとって不利な事実が多いことから、今後、和解の金額の話合いになっていくかもしれないことを伝える。
　そこまで話をしたところで、再び呼ばれ部屋に入った。

> 審判官：X女は、会社で働くことは考えておらず、金銭的な解決を望んでいるそうです。当委員会としては、A社が間に入っていたために、双方の認識に齟齬が生じてしまい、相手方にとっても不意打ちのようになってしまったところはあるかもしれませんが、いつまでに入社してほしい、いつまでに返事がほしい等の予告をすることなしに、相手方が採用手続をい

　　　　　　きなり白紙に戻すというのは、いかがなものかと思っています。相手方は踏むべきプロセスを踏んでいないように思いますから、本訴に移行した場合にも、そのように認定されるのではないかと思われます。
甲弁護士：審判官の心証については承りました。金銭的解決となりますとどのくらいの金額をお考えになっておられますか。
審 判 官：たとえば、100万円ではいかがでしょうか。
Ｐ　　氏：３次面接の段階で、もし、採用するとすれば、１月からを予定していました。給与は、１カ月35万円を予定しておりましたし、当社は、２月が決算期なので、１月から２月までの２カ月分ということで、70万円ではいかがでしょうか。
審 判 官：70万円であれば、この場で即決できますか。
甲弁護士：はい。できます。
審 判 官：では、70万円で申立人に提示してみることにします。
甲弁護士：Ｘ女はもうほかの会社で働いているのですか。
審 判 官：働いていないようです。

　ここで再び申立人が呼ばれ、甲弁護士らは待合室の椅子に座った。以下は、甲弁護士とＰ氏とのやりとりである。

Ｐ　　氏：申立人はお金目的だったんですね。本当に働いていないのか非常に疑問です。Ｘ女のことですから、その後も就職活動を続けているはずですからね。
甲弁護士：確かに、Ｘ女が現在も働いていないということは信じがたいですが、申立人がそう言っている以上は、委員会としてもそれをベースに考えざるを得ないのでしょう。
Ｐ　　氏：Ｂ氏の発言が必要であれば、これからＢ氏に話をして裁判所に来てもらうことができます。

> 甲弁護士：そうですね。B氏から話を聞くことになるかもしれませんので、連絡はしておいてください。協力は得られそうですか。
> P　氏　：大丈夫だと思います。B氏の上司と話はできているので、陳述書や報告書のようなものを作成してもらうつもりです。
> 甲弁護士：必要になった場合にはお願いしたいと思います。まずは、先方が70万円で納得するかの返事を待ちましょう。

ここで申立人と相手方が入れ替わって部屋に入る。

> 審判官：申立人は、100万円以下では話にならない、70万円であれば本訴もやむを得ない、ということです。委員会としても、相手方に手続的な面で問題があったことからすれば、120〜130万円くらいで解決できないかと思っています。ただし、これは申立人が提示した額ではないし、これで申立人が合意する保証があるわけでもありません。あくまでも委員会としての提案です。
> P　氏　：100万円を超える場合は、会社での決済が必要になるので、いったん持ち帰って検討したいのです。申立人は、12月5日と10日に、B氏に対して、他企業の紹介を依頼しており、こちらとしては、そうしたこともあったので、X女に入社意思があるとは思えなかったのです。
> 審判官：申立人は、12月5日に、B氏から採用できない旨を聞いたと主張していますね。
> P　氏　：採用を見送る旨を連絡したのは12月8日です。
> 審判官：この点については、双方の主張が食い違っているようですから、次回期日までに主張を補充してください。
> 甲弁護士：わかりました。

その後、当事者双方が部屋に揃い、審判官から相手方が申立人に採用手続の打切りを伝えた日時について、双方の認識が食い違っているようなので、次回期日で補充してほしい旨が伝えられ、双方とも承知した。次回期日は、2週間後である。

2　期日間の打合せ

　期日間に、甲弁護士は、P氏と以下のような打合せを行った。

甲弁護士：12月8日にB氏に採用手続打切りの連絡をしたメール等の証拠はありますか。

P　氏　：電話で連絡しただけなので、証拠はありません。

甲弁護士：それでは、B氏に頼んで、B氏の社内記録等の証拠を準備してもらうことはできますか。

P　氏　：おそらく協力は得られると思います。B氏に連絡してみようと思います。

甲弁護士：B氏には、X女との一連の経緯を説明した経緯書を作成してもらうよう頼んでみてください。

P　氏　：頼んでみます。

甲弁護士：和解の金額の話ですが、次回期日にまた金額の話になると思います。本日は、給与35万円をベースに計算していましたが、手取金額で計算してみると、また合計額が大幅に変わってくることもあります。その点も含めて、御社のほうで検討してきていただけますでしょうか。

P　氏　：わかりました。総務と相談して、計算方法を考えてみます。できる限りお金は払いたくありませんので。

　期日間に、申立人側から準備書面が送られてきたため、甲弁護士もそれに対して準備書面を作成した。

3 第2回期日

第1回期日から2週間後、第2回期日が開かれた。まずは、当事者双方同席の下で、審判官から、申立人が、平成24年12月5日にB氏から採用手続打切りの話をされたことについて、新しく提出する証拠はないことの確認がなされ、申立人側代理人の乙弁護士から、12月5日の電話の履歴をみて、B氏と採用手続の打切りについての話をしたのであろうとの説明があった。

その後、申立人側が退席し、甲弁護士ら相手方が部屋に残った。

> 審判官：相手方は、停止条件付承諾の意思表示の主張をしていますね。その場合には、停止条件についての合意が必要となり、停止条件について主張・立証する必要があります。しかしながら、前回のお話にも出ていましたが、Y社は、いつまでに返事がほしいという期限を外部に表明していなかったとのことでしたから、停止条件付承諾の意思表示についての主張は認められないのではないかと考えています。
>
> 　そこで、本件の争点は、採用内定の合意があったか否かで考えたいと思います。
>
> 　まず、申立人は、平成24年10月30日に労働契約が成立していると主張していますが、この時点では入社日も確定していなかったのですから、契約が成立しているとすることは難しいでしょう。
>
> 　次に、申立人は、それが認められないとしても、11月30日に労働契約が成立していると主張しています。この点については、相手方の営業部長は、内心では新人研修期間を短縮することは難しいと考えていたものの、申立人に対しては、「人によっては、期間を短縮することもできる」という発言をしていたということですね。このような事情からすると、内心はともかく、法律の世界では、契約成立の有無は基本的

には外形的事実から判断することになるため、11月30日時点において、労働契約成立の余地があるのではないかと考えられます。また、11月30日の3次面接の後に申立人とＢ氏と相手方とでそれぞれやりとりが続いているという事実を、合意成立の方向でとらえるのか、合意不成立の方向でとらえるのかによって判断が変わってくると思うのですが、どちらの方向にも考えられる可能性があります。

　率直に申し上げますと、裁判になった場合に、相手方側が必ず勝つといえるかは非常に微妙な事案であると考えています。当然、通常裁判になった場合に、現在提出されていない証拠も追加されることを考えると、結論は断定できないところです。しかしながら、通常裁判に1年かけて敗訴した場合には、申立人の地位確認が認められると同時にバックペイとして1年分が加算されてしまうおそれがあり、ざっと計算しても約600万円程度の支払いが命じられるおそれがあります。そうすると、早く解決してしまうほうがよいのではないかと考えることもできます。

　このような事情も踏まえて、相手方としては、どのようにお考えになるかお聞かせください。

甲弁護士：当方といたしましてもこの件を長引かせるつもりはありません。ただ、申立人と相手方との間にＢ氏が入っており、労働契約が成立した場合には、Ｙ社からＡ社に対して年収の40％の報酬を支払うこととなるため、会社としても慎重に人材選びをする必要があったことを考慮してほしいのです。

　また、申立人は、11月30日以降もこれまでと同様の質問を繰り返しており、12月5日、10日にはＢ氏に対して他社企業の紹介を依頼していることからすると、申立人が合意していたとはとうてい考えられません。

これらの事情をぜひ加味していただきたい。

審判員Ａ：Ａ社を通して採用する場合には、労働条件通知書を送った後の流れはどのようになるのですか。

Ｐ　氏：２次面接後に、Ａ社に対して労働条件通知書を送り、このような条件でよろしいかということを確認してもらうことになっています。

審判員Ａ：採用する際に、採用内定通知書と内定承諾書は必ず送るものなのでしょうか。

Ｐ　氏：知人からの紹介の場合、縁故採用の場合には、即採用ということになりますから、そのような書類は出しません。縁故採用以外の場合は、採用内定通知書と内定承諾書は、最終的には送っています。

審 判 官：前回、和解金について70万円という話を申立人にした際に、申立人からは、３桁でないととうてい話にならないという回答でしたが、相手方は金額についていくらくらいを考えてきましたか。

Ｐ　氏：１カ月の給料35万円は、手取り金額で計算すると月額28万円となります。３次面接の段階で、もし採用するとすれば、平成25年１月からを予定しておりましたから、まず、１月から３月までの３カ月分の合計は84万円となります。この金額でいかがでしょうか。

審 判 官：その金額では、３桁ではないため、申立人から話にならないと言われてしまう可能性が高いですね。会社として、入社の意思をいつまでに表明してほしいという期限を明示していなかったこと、わざわざ３次面接の機会を設けてまで面接を行っていること、Ａ社に紹介を依頼していたのはＹ社であること、仮に通常裁判になって敗訴すれば約600万円程度の金銭を支払うことになる可能性があること等を考慮して、もっ

	と金額をあげることはできませんか。
P 氏	：先ほどの計算に4月分を加えると、合計112万円になります。これが会社としての限界です。
審 判 官	：最初に110万円と申立人に伝えると、それがベースになってしまうでしょうから、100万円から提案していく流れになると思います。
P 氏	：正直なところ、100万円でも払いたくないのです。通常の採用手続で送られるはずの採用内定通知書や内定承諾書がX女には送られていないこと、X女が平成24年12月5日と10日に他企業の紹介を依頼していたことから、Y社への入社を決めかねていたことを考慮していただけませんか。
審 判 官	：わかりました。それでは、とりあえず交替してもらって、申立人の考えを聞いてみることにします。

　甲弁護士らは、部屋を出て、申立人らと入れ替わった。しばらく、待合室で、今後のことを相談する。しばらくして、申立人らが出てきた。再び甲弁護士らが審判室に入った。

　審判官からは、申立人側は、月額の手取28万円の5カ月分である140万円であれば和解できると言っているとのことだった。しかし、裁判所が、申立人に対して、通常の採用手続で送られる書面のやりとりがなされていないこと、X女が平成24年12月5日および同月10日に他社企業の紹介を依頼していた可能性も否定できないことなどを伝えて再考を促したところ、Y社が限界としていた4カ月分の112万円ということで納得したとのことであった。P氏も承知し、金額について合意に至った。

　その後、当事者双方が同席の下で、和解条項について協議を進めた。

VII 調停調書

後日、受領した調停条項は以下のとおりである。

調停条項

1　相手方は、申立人に対し、本件解決金として金112万円の支払義務があることを認める。
2　相手方は、申立人に対し、前項の金員を、平成25年6月20日限り、申立人代理人の指定する口座に振り込む方法により支払う。
3　申立人は、本件申立てに係るその余の請求を放棄する。
4　申立人と相手方は、申立人と相手方との間には、本調停条項に定めるもののほか何らの債権債務がないことを相互に確認する。
5　手続費用は各自の負担とする。

VIII その後

甲弁護士とY社は、今回の労働審判を振り返って、以下のことを学んだ。

・採用内定をする際に留保をつける場合には、明確に期限を決めてその旨を相手方に伝える必要がある。
・採用に人材紹介業者を利用する場合には、間に入っている担当者との間で齟齬を生じないよう積極的にコミュニケーションをとって、会社の考えを明確に伝える。

甲弁護士は、ボス弁から「上場している企業の採用担当の人事部長の地位にある者であっても、労働法に詳しいわけではないから、担当者の言うことを鵜呑みにしないように気をつける必要がある。Y社はこれをきっかけに今後の採用の手続をきちんと行っていくことを考えれば、まあ仕方ない結論ではなかったのかな」と言われた。

新人の甲弁護士は、これからは依頼者の言葉を鵜呑みにしないよう、これまでよりも一層注意して聴取りを行わなければならないと実感したのであった。

　本稿は、複数の事例を組み合わせるなどして構成したものであり、実際の事例とは異なる。

第4章 労働審判──試用期間中の解雇への労働者側の対応

I 事案の概要

──〈Case ④〉──
　X女は、36歳の女性である。X女は、Y株式会社に中途採用で入社したところ、入社から3カ月の経過をもって期間満了退職とされた。X女としては、正社員として長く勤務するつもりで入社したのであり、入社時の話と全く違うことに憤りを覚え、このまま泣き寝入りはしたくないと弁護士に相談することにした。

II 実務上のポイント

〈Case ④〉における実務上のポイントは、以下の2点である。
① 雇用期間を3カ月とする労働契約が有期契約か、期間の定めのない労働契約における試用期間か
② 試用期間とした場合に留保解約権行使が適法であるか否か

III 相談経過

1 電話相談

(1) 聴取り

　平成26年10月中旬、事務所にかかってきた電話に事務員が出た。すると、「先生、新規相談の電話です。労働問題だそうです」と声をかけられた。アルバイト時代、自然と労働法に興味をもったことから司法試験では労働法を選択した。勉強をしていく中で、自分自身が雇止めにあっていたことを知って唖然としたことが印象深い。もっとも、ずっと労働問題に関心があったとはいえ、まだ労働事件を扱ったことはない。気がつけば、司法試験の受験以降、労働法の文献を開いたこともなかった。はたして相談に応えることができるのだろうかと内心不安になりながら、そのような素振りが伝わらないようにと声のトーンをやや高めにして電話に出た。

甲弁護士：お待たせしました、弁護士の甲です。労働問題のご相談とのことですが、どのようなことでしょうか。

Ｘ　女：はい、弁護士さんと話をするのは初めてなのでうまく説明できるかわからないのですが……。

甲弁護士：まずはありのままにお話いただければ大丈夫ですよ。

Ｘ　女：転職したばかりの会社から辞めさせられたんです。

甲弁護士：いわゆる解雇されたということですか。

Ｘ　女：私も確認したのですが、会社は期間満了だと言うのです。

甲弁護士：すると、有期契約、つまり、一定の期間を決めて採用されたのですか。

Ｘ　女：いいえ、面接の際は正社員と聞いていましたので無期限だと思っていました。なのに、会社は、契約書には「3カ月の期間雇用」と書いてあると言うのです。

甲弁護士：その契約書は手元にありますか。そこには会社が言うとおりに記載されているのですか。

Ｘ　女：はい、契約書はあります。期間として、「平成26年7月1日〜平成26年9月30日の3カ月間」と書かれています。

甲弁護士：「試用期間」と書いてありませんか。

Ｘ　女：記載はないです。でも、面接の時は「3カ月は試用期間」と聞いていました。

甲弁護士：そのほかに会社から受け取っている書面はありますか。

Ｘ　女：「期間満了通知書」があります。

甲弁護士：今、お仕事はされていますか。

Ｘ　女：いいえ、この件で精神的に参ってしまい、今、ハローワークで求職中ですがまだ決まっていません。

甲弁護士：相談者様のご希望としては、今後、その会社に戻りたいですか。

Ｘ　女：いいえ、裏切られた会社にはもう戻りたくないです。でも、当初の約束と全く違うので、このまま会社の言うなりに泣き寝入りすることは嫌です。

甲弁護士：つまり、復職は希望しないけれど、金銭的な解決を希望されるということですか。

Ｘ　女：はい。会社には十分に償ってもらいたいです。謝罪も求めたいと思います。

甲弁護士：お気持はわかりました。ただ、裁判所で争うとなると謝罪を求めることはできないのが通常なのでその点はご理解ください。解決にあたって弁護士に依頼することを検討されるのであれば、あらためて当事務所で面談をさせていただきたいのですがいかがでしょうか。

Ｘ　女：はい、ぜひお願いします。

甲弁護士：（日程調整後）では、お手元にある関連資料をすべてご持参く

だい。依頼をしていただける場合には印鑑も必要になりますのでご用意ください。

X　女：わかりました。Xといいます。よろしくお願いします。

　(2)　姉弁のアドバイス

電話を切ったところで、女性の先輩弁護士（姉弁）から声をかけられた。

姉　　弁：電話相談で労働事件が来たんだって。
甲弁護士：はい、面談をすることにしました。
姉　　弁：事案の内容は。
甲弁護士：……（X女とのやりとりを説明する）。
姉　　弁：実際に契約書にどのように書かれているかみないとわからないね。やりたいと言っていた労働相談が来てよかったじゃない。
甲弁護士：ええ。ただ、見通しがつかないのが不安です。
姉　　弁：見通しがつけられるかどうかは弁護士としてとても大事なことだよ。最高裁の判例があるから調べてみたら。その人は、今、求職中なんだよね。失業給付は受けているのかな。
甲弁護士：あ、聞いてないです。
姉　　弁：もし、解雇を争うなら失業給付との関係で気をつけないといけないことがあるからね。
甲弁護士：そうだったんですか……。面談で聞いてみます。
姉　　弁：何が問題かは自分で調べてみてね。
甲弁護士：はい。教えていただいて助かりました。

さすがの姉弁である。

　(3)　判例調査

面談の際には、〈Case ④〉の問題点を把握したうえで、見通しをある程

度説明できるようにしておきたい。

〈Case④〉は、3カ月の定めが、期間の定めのない契約の試用期間なのか、有期契約かの問題となるのだろう。手元の労働法にかかわる判例集で「試用期間」の項目を調べてみると、「三菱樹脂事件」が出てきた。試用契約を解約権留保付の雇用契約と構成したという。これは受験生時代に憲法で必ず目にしている判例である。また、1年の期間で雇用契約をした教員について、契約期間の定めが労働者の適性を判断するために設けられたときは、期間の定めのない雇用契約における試用期間と解すべきとしている「神戸弘陵学園事件」が出てきた。これは参考になりそうである。判例検索システムで全文を確認することにする（下線筆者）。

(A) **三菱樹脂事件**（最大判昭和48・12・12民集27巻11号1536頁）

「本件雇傭契約においては、右のように、上告人において試用期間中に被上告人が管理職要員として不適格であると認めたときは解約できる旨の特約上の解約権が留保されているのであるが、このような解約権の留保は、大学卒業者の新規採用にあたり、採否決定の当初においては、その者の資質、性格、能力その他上告人のいわゆる管理職要員としての適格性の有無に関連する事項について必要な調査を行ない、適切な判定資料を十分に蒐集することができないため、後日における調査や観察に基づく最終的決定を留保する趣旨でされるものと解されるのであつて、今日における雇傭の実情にかんがみるときは、一定の合理的期間の限定の下にこのような留保約款を設けることも、合理性をもつものとしてその効力を肯定することができるというべきである。それゆえ、右の留保解約権に基づく解雇は、これを<u>通常の解雇と全く同一に論ずることはできず、前者については、後者の場合よりも広い範囲における解雇の自由が認められてしかるべきものといわなければならない</u>。しかしながら、前記のように法が企業者の雇傭の自由について雇入れの段階と雇入れ後の段階とで区別を設けている趣旨にかんがみ、また、雇傭契約の締結に際しては企業者が一般的には個々の労働者に対して社会的に優越した地位にあることを考え、かつまた、本採用後の雇傭関係におけるよりも弱い地

位であるにせよ、いつたん特定企業との間に一定の試用期間を付した雇傭関係に入つた者は、本採用、すなわち当該企業との雇傭関係の継続についての期待の下に、他企業への就職の機会と可能性を放棄したものであることに思いを致すときは、前記留保解約権の行使は、上述した解約権留保の趣旨、目的に照らして、客観的に合理的な理由が存し社会通念上相当として是認されうる場合にのみ許されるものと解するのが相当である。換言すれば、企業者が、採用決定後における調査の結果により、または試用中の勤務状態等により、当初知ることができず、また知ることが期待できないような事実を知るに至った場合において、そのような事実に照らしその者を引き続き当該企業に雇傭しておくのが適当でないと判断することが、上記解約権留保の趣旨、目的に徴して、客観的に相当であると認められる場合には、さきに留保した解約権を行使することができるが、その程度に至らない場合には、これを行使することはできないと解すべきである」。

(B) 弘陵学園事件（最判平成2・6・5民集44巻4号668頁）

「使用者が労働者を新規に採用するに当たり、その雇用契約に期間を設けた場合において、その設けた趣旨・目的が労働者の適性を評価・判断するためのものであるときは、右期間の満了により右雇用契約が当然に終了する旨の明確な合意が当事者間に成立しているなどの特段の事情が認められる場合を除き、右期間は契約の存続期間ではなく、試用期間であると解するのが相当である。そして、試用期間付雇用契約の法的性質については、試用期間中の労働者に対する処遇の実情や試用期間満了時の本採用手続の実態等に照らしてこれを判断するほかないところ、試用期間中の労働者が試用期間の付いていない労働者と同じ職場で同じ職務に従事し、使用者の取扱いにも格段変わったところはなく、また、試用期間満了時に再雇用（すなわち本採用）に関する契約書作成の手続が採られていないような場合には、他に特段の事情が認められない限り、これを解約権留保付雇用契約であると解するのが相当である。そして、解約権留保付雇用契約における解約権の行使は、解約権留保の趣旨・目的に照らして、客観的に合理的な理由があり社会通念上相当と

して是認される場合に許されるものであって、通常の雇用契約における解雇の場合よりもより広い範囲における解雇の自由が認められてしかるべきであるが、試用期間付雇用契約が試用期間の満了により終了するためには、本採用の拒否すなわち留保解約権の行使が許される場合でなければならない」。

(4) 雇用保険の調査

　解雇と雇用保険の問題について調べてみると、解雇を争いながら失業給付を受ける場合には、便宜上の手続である「仮給付」という手続があるとわかった（なお、裁判外で交渉中の場合には利用することができない）。この場合、もし裁判で勝訴して解雇時からの賃金の支払いを受けた場合には保険給付を返還する旨の文書を提出して給付を受けることになる。そして、「和解日」に合意退職することにした場合、解決金の支払いを受けたことをハローワークに報告し給付金を返還することになる。他方、合意退職日を「解雇日」とした場合には、給付金を返還する必要はなくなるというしくみである。

　つまり、X女の解雇が無効とされた場合には、「解雇日」をもって退職とすれば、以降の給付金を返還することなく、解決金も受領できるということになる。もし、勝訴したのに給付金を返還することになれば、争うメリットが半減しかねない。これは依頼者にとって大きな差となる。教えてくれた姉弁に感謝である。

2　初回面談

(1) 本題の前に

　面談日を迎え、X女と初めて顔合わせをした。名刺を渡すと、何となく緊張した様子である。こういったときは急に本題に入らず、世間話から話し始めると空気が和らぐことが多い。

> 甲弁護士：事務所の場所はわかりにくかったのではないですか。
> 　X　女：いいえ、実は、前の職場がこの近くだったのですぐにわかりました。弁護士さんに相談するのは初めてなので、どこに相

　　　　　談に行ったらよいのかわからなくて。知っている地域なら行
　　　　　きやすいかなと思って検索したらこちらの事務所のホームペ
　　　　　ージが目にとまりました。
甲弁護士：では、この近所をよくご存じなのですね。
　Ｘ　女：はい。このあたりは飲食店が多いので、同僚と一緒にランチ
　　　　　のお店を開拓するのが楽しみでした。
甲弁護士：ぜひ、今度教えてください。

いつの間にか相談者が笑顔になって緊張が解けてきたのがわかる。
　　(2)　聴取り
　いよいよ本題の話に入ると、Ｘ女から積極的に話をしてくれた。Ｘ女から聴取した内容は以下のとおりである。

1　平成26年5月頃、これまで派遣で各種営業を経験してきた申立人は、そろそろ安定した仕事をしたいと考え、正社員の求人を探していたところ、Ｙ社の正社員求人広告をみつけた。「営業職の正社員募集」「中途採用歓迎」「業務拡大に伴い、長期的に当社の力になってくれる人を募集します」と記載があった。
2　平成26年6月、申立人は、志望動機欄に、正社員として長く勤務することを希望する旨を記載した履歴書をＹ社に送付して応募した。
3　間もなく、Ｘ女は、面接に呼ばれ、Ａ営業部長、Ｂ人事部長の立会いの下、「履歴書を拝見しました」「さまざまな会社でこれまで営業経験を積んできたのですね」「急な業務拡大なので経験者に来ていただけると当社もありがたい」「会社によって営業スタイルは異なるから最初は慣れないかもしれないが、いろいろな会社の営業を経験しているあなたなら、試用期間3カ月の間にもこなせるようになってまわりの社員をぐいぐい引っ張ってくれるに違いない。1年後にはリーダー的な存在になってくれることが期待できます」「あなたも希望している安定した生活になりますよ」「ぜひ一緒に仕事をしたいです」と面接では好感触だった。
4　平成26年7月1日、申立人と相手方は、期間の定めのない契約を締結し、

申立人は、以下の条件で勤務を開始した。
○雇用期間　平成26年7月1日から同年9月30日
○職種　　　営業（正社員）
○就業時間　午前10時から午後7時（休憩1時間含む）
○休日　　　土日祝日
○賃金　　　基本給月30万円（月末締、翌月20日払い）
　　　　　　賞与　会社の規定により支払う

5　入社当初は、外回り営業でオフィス用のレンタルサーバーを売り込む部署に配属された。先輩からレンタルサーバーのしくみや特徴を学び営業に備えた。最初は、A営業部長が自ら同行して外回りのやり方をみせてくれた。

6　X女は、早く1人で営業に出られるようになりたいと考え積極的に自習していたところ、ある訪問先で、A営業部長による取扱説明書どおりの説明に対して、訪問先から「ほかに方法はないのか？」と聞かれたことから、同行していたX女がある取扱方法を提案すると、訪問先も納得して成約に至ったことがあった。ところが、会社に戻るとX女はA営業部長から「俺のやり方に口を出すな！」と激しく叱責された。以後、A営業部長からは細かなことで叱責されるようになった。「慣れないのに自己流でやるな」「協調性が足りない」「あなたが入ったことでまわりが迷惑を被っている」と厳しいことしか言われなくなった。

7　平成26年8月1日、X女が電話営業部に移されると、経験を活かして受注件数を伸ばしていたにもかかわらず、A営業部長からはX女の電話応答について、「社内外からクレームが来ている」「全然改善されない」「当社の営業は向いていないんじゃないか」と身に覚えのないことで叱責された。

8　平成26年8月中旬、「このままだといられなくなるよ」「これまでは他でいったいどうやって仕事をしてきたんだ」「これじゃあ経験者とはいえない」「期待しすぎた」と退職勧奨されるようになった。

9　平成26年9月1日、X女は、A営業部長から呼び出され、「今月末で期間満了ね」と突然言われ「期間満了通知書」を渡された。

10　驚いたX女は、「面接の時の話と違います！」「私は正社員として入社しています！」「期間があることは聞いていません！」と突然のことで思わず言い返したが、「契約書には書いてあるから」と平然と言われ、取り合って

もらえなかった。
11　A営業部長と会うたびに「あともう少しだね」「適した職場がほかにあるはず」「あなたのために言っている」とあたかもX女のためと言わんばかりに退職勧奨が繰り返された。
12　入社して間もない人が「採用時の条件と違う！」「ブラック企業だ！」とツイッターにつぶやいたことをとがめられて、事実上辞めさせられたと聞いた。
13　営業部の従業員はすべて正社員であり、Y社と期間の定めのない契約を締結していたことがわかった。
14　A営業部長から毎日のように退職勧奨され、また言われるのかと思うと気分が悪くなり夜も眠れなくなっていった。
15　平成26年9月30日、当然のようにX女は退社手続をとらされた。
16　あまりに納得がいかない。こういう嘘を平然と繰り返す会社があっては誰かがまた同じつらい思いをしてしまう。このまま泣き寝入りしたら会社の思うツボ。このままでは終わりたくない。とことん戦ってほしい。長引いてもかまわない。でも、会社の人とは二度と会いたくないので、代理人として入ってほしい。
17　会社に戻るつもりはない。
18　現在、ハローワークに失業給付の相談をしている。

　(3)　資料確認

X女が持参した資料をみせてもらう。

①　労働契約書

　なるほど、書面上は「正社員」との記載はあるが、「雇用期間」とあるだけで「試用期間」とはどこにも記載がない。

②　求人票

　ここには「正社員」、「試用期間3カ月」と記載がある。

③　期間満了通知書

　Y社としては、契約書どおりに期間満了したにすぎないというスタンスか。更新しない理由として、「能力不足」、「たび重なる職場トラブルや顧客からのクレーム」と書かれている。

④　就業規則

「試用期間は3カ月とする。ただし、会社が特に必要と認めた場合には話し合いによって最大3カ月まで延長することができる」とある。この試用期間延長の余地は労働者を保護する趣旨だろう。

3　見通し

(1) **雇用期間を3カ月とする労働契約が有期契約か、期間の定めのない労働契約における試用期間か**

「求人票」には「正社員」、「試用期間」と書かれていたこと、確かに営業部の従業員はすべて正社員でY社と期間の定めのない契約を締結していたこと、履歴書の志望動機欄には正社員として長く勤務したい旨を記載しており、面接の際も、面接担当者はその記載を前提として、「試用期間3カ月の間にもこなすようになって、間もなくまわりの社員をぐいぐい引っ張って、1年後にはリーダー的な存在になってくれることが期待できます」、「あなたも希望している安定した生活になりますよ」と応じていた経緯がある。そうだとすれば、神戸弘陵学園事件（前掲最判平成2・6・5）の規範に照らせば、3カ月の期間の定めは労働者の適性を評価・判断するためのものであり、期間満了によって雇用契約が当然に終了する旨の明確な合意が当事者間に成立している特段の事情はないのであるから、期間の定めは試用期間と解釈されるべきであると考えられる。他方、ブラック企業とつぶやいた社員を辞めさせるくらいのY社である。Y社としては、後々争われても「試用期間」とは書いていないことを理由としてすり抜けようという意図がみてとれる。

(2) **留保解約権行使が適法であるか否か**

そして、3カ月の期間の定めが試用期間となれば、留保解約権の行使の効力の問題となる。三菱樹脂事件（前掲最大判昭和48・12・12）の判旨によれば、「……留保解約権に基づく解雇は、これを通常の解雇と全く同一に論ずることはできず、前者については、後者の場合よりも広い範囲における解雇の自由が認められてしかるべきものといわなければならない」とするが、他方で、

「しかし……留保解約権の行使は、上述した解約権留保の趣旨、目的に照らして、客観的に合理的な理由が存し社会通念上相当として是認されうる場合にのみ許される」とされる。

Y社理由のX女に対する「能力不足」、「たび重なる職場トラブルや顧客からのクレーム」というのはあまりに抽象的であり、何ら具体性がない。このように書けば誰しもあてはまると考えているのだろうか。X女は全く身に覚えがないという。仮に、試用期間中にそのようなことがあったとすれば、Y社は、まずは適切な指導を試みて改善の余地を検討すべきであり、試用期間を延長する手段もあったのだから、X女の契約を終了とするのは時期尚早であり、解雇は無効であると考えられる。

(3) 見通しの説明と今後の方針

事前に調べた2つの判例を基に上記見通しについて言葉を補足しながらX女に説明する。X女は、メモをとりながら熱心に耳を傾けてくれた。

X女は、「勝つ見通しがあるのであれば、ぜひ先生に代理人をお願いしたいです」とのことであった。甲弁護士は、「裁判となれば最終判断は裁判官なので弁護士は絶対とはいえないけれど、事情をうかがう限りは本件の場合は見通しがあると考えられます」と言葉を選びながら答えた。

結果について断定はできないが、弁護士としての見通しをある程度説明しなければ相談者は路頭に迷うことになってしまう。再度、相談者の意思を確認して受任することになった。弁護士は代理人にすぎない。弁護士を立てたとしても裁判となれば相当のストレスがかかるし、結果を受け入れなければならないのは相談者である。相談者が自分で決意することが大事であると考えるこの頃である。

4 受任

(1) 手続の選択

受任にあたり具体的な手段を検討することになる。

法的手続をとる前に、まずは交渉を試みるのが常套であることを説明する。

しかし、Y社のような会社が素直に交渉に応じるとは思えない。おそらく代理人をつけてきて、徹底的に争う姿勢を示すだろう。そうなると裁判手続を選択せざるを得ないが、その場合、訴訟か、労働審判かの選択肢がある。X女は、「長引いてもかまわない」、「会社の人とは二度と会いたくない」と言っている。労働審判は、3回以内、申立てから平均3カ月以内の審理期間とされ早期解決のメリットがあるが、他方、第1回から進行を円滑に進めるため本人の出席を求められる。すると、今回の場合は、労働審判ではなく、最初から訴訟手続をとることになるだろうとX女に説明する。

また、X女は、「会社に戻るつもりはない」と言うので、「復職を求めるのではなく、金銭解決を希望されるということでよろしいですね」と確認すると、「そうです。会社には相応のお金を払ってもらいたいです」とのことである。誰でも考えが変わることはある。事件着手の前に、相談者が「何を希望しているのか」を再度確認することは大事である。

(2) 受任手続

検討した方針を基に契約書を作成する。同時にあらかじめ「訴訟委任状」を作成してもらう。早速、期限を区切って「受任通知」を発送し、Y社の回答を待ち、交渉決裂となれば訴訟提起する段取りを説明する。また、受任通知には一切の連絡を代理人宛てにするよう記載することを伝えると、X女は「争うとなると、今後、またY社とやりとりをしないとならなくなるのかと思っていたのでお願いしてよかったです。よろしくお願いします」と安心した様子で帰って行った。

5 受任通知

早速、受任通知を起案する(【書式2-4-1】参照)。電子メールに添付してX女に確認してもらうことにした。

すると、翌日、X女から電話があり、「この間、私は会社に戻るつもりはないとお話したはずですが、復職を求めるというのはどういうことですか」、とやや気を悪くした声だった。この点は説明を補足しておく必要があった。

Y社の主張を争うためには、「今も社員の地位がある」として、形式上は復職を求めるのが筋となることを説明するが、X女はすぐには呑み込めない様子である。そこで、本音と建前であると言い換え、「本音は会社に戻るつもりはない」、「でも、会社の言い分を争ってこちらの主張を通すとなると、建前としては復職を求めることになります」と説明する。こういった点がややこしい。

　X女の了解を得たうえで記録を残すために内容証明郵便で受任通知の発送を事務員に依頼する。そもそも回答してくるのだろうか。とりあえず、カレンダーに期限を書き込んで待つことにする。

【書式2-4-1】　受任通知書（《Case ④》）

平成26年11月1日

〒○○○—○○○○
東京都○○区○○1-2-3
Y株式会社
代表取締役　　C　　殿

通　知　書

〒○○○—○○○○
東京都○○区○○7-8-9△△ビル○階
○○法律事務所
電話　00-0000-0000／FAX　00-0000-0000
X代理人　弁護士　　甲

前略
　当職は、X（以下、「通知人」）から依頼を受けた代理人としてご通知申し上げます。
　通知人は、平成26年7月1日付で貴社に正社員として入社した後、問題なく勤務を続けておりましたが、貴社は、契約期間満了を理由として平成26年9月30日をもって通知人を退職させたとのことです。
　しかし、平成27年7月1日付「雇用契約書」には、「正社員」と明記されて

おり、ここに記載された「平成27年7月1日から同年9月30日まで」の期間は試用期間を示すことは明らかです。また、当該求人票には「正社員」「試用期間3カ月」と記載があり、これを踏まえてA営業部長及びB人事部長の面接が行われたことも付言しておきます。

したがって、通知人と貴社との間の雇用契約は、期間の定めのない契約であり、貴社の期間満了によって契約が終了するとの主張は認められません。貴社は通知人に対して解雇したと解するほかありませんが、解雇には何ら合理的な理由は存在せず無効です。

つきましては、本書面到達後10日以内に本件解雇を撤回し復職させると共に、解雇日の翌日から復職日までの日数に金〇〇円を乗じた金額を下記口座にお振り込みください。

貴社の解雇が撤回されず、何らのご連絡も頂けない場合には法的措置を採らざるを得なくなりますのでご承知おき下さい。

また、本件に関する一切のご連絡は直接X代理人である当職宛にお願い致します。

草々

【振込先口座】
銀行名　　〇〇銀行
支店名　　〇〇支店
口座番号　〇〇〇〇〇〇〇
口座名義　弁護士甲　預かり口
フリガナ　ベンゴシコウ　アズカリグチ

6　回　答

1週間後の平成26年11月8日、Y社の代理人弁護士乙からの回答書が内容証明郵便で届いた。やはり早々に弁護士をつけてきたか。Y社としては「期間の定めのない契約ではなく、期間満了による終了である」との主張であり、「解雇を前提とするX女の要望には応じられない」との簡単な回答であった。

7　依頼者への連絡

　早速、X女に知らせることにする。電子メールには、Y社は、期間満了による終了に固執していること、予想どおりの展開なので、面談で説明したとおりに訴訟の準備をする旨を説明したうえで、Y社からの回答書を添付して送った。

　しかし、すぐにX女から事務所に電話がかかってきた。「弁護士が入っても相変わらずの言い分なんて本当に許せません！」と、憤慨している。弁護士に依頼して安心したのも束の間、Y社からの回答を目にして、退職までの嫌な思い出が蒸し返されたのだろう。Y社の回答をそのままみてもらったほうが確実だと考えて電子メールに添付したが、先に説明してからにすべきだった。書面というのはインパクトが大きい。特に、弁護士の内容証明郵便通知はあえて強い語調で書かれていることもある。依頼者の手前ということもあるのだろう。弁護士同士であれば書面はそういうものだと見慣れていても、一般の人が目にすればかなり強烈な印象を受けてしまうものだ。想定外の反応だったが、これは経験から学ぶしかない。今後は気をつけることにしよう。こういうときはできるだけ依頼者と直接話をして気持を受け止めることから始めたほうがよい。これからが本番なのに、この時点で信頼関係が崩れたらこの後が厳しい。X女の都合を聞き、2日後にもう一度面談を設定することにした。

8　面談2回目

　面談に来たX女は、落ち着きを取り戻していた。「Y社の回答にあまりに頭に来たので興奮してしまいました。先生に八つ当たりしてしまってすみません……」思いがけない言葉に恐縮する。

　仕切り直して、今後の方針を確認する。すると、X女は、「やっぱりこの問題を引きずるのは精神的にきついので早く終わらせたいです」と言う。そうであれば、労働審判を選択したほうがよい。でも、会社の人と二度と会いたくないと言っていた点が気になったので確認すると、「早く解決するため

なら仕方ないです。出席します。金銭解決は相場でよいので、それより私に直接謝ってほしいです」とのことだった。事案を問わず、「お金が欲しいのではない、相手に謝罪を求めたい」という要望もよくあることである。しかし、裁判手続で謝罪を求めることは通常できない。そのことを再度説明する。労働審判に方針を変えて準備を進めることになった。

Ⅳ 労働審判申立て

1 東京地方裁判所の運用

東京地方裁判所の労働審判の運用には以下のような特徴がある。地方によって異なるので申立て前に確認しておく必要がある。

① 東京地方裁判所管内では、本庁と立川支部で労働審判事件を取り扱っている。

② 労働専門部を設けており、「民事第11部」「民事第19部」「民事第36部」の3カ部である。

③ 原則として「1労働者1申立て」とし、複数人で一度に申立てすることは避けるよう求めている。

④ 申立書類一式は、19部書記官室（13階）のカウンターに提出する。午前は11時まで、午後は4時までの提出を促している。

⑤ 労働審判では付加金を命じることはできない。

⑥ 書証は労働審判員に交付しない。

2 申立て

(1) 申立書の準備

初めての労働審判である。審理は3回までとされているが、1回目が勝負だという。申立て段階で、相手方の反論を想定したうえでそれに対する再反論まで申立書に記載しておく必要がある。これは相手から提出されている書面や発言等を手がかりにするしかない。依頼者からの聴取が大事である。

「労働審判を求める事項の価格」は、主張する利益によって決まるが、地位確認を求めるとともに労働審判確定までの賃金を請求する場合は、申立て時にすでに発生している請求額と、申立て後、労働審判の平均審理期間3カ月経過時点までに発生する請求額との合計額になる点が訴訟との違いである（訴訟の場合は1年分）。また、印紙代は、民事調停事件と同じ基準によって算出される。

面談を踏まえ、申立書を起案する（【書式2-4-2】参照）。東京地方裁判所の運用では、労働審判員に書証を送付しない取扱いである。〈Case④〉の場合、試用期間の問題であるから事実関係はそれほど複雑ではない。そこで、「陳述書」を証拠として提出するのではなく、申立書の中に事実関係を書き込み、労働審判員にも早期に全体像を理解してもらうことにした。

X女にも申立書を確認してもらい、了承を得た。

【書式2-4-2】　労働審判手続申立書（訂正後のもの）（〈Case④〉）

労働審判手続申立書

平成26年12月8日

東京地方裁判所民事部　御中

申立人代理人弁護士　　　甲

当事者の表示　別紙目録（略）のとおり

地位確認等請求労働審判事件
申立の価格　金160万円
貼用印紙額　金6,500円

第1　申立ての趣旨
　1　申立人が、相手方に対し、労働契約上の権利を有する地位にあることを確認する

2　相手方は、申立人に対し、金30万円及び平成26年11月から本件労働審判確定の日まで、毎月20日限り、月額30万円の割合による金員並びにこれに対する各支払期日の翌日から支払い済みまで年6分の割合による金員を支払え
　　3　申立費用は、相手方の負担とする
との労働審判を求める。

第2　申立ての理由
　1　当事者
　　申立人は、昭和○○年○月○日生まれの女性である。
　　相手方は、飲料の製造販売及びオフィス用ウォーターサーバー等のレンタルを業とする株式会社である（甲1）。
　2　労働契約締結の経緯
　(1)　入社の経緯
　　平成26年5月頃、これまで派遣で各種営業を経験してきた申立人は、そろそろ安定した仕事をしたいと考え、正社員の求人を探していたところ、相手方の正社員求人広告を見つけた。「営業職の正社員募集」「中途採用歓迎」「業務拡大に伴い、長期的に当社の力になってくれる人を募集します」と記載があった。
　　同年6月、申立人は、志望動機欄に、正社員として長く勤務することを希望する旨を記載した履歴書を相手方に送付して応募した（甲2）。
　　まもなく、申立人は、面接に呼ばれ、A営業部長、B人事部長が立ち会い、「履歴書を拝見させていただきました」「様々な会社でこれまで営業経験を積んできたのですね」「急な業務拡大なので経験者に来て頂けると当社もありがたい」「会社によって営業スタイルは異なるから最初は慣れないかもしれないが、色々な会社の営業を経験しているあなたなら、試用期間3か月の間にもこなすようになってまわりの社員をぐいぐい引っ張ってくれるに違いない。1年後にはリーダー的な存在になってくれることが期待できます」「あなたも希望している安定した生活になりますよ」「是非一緒に仕事をしたいです」と面接では好感触だった。
　(2)　労働契約の締結

平成26年7月1日、申立人と相手方は、期間の定めのない契約を締結し（以下、「本件労働契約」）、申立人は、以下の条件で勤務を開始した（甲3）。
- ○雇用期間　平成26年7月1日から同年9月30日
- ○職種　　　営業（正社員）
- ○就業時間　午前10時から午後7時（休憩1時間含む）
- ○休日　　　土日祝日
- ○賃金　　　基本給月30万円（月末締、翌月20日払）
　　　　　　　賞与　会社の規定により支払う

3　労働契約の終了経緯

(1) 入社当初は、オフィス用のレンタルサーバーの外回り営業で売り込む部署に配属された。先輩からレンタルサーバーの仕組みや特徴を学び営業に備えた。最初は、A営業部長が自ら同行して外回りのやり方を見せてくれた。

　申立人は、早く1人で営業に出られるようになりたいと考え積極的に自習していたところ、ある訪問先で、A営業部長の取扱説明書とおりの説明に対して、客から「他に方法はないのか？」と聞かれた際に、同行していた申立人がある方法を提案すると、客が納得して成約に至ったことがあった。ところが、会社に戻ると申立人はA営業部長から「俺のやり方に口を出すな！」と激しく叱責された。以後、A営業部長からは細かなことで叱責されるようになった。「慣れないのに自己流でやるな」「協調性が足りない」「あなたが入ったことでまわりが迷惑を被っている」と厳しいことしか言われなくなった。

(2) 8月1日、電話営業部署に移されると、申立人は経験を生かして受注件数を伸ばしていたにも関わらず、A営業部長からは申立人の電話応答について、「社内外からクレームが来ている」「全然改善されない」「当社の営業は向いていないんじゃないか」と身に覚えのないことで叱責された。

(3) 8月中旬、「このままだといられなくなるよ」「これまではいったいどうやって他で仕事してきたんだ」「これじゃあ経験者とはいえない」「期待しすぎた」と退職勧奨されるようになった。

(4) 9月1日、申立人は、A営業部長から呼び出され、「今月末で期間満了ね」と突然言われ「期間満了通知書」（甲4）を渡された。更新しない理由として「能力不足」「度重なる職場トラブルや顧客からのクレーム」と全く身に覚えのない記載がされていた。
(5) 驚いた申立人は、「面接のときの話と違います！」「私は正社員として入社しています！」「期間があることは聞いていません！」と突然のことで思わず言い返したが、「契約書には書いてあるから」と平然と言われ、取り合ってもらえなかった。
(6) その後、A営業部長と会うたびに「あともう少しだね」「もっとあなたに適した職場があるはず」「あなたのために言っている」とあたかも申立人のためと言わんばかりに退職勧奨が繰り返された。
(7) 営業部の従業員は全て正社員であり、相手方と期間の定めのない契約を締結していたことが分かった。
(8) 9月30日、当然のように退社手続きをとらされた。

4　労働契約上の地位を有すること

　申立人は正社員として相手方に採用され期間の定めのない労働契約を締結したのであるから、期間満了による終了は認められない。仮に、相手方が解雇理由があると主張したとしても、本件解雇は客観的に合理的な理由を欠き、社会通念上の相当性も認められないため無効である（労働契約法16条）。

　したがって、申立人は、労働契約上の地位を有することの確認を求める。

5　賃金について

　上記4のとおり、申立人は相手方との間で労働契約上の地位を有するのであるから、相手方に対し、平成26年10月1日以降の賃金請求権を有する。そして、基本給は月30万円である。

　よって、申立人は、相手方に対し、平成26年10月の未払い賃金として30万円及び同年11月から本労働審判確定日まで毎月20日限り月額30万円の賃金並びにこれに対する各支払日の翌日から支払済まで年6分の割合による遅延損害金の支払を求める。

第3　申立てに至る経緯

　申立人代理人は、相手方に対し、平成26年11月1日付「通知書」によって

（甲5）、本件労働契約が期間満了によって終了するとの主張は認められず、解雇は無効であるとして解雇の撤回及び復職を求めた。
　これに対して、相手方は、同年11月7日付「回答書」（甲6）によって、「期間の定めのない契約ではなく、期間満了による終了である」「解雇を前提とするXの要望には応じられない」旨を回答した。
　このように交渉を通じての解決は困難であるため、本件申立てを行ったものである。

第4　予想される争点及び当該争点に関連する重要な事実
　1　予想される争点
　　①　雇用期間を3カ月とする本件労働契約が期間の定めのない契約における試用期間であるか、有期契約であるか
　　②　①が期間の定めのない契約であると認められ、相手方が予備的に解雇を主張する場合、解雇は客観的に合理的な理由を欠き社会通念上相当であるといえず無効であるか否か（労働契約法16条）
　2　争点に関連する重要な事実
　　(1)　予想される相手方の主張
　　　①　労働契約が期間の定めのある契約であること
　　　　相手方は、本件契約書の書面上は、「雇用期間」の欄に「平成26年7月1日から9月30日」と記載されており、これを試用期間とする旨の記載はないとして、期間の定めのある契約であると主張することが予想される。
　　　②　解雇は有効であること
　　　　期間の定めのない契約であると認められた場合でも、相手方は、「期間満了通知書」（甲4）を交付しており、「能力不足」「度重なる職場トラブルや顧客からのクレーム」をもって更新しない理由としていることから、予備的に解雇が有効であると主張することが予想される。
　　(2)　申立人の反論
　　　①　本件労働契約は期間の定めのない契約であること
　　　　ア　求人票は「正社員」を募集し「試用期間」を定めていた……。
　　　　イ　本件契約書は「正社員」と記載され、かつ、「正社員」とは通常

期間の定めのない契約を意味することを考慮すれば、「雇用期間」は試用期間と解するのが合理的である……。
　　　ウ　Xは、志望動機に正社員として長く勤務したい旨を記載した履歴書を送って応募すると、これを踏まえた面接が行われ、A営業部長から「試用期間3か月の間にもこなすようになって、まもなくまわりの社員をぐいぐい引っ張って、1年後にはリーダー的な存在になってくれることが期待できます」と試用期間を前提とする期間の定めのない契約を想定した会話がなされた……。
　　　エ　営業部の従業員は全て正社員であり、相手方と期間の定めのない契約を締結していたことが分かった……。
　　　オ　神戸弘陵学園事件判決は……。本件は、この判例に照らしても……。
　　　カ　したがって、本件労働契約は、期間の定めのない契約である。
　　② 解雇が無効であること
　　　ア　上記①のとおり、本件労働契約は期間の定めのない試用期間付の労働契約だとしても、試用期間満了時に自由に解約できるものではない……。
　　　イ　三菱樹脂事件判決によれば……。
　　　ウ　しかし、本件の相手方が主張する解雇理由はいずれも抽象的であり解雇理由とはなりえない。現に、申立人は、積極的に自習し、受注件数も伸びていたにも関わらず、A営業部長はXを執拗に叱責するばかりで、何ら具体的な改善策を講じることなく指導教育を怠った……。
　　　エ　このような勤務・指導状況に鑑みれば、申立人の能力が著しく不足していたと評価することはできない……。
　　　オ　したがって、本件解雇は、何ら合理的な理由は存在せず社会通念上も相当といえないため無効である。

証拠方法

　　　　甲1　　　法人登記簿
　　　　甲2　　　履歴書

甲3	雇用契約書	
甲4	期間満了通知書	
甲5	通知書	
甲6	回答書	

附属書類

1	申立書写し	4通
2	各甲号証写し	各2通
3	証拠説明書	各2通
4	資格証明書	1通
5	委任状	1通

(2) 申立て時の訂正

　申立書の裁判所への提出は事務員にお願いしていたが、初めての申立書で不備はなかったか気になっていた。裁判所から帰って来た事務員に確認すると、「申立ての趣旨」について訂正が必要になったということだった。

　つまり、〈*Case*④〉の場合は、給料が「月末締め、翌月20日払い」、9月末に解雇され、9月分の給料は支給されている。申立ては12月8日であるから、申立て時にすでに発生している請求額は、10月分のみである。11月分は12月20日に支給されるからである。そうすると、「申立ての趣旨」は、「金30万円及び平成26年11月から本労働審判確定の日まで、毎月20日限り、月額30万円の割合による金員並びにこれに対する各支払日の翌日から支払い済みまで年6分の割合による金員を支払え」となるのである。ところが、給料の支払日を意識せず、11月分は支給されているものと勘違いしたため、「金60万円及び平成26年12月から……」と記載してしまったのである。

　いずれにしても、地位確認の「労働審判を求める事項の価格」が算定不能として「160万円」であるのに対し、賃金請求の「労働審判を求める事項の価格」は30万円（訂正前は60万円）＋90万円（30万円×3ヵ月）＝120万円（訂正前は150万円）となり、地位確認のほうが多額である。「労働審判を求める事

項の価格」は、多額のほうをとることから「160万円」となった。幸いにも印紙代が無駄にならずに済んでよかったと心底安心した瞬間であった。こういった点は自分で気をつけるしかない。

　　(3)　期日調整

　裁判所から期日調整の連絡が入った。X女と同行するため、都合のつく日をX女に確認してから裁判所に回答した。結果、年明け早々に第1回期日が設定された。

3　答弁書

　答弁書の提出期限は期日の1週間前までに設定されるようであるが、実際に相手方代理人から答弁書が届いた時には期日の1週間前を切っていた。第1回期日では、答弁書に対して反論を用意しなければならない。しかし、時間がないので、X女に先に書面に目を通してもらい、当日の期日前に打合せをすることにした。その前に、大まかに答弁書に目を通して概要を把握する。相手方は相変わらず有期契約であることを主位的主張としつつも、答弁書では予備的主張として解雇としてきた。やはり、Y社も有期契約との主張が通らないリスクを意識しているのだろうか。解雇理由としては、就業規則に該当する解雇理由として能力不足と結びつけるいくつかのエピソードをあげてきた。

　今回は、X女にあらかじめ電話で書面概要を伝えてから書面を送ることにした。その際、書面を読むとかなり表現がきつく感じられると思うが、弁護士が作成する書面は依頼者の手前もあってあえて厳しい表現で書くものであることを補足する。

　あらためて相手の反論書面をみると、本当に戦えるのか不安になってきた。解雇理由はどれも抽象的だから説得力はないだろう。しかし、試用期間とする主張がそもそも通るのだろうか。契約書上、「試用期間」と明示していないのは不利なのではないか。この書面を読んだ裁判所はどのような心証を示すのだろうか。

4　事前打合せ

期日の1時間前にX女と待合せをした。

> 甲弁護士：まずは、答弁書に記載されている解雇理由とされるエピソードについて、事実かどうかを確認させてください。
> X　女：いずれも身に覚えがありません。
> 甲弁護士：そうですか。そうであれば、「違います」とはっきり言い切ってくださいね。
> X　女：自分で答えてよいのですか。
> 甲弁護士：労働審判で本人出席が原則になっているのは、裁判所が直接本人から話を聞きたいと思っているからなのです。ですから、聞かれたことに自分で答えたほうがいいのです。
> X　女：言わないほうがいいことはありますか。
> 甲弁護士：ありのままに答えて大丈夫ですよ。私が同席してフォローしますから安心してください。

V　労働審判期日

1　第1回期日

(1)　対　席

(A)　受付〜着席

担当部で受付をした際、X女が、Y社はA営業部長とB人事部長が来ていると耳元でささやいた。今日は、社長は来ていないようである。社長が来ていないと決裁がとれず、持ち帰りになる可能性が高い。呼ばれるまで相手方から離れた場所で待つことにする。

間もなく書記官から呼ばれ、部屋に通される。ラウンドテーブルには、審判官を真ん中にしてその左右に審判員2名が座っている。男女1名ずつだ。

当事者も同じテーブルに着く。出席者の顔は近いが、何となくテーブルの広さにはてしない隔たりを感じて緊張する。審判官は名乗ったが、審判員は名乗らない。審判官が労使どちらであるかも明かされないが、服装や雰囲気が正反対なので何となく察しがつくものである。

(B) **審判官からの説明と争点の確認**

まず、審判官から労働審判手続の概要の説明がある。当事者を意識しているのか、ゆっくりと当事者の顔を見ながら説明してくれた。そして、当事者が同席したまま、申立書に基づいて争点を確認した。①雇用期間を3カ月とする労働契約が有期契約か、期間の定めのない労働契約における試用期間か、②試用期間とした場合に留保解約権行使が適法であるか否かの2点である。

(C) **申立人質問**

次に、相手方の答弁書を基に、申立人に対して、審判官から、1つひとつ「これは事実ですか」とX女に質問が繰り返された。X女は、審判官の顔を見てはっきりとした声で「事実ではありません」と答えている。その様子をみながら、X女の仕事ぶりがみえるような気がした。答弁書に書かれているエピソードは、部長が必死にX女の粗探しをしたのだろうと想像できる。審判官は、X女の回答を聞くと簡単に補足質問をする程度で、テンポよく次の質問へと進めていく。結局、代理人がフォローする必要はなかった。

(D) **相手方質問**

今度は、相手方の番である。審判官から、「Y社は、いつもこの様式の契約書を使っていたのですか」、「X女がいた部署には正社員しかいないのですか」、「求人も正社員しかないのですか」と聞かれたA営業部長は「はい」と答えるほかないようだった。

すると、審判官は、「争点②については判例があるところですが」として三菱樹脂事件の規範に触れたうえで、「事実関係について確認ですが……」と、早々に争点②の話題に移った。ということは、審判官としては、〈*Case*④〉では試用期間であることを認めるということなのだろう。裁判所と見立てが同じであったことがわかって安心した。

すでにX女が「事実ではない」と回答していることを踏まえ、答弁書に記載のあるエピソードは一体どういうことかA営業部長にはやや突っ込んだ質問をしていく。A営業部長は、X女の能力不足を語るが、審判官から、「中途採用とはいえ入社当初から求めるスキルとしては高すぎないか」、「誰かがフォローしていたのか」、「問題点について適切な指導をしていたのか」、「なぜそれをもって能力不足と評価したのか」と、1つひとつ突っ込まれると、「中途採用だから業種が違ってもできて当然である」、「本人がやる気がなかった」、「時間をかけても育たないと思った」と回答が雑になっていく。

審判官から「なぜ育たないとわかるのですか」と聞かれたA営業部長が、「私くらいになれば経験からわかります」と自信満々に回答する。しかし、審判官は、「あなたの主観ということですね」と冷静な反応だ。A営業部長は、面子を潰された気分だろう。これは、相手方は苦しいのではないか。何となく申立人側に有利である印象をもった。

(2) 提案額の検討

しばらく評議するので、呼ばれるまで外で待つように言われ、部屋を出る。X女は、「私への質問は優しかったのに、A営業部長に対する突っ込みは激しかったですよね！」、「最後に『あなたの主観ですね』と言われたA営業部長は罰の悪い顔をしていて、あんな表情は初めて見ました！」と言葉が弾む。X女は自分の思いをわかってくれたと感じて嬉しかったのだろう。同じ印象をもちましたと答えた。

この後、申立人側が先に呼ばれて解決方法を聞かれるだろう。復職を求めるのか、金銭解決を求めるのか、この点は、X女に確認済みである。問題は、いくら請求するかである。率直にX女に聞いてみると、「どのくらいが相場ですか」と質問された。よく相談者から、金額の相場を聞かれるものであるが、金銭解決の相場というものはなかなか答えにくいものの、ある程度の目安は示してあげないと目標が定まらない。「一般的には……と言われますが、事案によって異なるので、今回のケースについてはっきりとしたことは言えません」と丁重に説明して理解してもらうしかない。

調べた結果を踏まえ、地位確認を求める場合、給与の6カ月～1年分くらいが相場ではないかと説明した。〈*Case*④〉の場合、バックペイは第1回期日の時点で、10月～1月の4カ月分になる。X女は、「長引かせたくないので相場でかまわない」と言う。1年に近い数字を要求しても歩み寄らないだろうが、減額されることも踏まえると、4カ月と12カ月の間をとって8カ月分として240万円で提案することにした。その代わりこれ以上は譲歩しないとのスタンスだ。

(3) 交渉①

X女と先日のランチの話題で盛り上がりながら待っていると、待合室に審判官が自ら呼びに来た。解雇問題を争っている最中なのに気が緩んでいると思われたのではないかと少し気まずい思いがしたが、むしろ、依頼者とコミュニケーションが良好であると思ってもらえたかもしれないと思い直す。

申立人側だけが部屋に入る。

審 判 官：評議の結果、解雇は無効であると判断します。客観的事由に乏しいからです。申立人としては、どのような解決を望まれますか。

X 　女　：在職中はパワハラや退職勧奨がひどかったですし、答弁書でも相変わらずでもうY社に戻る気はありません。金銭解決を望みます。

審 判 官：解決金として、いくらくらいを希望されますか。

甲弁護士：X女は大変に嫌な思いをしましたが、早期解決の観点から給料の8カ月分を求めます。ただし、これ以上は引けません。

審 判 官：そうですか。そのほかの条件はどうしますか。

甲弁護士：現在、失業保険を受給しているので……。

審 判 官：解雇日をもって会社都合退職ですね。

甲弁護士：はい。そのほかには、口外禁止条項と清算条項をお願いします。

審 判 官：わかりました。相手方の意見を聴きます。待合室でお待ちく

> ださい。

(4) 交渉②

甲弁護士らは、再び呼ばれて部屋に入った。

> 審 判 官：相手方はなかなか厳しい見解でして、給料の2カ月分だと言うのです。
> Ｘ　　女：ひどい！　最後までこんなひどい対応をするなんて……。
> 甲弁護士：相手方には、解雇は無効との心証を伝えているのですか。
> 審 判 官：ええ、伝えています。
> 審判員Ａ：解雇が無効なのに給料の2カ月分というのは、短すぎますね。
> 審判員Ｂ：私もそう思います。
> 審 判 官：もう一度相手方の意見を聴いてみましょう。待合室でお待ちください。

(5) 交渉③

待合室に戻り呼ばれるまでの間、「本当にひどい会社です」、「この調子だと払う気はないのではないですか」、「お金はいらないから、それより裁判所で謝罪してほしいです」とＸ女は憤慨していた。気持はわかるが、金銭解決しかできないことを説明する。ここで、再び呼ばれ部屋に入った。

> 審 判 官：相手方としては、今日は社長の決裁がこれ以上は下りないので持ち帰るとのことです。ですが、持ち帰っても、社長が全く払わないと言い出すリスクもあると思いますが、どうされますか。
> Ｘ　　女：2カ月分というのはあり得ません。
> 審 判 官：では、2回目の期日を設けましょう。金額だけの問題ですから2週間後でよろしいでしょうか。

甲弁護士：わかりました。よろしくお願いします。

2 期日間

期日間に代理人間で交渉するが、相手方は、「社長が決裁を出さない。150万円が限度だ」と言う。いまだ金額の開きが大きい。そこで、「審判官が解雇無効の心証を示しているのですから、和解せずにこのまま審判をもらったとしても同じ結論になるでしょう。異議を出して訴訟に移行したとしても、やはり同じ結論になることは目に見えているのではないですか。長引かせても無駄ではありませんか。ぜひ、Y社にそのあたりを説明してください」と返した。

この経過をX女には電話で伝えておいたが、X女としては、150万円という金額は、全く受け入れられないと言う。確かにそうだろう。しかし、このまま平行線になってしまうのだろうか。心証を早く示してもらって解雇無効と判断してもらったのはよかったが、最後の金額交渉は一筋縄ではいかないものだ。Y社にとっては解雇無効を認めることになるのだからダメージが大きいのだろう。

VI
第2回期日

X女と待ち合わせると、甲弁護士は、「きっとY社は150万円から上げてこないと思いますよ」と伝えた。X女は、「長引くよりはそれでもいいです。失業保険が手元に残りますし」と諦めた様子である。X女が本当に納得しているならばよいが、この様子だと最後までY社の言いなりになってしまうという嫌な思いが残ってしまうだろう。少しでも金額を引き上げなければと力が入る。

しかし、結局、Y社の回答は「200万円」とのことであった。当初の提案額からは下がったが、X女は、「これで十分です」と笑顔だった。本人が納

得できたならば何よりである。これで吹っ切れたのか、X女は間もなく新しい職場で働き始めることができたと嬉しい知らせをくれた。

VII 調停調書

後日、受領した調停条項は以下のとおりである。

1　申立人と相手方は、申立人が平成26年9月30日付で会社都合により合意退職したことを相互に確認する。
2　相手方は、申立人に対し、本件解決金として金200万円の支払義務があることを認める。
3　相手方は、申立人に対し、前項の金員を平成27年2月末日限り、○○銀行○○支店の弁護士甲名義の普通預金口座（口座番号○○○○○○）に振り込む方法によって支払う。ただし、振込手数料は相手方の負担とする。
4　申立人と相手方は、本件紛争の内容及び本件調停の内容について、正当な理由のない限り、第三者に口外しないことを相互に約束する。
5　申立人は、申立てに係るその余の請求を放棄する。
6　申立人と相手方は、申立人と相手方との間には、本件に関し、この調停条項に定めるもののほか、他に何ら債権債務がないことを相互に確認する。
7　手続き費用は各自の負担とする。

　本稿は、複数の事例を組み合わせるなどして構成したものであり、実際の事例とは異なる。

第5章 労働審判・訴訟──懲戒解雇・未払賃金・降格処分への労働者側の対応

I 事案の概要

〈*Case*⑤〉

甲弁護士の下に1件の相談があった。

相談の内容は、先日会社を解雇された（問題点①）というものだった。

詳しく話を聞いてみたところ、

- 理由なく会社が賃金をカットしている（問題点②）ことに不満を覚えて、労働基準監督署に相談に行ったところ、
- 突然降格され（問題点③）、
- さらに2カ月後に解雇された（問題点①）というものだった。

相談者のA氏は次の仕事を決めるべく、早期解決を希望した。

II 実務上のポイント

〈*Case*⑤〉における実務上のポイントは以下の3点である。

① 解雇事由の有無および合理性
② 賃金カットの妥当性
③ 降格処分の合理性

1 解雇（問題点①）

甲弁護士は、事務所を訪れたA氏に、まず、解雇（問題点①）について、聴取した。

甲弁護士：まず、解雇（問題点①）について教えてください。普通解雇されたのですか、懲戒解雇されたのですか。

A　氏：会社の物品を横領したという理由で懲戒解雇されました。ただ、労働基準監督署に調査された直後の降格処分に引き続いた処分なので、賃金カットの相談が原因だと思っています。

甲弁護士：会社は、具体的に何を横領したと指摘しているのですか。

A　氏：中古の厨房設備です。うちは配送業者でして、業務用厨房機器のメーカーから委託を受けて飲食店などに配送しています。稀に、逆に飲食店がメーカーに中古品の買取りを依頼することがあり、同じくメーカーから委託を受けて、飲食店から中古品を引き取ってメーカーに運ぶこともあります。この場合、引き取ることのできる厨房機器は、当然、当該メーカーのものに限られますから、他メーカーのものを引き取ることはありません。その時も、ある飲食店に厨房機器の引き取りに行ったら、他社の厨房機器も持って行ってほしいと頼まれました。私は、断ったのですが、お店のほうも、もう閉店するから廃棄する費用もない、無料でいいので持って行ってほしいと頼み込まれて、仕方なく私がもらって、中古品買取店に買い取ってもらったのです。それを会社は、横領だと言っています。

甲弁護士：それは業務時間中ですか。

A　氏：はい。そうです。

甲弁護士：その機器を引き取ることについては会社に了解をとっていないということでいいですか。

> A　氏：いいえ。業務時間中ですので、内緒にしておいて、後で問題になったらよくないと思って取締役に伝えて許可してもらいました。
> 甲弁護士：会社は知っていることになりますね。
> A　氏：でも、会社の代表者は、その取締役が知っていたとしても自分は聞いていないから無許可だと言っています。
> 甲弁護士：その横領はいつの出来事ですか。
> A　氏：もう4年ほど前です。

2　賃金カット（問題点②）

続いて、甲弁護士は、賃金カットの問題（問題点②）について、A氏と以下のやりとりを行った。

> 甲弁護士：賃金カット（問題点②）について教えてください。
> A　氏：はい。自分としてはこの点が一番納得できない点です。会社は、従業員が配送時に事故を起こすと、損害賠償金として、一定の金額を給与から天引きします。会社の説明では、事故の際に利用する保険で、それが支払われない免責金があり、免責金相当額の債務を従業員に負わせる制度だということです。10万円以上で5万円、50万円以上で10万円と高額でいつの間にかその免責金の負債がかさんで、給料から毎月何万円も差し引かれる状態になり、本来の給与額の半額程度しか支払われないときもあったのです。ところが、会社が免責金として説明していた制度は実際には虚偽で、保険会社が免責金を損害額に応じて増加させる制度などなかったのです。それを知って私は今までの給与明細と相殺表を持参して、労働基準監督署に相談しました。会社は調査されたものの、私に差

　　　　　　額の賃金を払うことはしませんでした。ちなみに、この免責
　　　　　　金は給与から引かれている人もいれば、引かれていない人も
　　　　　　いて不公平な扱いです。
甲弁護士：給与明細をみせてください。この相殺表というのは何ですか。
　Ａ　氏：給与から免責金を天引きしていることを記載したものです。
甲弁護士：免責額の総額はいくらですか。
　Ａ　氏：わかりません。
甲弁護士：事故を起こした回数はわかりますか。
　Ａ　氏：正確にはわかりません。ただ、会社には報告をしているので、
　　　　　　会社はわかっているはずです。
甲弁護士：事故とは交通事故ですか。
　Ａ　氏：交通事故もありますが、それだけではなくて、運搬時の厨房
　　　　　　機器の破損なども含まれています。

3　降格（問題点③）

　降格（問題点③）についての甲弁護士とＡ氏とのやりとりは、以下のとおりである。

甲弁護士：降格はいつ行われたのですか。
　Ａ　氏：労働基準監督署からの調査の直後です。
甲弁護士：理由は何ですか。
　Ａ　氏：事故が多いというのが理由でした。私は配送業務の責任者と
　　　　　　して、管理者手当をもらっていたのですが、とにかく責任者
　　　　　　からはずすと言われました。でも、運送設置は２人一組で行
　　　　　　っていて、後輩のミスを私が報告することもありましたし、
　　　　　　私は勤務時間がほかの人よりも圧倒的に長いのです。
甲弁護士：管理手当は月何万円ですか。

A　氏：月1万円ほどです。ただ、給与の内訳は社長が適当に決めていて、手当の根拠は不明確です。実際に減額事由の発生がないので、私の給与をカットしすぎであると感じてそれに対する調整要素として管理者手当が支払われていたと思います。実際に事故が多いのはそうとも言えるので、これが理由で長引くようなら主張はしなくてかまいません。

Ⅲ 実務上の問題点

1　懲戒解雇

(1)　懲戒とは

懲戒解雇とは、懲戒処分の1つであり、最も重い処分である。

懲戒事由は法律で定められているものではなく、就業規則等によって定められる。したがって、会社ごとに懲戒事由は異なりうるが、横領・背任等の会社財産を奪う行為については、一般的に就業規則で懲戒事由として定められていることが多い。

(2)　懲戒処分の性格

懲戒処分は、企業秩序に違反した行為を行った従業員に対する制裁である。懲戒処分は、損害賠償や解約などの契約法が予定したものではないため、そもそもなぜ従業員に制裁を加えうるのかという問題がある。

判例は、企業秩序の維持を理由に、使用者が懲戒権をもつことを認めている（最判昭和58・9・8判時1094号121頁〔関西電力事件〕）。

(3)　懲戒処分の対象

懲戒処分の対象は、労働契約違反行為でかつ企業秩序維持に反する行為であって、就業規則において明記されていなければならない（労基89条9号）。

判例も、使用者が労働者を懲戒するにはあらかじめ就業規則において懲戒の種別および事由を定めておくことを要するとし、就業規則を労働者に周知

Ⅲ 実務上の問題点 ***175***

〈図表 2-5-1〉　普通解雇と懲戒解雇

使用者からの労働契約の解消	普通解雇：労働契約の債務不履行に対して法律上当然に予定される解約
	懲戒解雇：重大な企業秩序違反に対する制裁としての懲戒権の行使

させることが不可欠であるとする（最判昭和54・10・30民集33巻6号647頁〔国鉄札幌駅事件〕）。

(4)　普通解雇との違い

解雇とは、使用者からする労働契約の解約である。

普通解雇は、労働契約の債務不履行状態にある労働者に対して、使用者からの一方的な意思表示によって労働契約を終了させるものであり、法律上当然に予定される解約である。

一方、懲戒解雇とは、労働者の企業秩序違反行為に対する制裁であり、懲戒権の行使である。

普通解雇と懲戒解雇は、「解約」と「制裁」という質的な違いがあるので、本来異質なものであるが、実際には、普通解雇は、軽い制裁としてとらえられることが多い。

(5)　解雇権の制限

解雇権は、普通解雇の場合、権利濫用法理による制限を受け（労契3条5項）、懲戒解雇の場合は懲戒権濫用法理による制限を受ける（同法15条）。

判例は、普通解雇の事案について、「使用者の解雇権の行使もそれが客観的に合理的な理由を欠き、社会通念上相当として是認することができない場合には、権利の濫用として無効になる」（最判昭和50・4・25民集29巻4号456頁〔日本食塩事件〕）として、合理性および相当性の両側面から判断した。

解雇は、その原因によって、以下の3つに分けられる。

①　労働者の能力等を理由とする解雇

② 労働者の行為、態様を理由とする解雇
③ 経営上の理由による整理解雇

懲戒解雇についても、当該懲戒に係る労働者の行為の性質および態様その他の事情に照らして客観的に合理的な理由を欠き、社会通念上相当と認められない場合はその権利を濫用したものとして無効とされる（労契15条）。ここにいう社会的相当性には、他の従業員に比較して公平であること（公平性の原則）も含まれる。

判例も、客観的合理性および社会的相当性から懲戒解雇の有効性を判断している（最判昭和58・9・16判時1093号135頁〔ダイハツ工業事件〕）。

(6) その他の要件

加えて、懲戒解雇をするには、手続の相当性が要求され、使用者は労働者に対して弁明の機会を与えなければならない。

〈図表 2-5-2〉 懲戒解雇

就業規則に懲戒事由と懲戒処分が明示されている

客観的合理的な理由がある

解雇処分が社会的相当性を有する（公平性の原則に反しないことを含む）

不遡及、二重処罰の禁止にあたらない

手続の相当性（弁明の機会を与えている）

また、懲戒解雇は制裁として、懲戒対象行為と懲戒処分のバランスが保たれている必要があるし、遡及処罰の禁止、二重処罰の禁止に違反してはならない。

　〈*Case*⑤〉では、そもそも①横領行為があるのか、②あるとしても解雇処分の措置に社会的相当性があると認められるかの問題がある。

2　賃金のカット
(1)　賃金の支払方法

　賃金は、通貨で直接労働者にその全額を支払わなければならないと定められている（全額払いの原則。労基24条1項）。

　賃金全額払いの原則とは、法的根拠なくして賃金の一部を控除して支払うことを禁止するとの原則であり、税金や社会保険料などを除いて控除することは許されず、会社が従業員に対して債権を有していても相殺することは禁止される。

　もっとも、従業員が会社に対する債務を自由意思に基づいて支払うことまで禁止するものではないため、実際は、会社が一方的に相殺しておきながら、本人の同意を得たと主張することも多く、賃金全額払いの原則は、実務においてしばしば問題になる。

(2)　賠償予定の禁止

　さらに〈*Case*⑤〉においてA氏に免責分を負担させる旨の合意は、使用者が労働者の労働契約上の不履行について損害賠償を予定することを禁止する労働基準法16条に違反しているおそれもある。

(3)　付加金の請求

付加金とは、使用者が、
① 　解雇予告手当（労基20条）
② 　休業手当（労基26条）
③ 　割増賃金（労基37条）
④ 　年次有給休暇中の賃金（労基39条6項）

を支払わない場合、労働者の求めにより、裁判所が上記の未払金に加えて支払いを命ずる金銭である（労基114条）。

したがって、使用者が「賃金」を支払わない場合には請求することはできない。

〈*Case*⑤〉でも付加金の請求はできない。

3　降格処分

降格処分とは、職位（組織における地位）を引き下げることをいう。

降格には、懲戒処分としての降格のほか、人事権の行使としての降格、さらに、会社の経営状況が悪化した場合にリストラの一環としての降格がある。

懲戒処分として行われる場合は、懲戒権濫用法理が妥当するので、就業規則上の根拠が必要であるし、客観的合理性および社会的相当性、手続の適切性の各要件が満たされている必要がある。

もっとも、降格に伴う賃金カットについて、賃金「制度」として定められていない場合には、会社は大幅な賃金カットはできない。

それは、制度として定めがない場合には、労働基準法91条の減給規制の適用があるため、減給1回の額が平均賃金の1日分の半額を超えてはならず、かつ総額が一賃金支払期における賃金の総額の10分の1を超えてはならない（労基91条）ので、それを超える減額はできないのである（規制を超えた賃金カットは違法となる）。

一方で、降格に伴う賃金カットが「制度」として定められている場合には、労働基準法91条の適用はないとされる。

通達（昭和26・3・14基収518号）でも、制度がある場合の事案に関して、「賃金の低下は、その労働者の職務の変更に伴う当然の結果であるから法第91条の制裁規定の制限に抵触するものではない」としている。

〈*Case*⑤〉においては、使用者が「故意または過失により会社の業務運営に支障をきたし又は損害を生じさせた場合」に該当するとして懲戒処分を行ったものである。

しかし、A氏は明らかに他の従業員よりも長時間の勤務をしている。したがって、事故を多発させたか否かも、総運搬数ないしは総運転数との比較で判断されるべきであり、事故の件数のみで懲戒の対象と判断すべきではない。

A氏の事故は、交通事故のみならず運送品の毀損事故も含んでいるが、運送および設置はすべて2人一組で行っており、すべてをA氏に帰責できるものではなかった。

また、会社側の就業規則の規定には、故意と過失とを並列としていることから、ここで過失は、故意と同視しうるようなものに限定的に解釈されるべきである。A氏は、会社側が本件事故の件数のみを主張しており、当然に避けられた事故であったかどうかなどの検証は一切行っていない点が問題であると判断した。

IV 甲弁護士の対応

1 手段の検討

甲弁護士は、訴訟によるべきか、労働審判によるべきか、検討した。A氏は、早期の解決を希望していたことから、労働審判を選択することとした。後記4のとおり労働審判のほうが圧倒的に迅速な解決が図られるからである。

2 職場復帰に関する打合せ

A氏は、すでに会社を退職しており、現実には復帰の意向はなかった。ただ、解決金による解決をめざして、解雇無効の主張と未払賃金の主張をすることとした。

3 降格処分について請求対象とするべきか

A氏は早期解決を希望していた。降格処分について主張すると、それだけ争点が増えること、降格処分の無効が認められても大きな金額増加につな

がらないことから、甲弁護士は早期解決を重視し、争わないこととした。

4　労働訴訟と労働審判の選択
(1)　労働訴訟の概要

裁判所公表の「裁判の迅速化に係る検証に関する報告書（第5回）」によれば、平成24年における労働関係訴訟の平均審理期間は13.4カ月である（〈http://www.courts.go.jp/vcms_lf/20524003.pdf〉19頁【図2】）。

民事第一審訴訟（過払金等以外）の平均審理期間（8.9月）に比較して、約1.5倍であり、労働事件訴訟は、比較的長期化する傾向にあるといえる。

労働事件の新受件数が大幅に増加しており、一時は迅速化の傾向にあったが、平成22年以降は若干長期化している。

(2)　労働審判の概要

労働審判事件では、既済事件のうち、70.6％が調停成立により、17.4％が労働審判によりそれぞれ終局している。

労働審判により終局した事件のうち、59.3％は異議申立てによって訴訟に移行しているが、残りは確定している。

また取下げで終局したものの中にも、当事者間の合意等によって解決したものも含まれると思われ、労働審判手続を契機として8割前後の事件が解決しているとみられている。

労働審判事件は労働審判法15条2項により、原則として3回以内の期日で審理を終結するとされており、実際にも既済事件のうち98％が3回以内の期日で手続を終了している。

平均審理期間も全体の76.3％が申立てから3カ月以内に終局している。

(3)　労働審判申立書の準備

労働審判手続の申立書には、次の事項の記載を要する（労審則9条）。

・申立ての趣旨
・申立ての理由
・予想される争点および当該争点に関連する重要な事実

〈図表 2-5-3〉 期日実施回数（労働審判事件）

	0回	1回	2回	3回	4回以上	合計
調停成立	−	754	1,088	716	51	2,609
労働審判	−	94	270	262	18	644
24条終了	6	84	56	14	3	163
取下げ	131	55	42	25	3	256
却下・移送等	21	−	1	3	−	25
合計	158	987	1,457	1,020	75	3,697

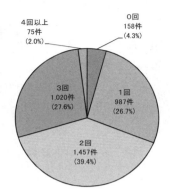

※ 図の数値は、各庁からの報告に基づくものであり、概数である。

裁判の迅速化の検証に係る報告書（第 5 回）111頁（【図18】）

〈図表 2-5-4〉 平均審理期間（労働審判事件）

申立日〜終局日	既済件数
1月以内	107
1月超2月以内	1,350
2月超3月以内	1,363
3月超6月以内	865
6月超1年以内	12
合計	3,697

平均審理期間	72.4日

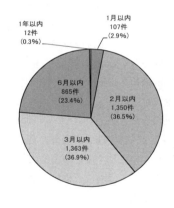

※ 図の数値は、各庁からの報告に基づくものであり、概数である。

裁判の迅速化の検証に係る報告書（第 5 回）111頁（【図19】）

・予想される争点ごとの証拠
・当事者間においてされた交渉その他の申立てに至る経緯の概要

労働審判においては主張および証拠の提出は、原則として第 2 回までしか認められない。

基本的には、申立書・添付証拠書類、答弁書・添付証拠書類のみで審理が進むため、申立書の段階で、予想される相手方の抗弁や、それに対する再反論や再抗弁、事件の背景事情や申立てに至った経緯などを記載することが求められる。

そこで、甲弁護士は、申立書の準備と証拠の収集のため、相手方に対して内容証明文を送付した（【書式2-5-1】内容証明文）。

【書式2-5-1】 内容証明文（《Case⑤》）

通知書

　当職は、A（以下「依頼者」と言います。）より委任を受けた弁護士として次のとおり貴社に対してご連絡します。

1　依頼者は、平成27年3月31日付で、貴社から解雇を命じられました。
　しかし、その理由について、書面をもって通知されておりません。
　そこで、解雇理由証明書の交付を求めます。
　依頼者からは、同人が無償で交付された中古厨房機器に関して、貴社に対する横領を指摘されたと聞いておりますが、貴社において把握しておられる懲戒対象行為と、依頼者に対して懲戒処分をした経緯についても具体的にご指摘ください。
　また、解雇理由証明書とともに、懲戒処分の根拠となる貴社の就業規則の写しもお送りくださいますようお願いいたします。

2　この点とは別に、依頼者は、貴社に入社後より、正当な理由なく賃金からの一定割合の金銭を相殺され、その総額はこれまで金〇円に上ります。
　債務そのものについて発生根拠が明らかでなく、かつ、労働者の使用者に対する債務については賃金をもって相殺することは認められませんので（労働基準法24条1項）、貴社が上記未払金について支払義務を負うことは明らかです。
　したがって、上記未払金について、本書到着後1週間以内に下記口座にお支払ください。

　　　　　　　　　　　　　　　　　　　　　　　　　　　　　　以上

平成27年6月25日
【送金先口座】
　　〇〇〇〇銀行　　△△支店　　普通預金1234567　　弁護士　甲

【書式2-5-2】　回答書（〈Case ⑤〉）

回答書

　当職は、〇〇株式会社より委任を受けた弁護士として、平成27年6月25日付通知書に対し、次のとおり回答します。
1　貴殿依頼者であるAは、平成23年1月頃、当社が請け負っていた〇〇県〇〇市の飲食店に対する厨房機器搬送業務及び設置業務を行った際、設置先にあった古い厨房機器を引き取りました。
　引き取った機器は、使用状態によっては有償で処分することができ、その売却代金は当然に当社に入金されるべきですが、Aはこれを報告せず、自ら取得しました。
　引き取った機器の所有権は、当然に当社に帰属しますので、Aの行為は当社の所有権を侵害するものとして、当社就業規則〇条〇項に反する行為です。
　この事実が発覚する前、当社は、Aが度重なる事故を起こし、全く改善の余地が認められないこと、他の社員に比較して著しく事故の件数が多いことから、告知聴聞の機会を与えた上で、厨房機器の運送業務の責任者から降格する処分を行いました。
　そのすぐ後に本件事実が発覚したことから、当社は、事実関係を確認する機会を設けて、事実を確認し強く反省を促したにもかかわらず、全く反省している様子がありませんでしたので、平成27年3月31日に当社就業規則〇条に基づき、懲戒解雇処分としました。
　以上の理由で解雇したことを証明します。併せて当社就業規則を郵送しますのでご査収ください。
2　免責に関しては、Aが発生させた事故によって当社が実際に負担した損害賠償金の一部であって、債務の存在は明らかです。また、その返済方法に

関しても、当社が無断で相殺したものではなく、一度給与を支払った上、Aに説明して承諾を得た上で、返済を受けているものです。
　したがいまして、給与の未払いはございませんので、その旨お伝えします。
平成27年7月10日

V 労働審判の申立て

1　労働審判申立書の記載

　地位確認審判の申立ての価額は、算定不能として160万円である。

　将来賃金の請求に関しては、給与3カ月分を申立ての価額とし、160万円と比較していずれか高いほうが地位確認に関する申立ての価額となる。

　〈Case⑤〉では未払賃金の請求も併合して行ったため、160万円プラス未払賃金100万535円の合計260万535円が申立ての価額である。

【書式2-5-3】　労働審判手続申立書（〈Case⑤〉）

```
                                                  平成27年8月15日
○○地方裁判所　御中

                              申立人代理人　弁護士　　　甲

〒○○○―○○○○　東京都○○区△△○丁目△番□号××マンション101
                  申立人　　　A


〒○○○―○○○○　東京都△△区××○丁目△番□号
                  甲乙ビル4階
                  甲法律事務所（送達場所）


                  申立人代理人弁護士　　　甲
                  電　話　03―○○○○―○○○○
                  FAX　03―○○○○―○○○○
```

〒○○○—○○○○　東京都○○区△△○丁目△番□号
　　　　　　　　　相手方　　○○株式会社
　　　　　　　　　上記代表者　代表取締役　　　G

地位確認等請求労働審判事件
労働審判を求める事項の価額　　260万円
貼用印紙の額　　　　　　　　　9000円

第1　申立の趣旨
　1　申立人が、相手方に対し、労働契約上の権利を有する地位にあることを確認する。
　2　相手方は、申立人に対し、平成27年9月から本労働審判確定の日まで毎月15日限り金30万円及びこれに対する各支払期日の翌日から支払済まで年6分の割合による金員を支払え。
　3　相手方は、申立人に対し、金100万円及びこれに対する平成27年10月16日から支払済まで年6分の割合による金員を支払え。
　4　申立費用は、相手方の負担とする
　との労働審判を求める。

第2　申立の理由
　1　雇用契約の成立とその内容等
　(1)　相手方は、一般貨物運送業等を営む株式会社である（甲1・全部事項証明書）。
　(2)　申立人は、相手方の元従業員である。
　　　申立人は、平成14年4月1日、相手方との間で期間の定めのない雇用契約を締結し、運転手として稼働していた。雇用契約書及び雇用条件証明書は作成されなかった。申立人の賃金は、総支給額として月額30万円、末日締め翌月15日払いと定められた。
　2　懲戒処分の事実
　(1)　申立人は、平成27年7月30日付で相手方から一方的に降格された。その理由は、事故が多いとするものであった。

(2)　続いて、申立人は、平成27年9月30日付で相手方から懲戒解雇された。

　　　その理由は、平成23年1月に取引先から申立人が譲り受けた中古厨房機器を横領したという事実が就業規則〇条に違反するというものであった（甲2・回答書、甲3・就業規則）。

3　解雇無効
　(1)　懲戒解雇事由の不存在

　　　上記相手方が横領と主張する物について、そもそも相手方に所有権はなく、横領行為自体存在しないため、懲戒解雇処分の客観的な合理性を欠き、無効である。

　　　相手方が主張する横領行為について、事実経過は次のとおりである。

　　　相手方は運送業者であり、申立人はドライバーであるが、配送業務の一環として、厨房機器メーカーCから委託を受けて飲食店に機器を配送設置する業務を行っている。また、メーカーCの委託を受けて、C製の中古厨房機器を飲食店からCに配送するケースもある。

　　　平成23年1月、相手方は、Cの委託を受けて、〇県〇市所在の飲食店Bから中古厨房機器を配送する業務を受注した。

　　　申立人は、Bに機器の回収に行ったところ、Bオーナーから、C製以外の厨房機器も持って帰って欲しいと頼まれた。

　　　申立人は、C製以外のものは引取ができないと伝えてBの依頼を断ったが、Bはもう店を閉めるので処分するにも費用がかかる、あなた個人に贈与するから持って帰って欲しい、その後は自由にしてくれて構わないと再度頼まれた。

　　　そこで、申立人は、上司である取締役乙に報告して自分が引き取ることについて許可を得て引き取って、帰社する経路にあった中古品買取店にこれを売却した。

　　　乙は、この頃、相手方に報告している。

　　　したがって、当該製品は、申立人がBから個人的に贈与を受けたものであって、申立人に処分権があり、相手方に所有権はない。

　　　よって横領の事実はなく、懲戒処分は客観的な事実に基づかないものとして合理性を欠き、無効である。

4　「免責」と称する給与不払い

(1) 相手方は、申立人が入社して1年後の平成15年2月に事故を起こしたことをきっかけに、「免責」と称して、ほぼ毎月にわたり1万円から5万円の範囲内で給与から控除して支払わない。
(2) 相手方は、申立人に対して、「免責」とは事故に利用する保険の適用外の部分であるとの説明を受けていた。
　　申立人は、当初はかかる説明を受けて、保険会社から支払われない部分であるからやむを得ないものだと誤解して、天引きを認めていたが、あとになって当該保険に免責はなく、全くの虚偽であることが判明した。
　　申立人と相手方との当該支払いについての合意は錯誤によって無効であり、相手方による控除の根拠を欠く。
(3) したがって給与債権にかかる時効（2年）のため、本申立で主張する免責額は、下記のとおりである。

記

平成25年4月～10月まで　各月4万円（7か月分　合計28万円）
平成25年11月　　　　　　5万円
平成26年1月　　　　　　　3万円
平成26年1月及び2月　　　各月3万円（2か月分　合計6万円）
平成26年3月～9月まで　各月4万円（7か月分　合計28万円）
　　　　　　　　　　　　合計70万円（以上甲4の1ないし15・給与明細書）

いずれも翌月の15日払いだが、給与支給明細書上の支払日は当該月の15日となっている。

以上

(4) 退職月給与の未払い
　　相手方は、申立人に対して、平成27年9月分の給与30万円を支払わない。
5　よって、申立人は、相手方に対し、労働契約上の権利を有する地位にあることを確認し、平成27年10月以降の給与の支払い、未払賃金100万円及びこれらに対する各支払期日の翌日から支払済まで、年6％の割合による遅延損害金の支払いを求める。
6　予想される争点

(略)

附属書類

1	申立書副本	4通
2	甲第1ないし第5号証写し	各4通
3	資格証明書	1通
4	訴訟委任状	1通

以上

2 第1回労働審判期日

(1) 審　尋

　申立人側は、甲弁護士と申立人A氏が出席し、相手方は、会社代表者と代理人が出席した。

　労働審判は、審判官1名と審判員2名による審判委員会によって進められる。

　審判官の自己紹介ののち、まずは争点の確認を行った。

　申立書（【書式2-5-3】）記載の、①懲戒解雇の無効、②未払賃金請求が争点であることが確認された。

　審判官は、まず申立人A氏に対して具体的な事情を質問し、A氏はそれらについて回答した（審尋）。

　甲弁護士も一部回答したが、審判官がなるべくA本人に回答することを促したため、甲弁護士は、できるだけ本人に回答させるよう努めた。

　30分ほどA氏に対する質疑応答が続いた後、会社側（相手方）に対する質問へと移った。

　審判官は、まず、A氏から確認した事実に関して、会社代表者に質問した。会社代表者がA氏と異なる事実を主張した点については、証拠の有無を確認した。

　その後は、審判官から、1つの質問に対して、A氏と会社代表者にそれ

ぞれ回答を求めるなどして、審尋が続いた。
　(2)　審判期日における記録
　審判期日における発言の記録は、訴訟記録としては残らないため、甲弁護士は、審判官の質問、Ａ氏の回答、会社側（相手方）の回答等それぞれの発言を記録した。
　(3)　評　　議
　審判委員会は、評議に入り、当事者はいったん退出してしばらく待機した。
　(4)　評議結果
　審判官は、今回は明確な判断を行わず、次回期日までの間に主として会社側（相手方）に主張・立証をするよう求め、第１回期日は終了した。
　(5)　第１回期日の所要時間
　第１回期日の所要時間は、約１時間15分であった。

3　第２回労働審判期日
　(1)　主張等
　会社側（相手方）から準備書面と証拠が提出された。これらの書類と証拠は、あらかじめ、甲弁護士も受け取っており、Ａ氏に写しを渡して協議した。
　(2)　審　　尋
　審判官は、まず会社側（相手方）に対して質問をして、続いてＡ氏にも反論の有無を確認した。
　審尋の進め方は前回と同様であり、審判官は、まずひととおり、各当事者から回答を得（10分前後）、その後は、それぞれの質問ごとに、各人に回答を得て、１つひとつ事実関係を確認しながら進行した。
　(3)　評議および申立人側の意向確認
　審判委員会は、各当事者を退出させて評議に入り、まず、申立人側に入室を求めた。
　審判委員会は、懲戒解雇は無効であるとの心証であるとの意見を開示して、

今後職場に復帰したいのかどうか、A氏に確認した。

A氏は、すでに退職しているし、復職の意向がない旨を回答した。

審判委員会は、未払賃金の存在についてもこれを認めるものの、A氏の会社に対する債務も一部は認めるべきであると考えているので、それを差し引くと金60万円になることを告げた。

甲弁護士は、A氏との打合せに従って、解決金として6カ月分の給与180万円と60万円の合計240万円であれば和解したいと回答した。

(4) 相手方の意向確認

申立人らが退出して、審判委員会は会社側（相手方）に意向を確認した。

(5) 審判委員会の和解案

再び申立人らが入室して、申立人和解案では会社側（相手方）は和解しないとの回答であったことが審判委員会から報告された。

審判委員会の和解案として、解決金120万円を打診するので次回までに検討してきてほしいとの提案があった。

(6) 第2回審判期日の所要時間

第2回期日の所要時間は、約1時間30分であった。

4　第3回労働審判期日

(1) 和解案

双方対席のまま、和解案に対する回答を確認されたため、甲弁護士は審判委員会の和解案に応じると回答した。一方相手方代理人は、和解案に応じることは難しいと回答した。

(2) 審　判

和解が成立しなかったことから、直ちに審判が言い渡された。審判の内容は、和解案と同一であった。

(3) 第3回労働審判期日の所要時間

第3回期日の所要時間は約20分であった。

【書式2-5-4】 審判書（《Case⑤》）

第3回労働審判手続期日調書（労働審判）

事件の表示　　平成27年（労）第123号
期日　　　　　平成27年12月15日午後3時
場所　　　　　○○地方裁判所民事第1部労働審判廷
労働審判官　　D
労働審判員　　E
労働審判員　　F
出頭した当事者　申立人　A
　　　　　　　　申立人代理人　弁護士甲
　　　　　　　　相手方代表者代表取締役　G
　　　　　　　　相手方代理人　弁護士乙
手続の要領　（略）
労働審判官　（略）
1　審理終結
2　次のとおり労働審判の主文及び理由の要旨を告知

第1　当事者
〒○○○―○○○○　　東京都○○区△△○丁目△番□号
　　　　　　　　　　××マンション1010
　　　　　　　　　　申立人　　　　A
　　　　　　　　　　申立人代理人弁護士　　甲

〒○○○―○○○○　　東京都○○区△△○丁目△番□号
　　　　　　　　　　相手方　　　○○株式会社
　　　　　　　　　　上記代表者　代表取締役　G

第2　主文
　1　相手方は、申立人に対し、本件解決金として120万円の支払義務があることを認める。

2　相手方は、申立人に対し、前項の金員を、平成27年12月末日限り、申立人指定の下記口座に送金する方法によって支払う。但し振込手数料は相手方の負担とする。
　3　申立人はその余の申立を放棄する。
　4　申立人及び相手方は、本件労働審判事件に関し、本主文に定めるほか何らの債権債務がないことを確認する。

第3　申立てにかかる請求の表示
　別紙労働審判手続申立書写し記載の申立の趣旨及び理由のとおり

第4　理由の要旨
　提出された関係証拠及び審理の結果認められる当事者間の権利関係並びに労働審判手続きの経過を踏まえると、本件紛争を解決するためには、主文のとおり審判するのが相当である。

裁判所書記官　　　H

VI　異議申立て

相手方は、上記労働審判を受けて、原審判裁判所に対して、異議申立てを行った。

【書式2-5-5】　異議申立書（《Case⑤》）

平成27年（労）第○○○号
申立人　A
相手方　○○株式会社

異議申立書

平成27年12月20日

　○○地方裁判所民事第1部　御中
　　　　　　　　　○○株式会社代理人弁護士　　　乙

> 頭書記載の労働審判事件について、平成27年12月15日の期日に告知された労働審判に対して異議を申し立てる。
>
> 以上

Ⅶ 訴訟移行

　甲弁護士は、労働審判が確定したかを原審判裁判所に問い合わせたところ、異議申立てがあったので労働審判とは別の部に訴訟が係属したこと、訴訟を担当する部からあらためて連絡がいくと伝えられた。

　異議申立てがあると労働審判はその効力を失うことになる（労審21条3項）。そして、労働審判の申立てに係る請求は、その申立ての時に、訴えの提起があったものとみなされる（同法22条1項・2項）。

1　担当部からの連絡

(1)　印紙の追納、郵券の追加

数日後、裁判所の書記官から、連絡があり、

① 　印紙の追納（労働審判と訴訟との差額）
② 　郵券の追加
③ 　訴状に代わる準備書面の提出
④ 　労働審判申立書の副本の提出
⑤ 　甲号証の副本の提出

を求められた。

　そこで、甲弁護士はＡ氏に連絡して、印紙の追納、郵券の追加について承諾を得た。

　Ａ氏は、自らが異議を申し立てたわけではないにもかかわらず、差額の印紙代等を負担しなければならないことに不満の様子であったが、労働審判ではなく訴訟を提起していれば同額を負担する必要があること、労働審判の制度上やむを得ない旨を説明して納得してもらった。

また、証拠は労働審判で提出した順序に従い、提出済みのものをすべて提出したが、選別することも可能である。
　(2) 訴状に代わる準備書面の記載内容
　訴状に代わる準備書面で、労働審判において主張した申立の趣旨や申立の理由を変更することも可能である。
　ただ、〈*Case*⑤〉では、争点整理の必要がなかったため、訴状に代わる準備書面には、そのまま労働審判申立書を引用した(【書式2-5-6】参照)。

【書式2-5-6】　訴状に代わる準備書面(〈*Case*⑤〉)

平成27年(ワ)第4567号
　原告　A
　被告　○○株式会社

訴状に代わる準備書面

平成28年1月10日

○○地方裁判所民事第2部御中

原告訴訟代理人弁護士　　　甲

第1　請求の趣旨
　1　原告が、被告に対し、労働契約上の権利を有する地位にあることを確認する。
　2　被告は、原告に対し、平成27年9月から本労働審判確定の日まで毎月15日限り金30万円及びこれに対する各支払期日の翌日から支払済まで年6分の割合による金員を支払え。
　3　被告は、原告に対し、金100万円及びこれに対する平成27年10月16日から支払済まで年6分の割合による金員を支払え。
　4　訴訟費用は、被告の負担とする
　　との判決及び仮執行宣言を求める。

第2　請求の原因

平成27年（労）第123号労働審判申立書の申立人を原告に、相手方を被告と読み替えた上、同申立書第2項のとおり主張する。

以上

添付書類

1　本書面副本　　　　　　　　　1通
2　甲1号証ないし甲5号証　　　各2通
3　印紙9500円分及び郵券

2　訴訟の進行

(1)　第1回期日（口頭弁論）

第1回期日は、印紙の追納および訴状に代わる準備書面を提出してから約1カ月後に指定された。

原告代理人である甲弁護士は訴状に代わる準備書面を陳述し、証拠の取調べが行われた。次回までの進行に関し、被告代理人である乙弁護士は、反論とともに、反訴を提起する予定であると述べた。

第1回期日においては、通常の訴訟と同様に進行する。進行に関しては、原告側は早期和解を希望する旨を述べたが、被告側は反訴予定であるので、早期和解の意向がない旨が述べられた。

(2)　第2回期日（口頭弁論）

被告側から、原告側が利用していた社員寮の明渡しについて反訴提起がなされた。

労働審判では反訴はできないが、訴訟に移行したため、被告側からの反訴がなされた。

〈*Case*⑤〉では、反訴が提起されたため、ほぼ訴訟では反訴の審理が中心となった。

(3)　第3回期日ないし第4回期日（弁論準備）

上記の反訴の点について、主張および反論を行った。

ほぼ通常の訴訟と同様であった。

　　(4)　第5回期日（弁論準備）
　裁判所は、原被告に対して、ほかに主張がないことを確認したうえで、和解の試みがあった。
　裁判所の和解案は、審判での和解案から、原状回復費用として実際に会社が支出した金10万円を差し引き、解決金110万円との案であった。

3　和解の成立
　第6回の期日において、原告および被告は和解に応じることとしたが、被告会社から、他の従業員と接触しないこと、相互に相手方を非難する言動および名誉または信用を毀損するような一切の言動をしないことの希望があった。
　甲弁護士は、上記の条項を入れることに同意し、和解が成立した。
　〈Case⑤〉では備品などの返却や寮の明渡しについての問題はなかったため、和解に際しては、守秘義務についてのみ被告との間で調整することで足りた。

【書式2-5-7】　和解調書（〈Case⑤〉）

第6回期日調書（和解）

事件の表示	平成27年(ワ)第4567号
期日	平成28年8月15日午後4時
場所等	○○地方裁判所第2民事部準備手続室
裁判官	I
裁判所書記官	J
出頭した当事者等	原告（反訴被告）代理人　甲
	被告（反訴原告）代理人　乙

指定期日

当事者の陳述等
当事者間に別紙のとおり和解成立

裁判所書記官　　　J

(別紙)

第1　当事者
〒○○○—○○○○　東京都○○区△△○丁目△番□号××マンション101
　　　　　　　　　原告　　　A
　　　　　　　　　同訴訟代理人弁護士　　　甲

〒○○○—○○○○　東京都○○区△△○丁目△番□号
　　　　　　　　　被告　　　○○株式会社
　　　　　　　　　上記代表者　代表取締役　G
　　　　　　　　　同訴訟代理人弁護士　　　乙

第2　請求の表示
　請求の趣旨及び原因は訴状に代わる準備書面、労働審判申立書及び反訴状記載のとおり

第3　和解条項
　1　被告(反訴原告)(以下「被告」という)は、原告(反訴被告)(以下「原告」という)に対し、本件和解金として、110万円の支払義務があることを認める。
　2　被告は原告に対し、前項の金員を平成28年8月31日限り、原告指定の口座に振り込む方法により支払う。但し振込手数料は被告の負担とする。
　3　原告及び被告は、本和解の成立により、被告の相手方(被告従業員を含む。)と接触せず、相互に相手方を非難する言動及び名誉又は信用を毀損するような一切の言動をしないことを確約する。
　4　原告はその余の請求を放棄する。
　5　被告はその余の反訴請求を放棄する。

6 　原告及び被告は、原告と被告との間には本和解条項に定めるもののほか、何らの債権債務がないことを相互に確認する。
7 　訴訟費用は各自の負担とする。

以上

　本稿は、複数の事例を組み合わせるなどして構成したものであり、実際の事例とは異なる。

訴訟・証拠保全手続——労働者側からの時間外手当請求

I 事案の概要

〈*Case* ⑥〉

相談者 A 氏は65歳男性。半年前に B 不動産管理株式会社（以下、「B 社」という）を退職し、現在年金で生活している。A 氏は、B 社に対しいわゆる残業代請求（時間外手当請求）をしたいと考えている。

A 氏の B 社在職中での勤務状況および B 社の勤怠管理状況の概要は以下のとおりである。

- A 氏は前職を希望退職し、B 社に契約期間を 1 年とする契約社員として再就職した。業務内容は、B 社が管理するマンションの管理員である。
- B 社は、大手不動産会社の関連会社であり従業員は100名ほどである。
- 就業規則および契約上の労働時間で、かつ、B 社が主張する労働時間は、始業時刻午前 8 時30分、終業時刻午後 5 時30分、休憩 1 時間である。
- 賃金の支払いは、毎月20日締めの25日払い。
- 各管理員は、午前 8 時頃に基地局となる事務所（以下、単に「事務所」という）に出社し、10分程度の朝礼を行う。その後、各管理員は、事務所から自分が担当するマンションに移動し、担当マンションの管理室内等に設置されているタイムカードに打刻してから管理業務を開始する。始業の打刻時刻は、大体午前 8 時25分前後となる。
- 担当マンションに午後 5 時30分まで常駐し、同時刻をまわった直後に終業の

打刻をし、その後、担当各管理員は事務所に戻り、午後5時50分頃から終礼を10分程度行う。
・終礼後、業務報告を義務づけられ、同報告は、事務所に備え付けのパソコンから社内システムにアクセスして入力する。入力が終わると退社が許され、結局退社時刻は午後6時30分をまわる。

II 実務上のポイント

〈Case⑥〉における実務上のポイントは、以下の3点である。
① 時間外手当の請求方法の選択
② 証拠保全手続
③ 労働時間の主張・立証

〈図表2-6-1〉 B社主張の1日の労働時間（午前8時30分～午後5時30分）

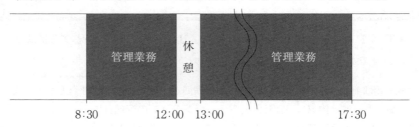

〈図表2-6-2〉 A氏主張の1日の労働時間（午前8時00分～午後6時30分）

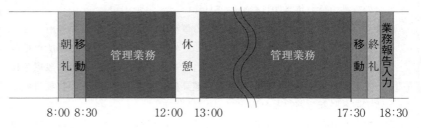

Ⅲ 検　討

1　相談事例
(1)　相談事例の内容

　甲弁護士は都内に勤務する3年目の弁護士である。本日（平成26年9月20日）、弁護士会の主催する法律相談でA氏の相談を受けることになった。労働案件は地位確認の労働審判など、2、3件を経験しただけである。

甲弁護士：今日はB社に対する残業代請求のご相談ですね。B社にはまだ勤務されていますか。
A　氏：いえ。半年前の平成26年3月20日に退職しました。60歳で前職を退職し、B社にビルの管理員として再就職しました。1年契約の更新で、半年前に期間満了で退職しました。
甲弁護士：なぜ、退職後半年経って請求しようと思ったのですか。
A　氏：退職前も時間外労働を強いられ不満がありましたが、在職中はとても言い出せませんでした。また、契約社員なので、権利があるかもわからず退職後は諦めていたのですが、B社の元同僚C（同じ契約社員）がB社相手に残業代請求をしたことを知り、私も請求しようと思いました。何でも、Cは労働審判を申し立て、その後、B社から異議が出されたとかで、現在裁判になっているようです。
甲弁護士：契約社員であっても労働基準法等の適用があるので、残業代は請求できます。勤務時間、休憩、休日はどのようになっていましたか。
A　氏：契約書によると、勤務時間は、始業時刻が午前8時30分、終業時刻が午後5時30分、休憩が1時間です。休日は、原則として土日祝日で週2日は休みをもらっていました。タイムカ

ードも、会社からは、朝は午前8時30分の直前に、夕方は午後5時30分の直後に打刻するように指示され、そうしていました。

甲弁護士：実際の勤務時間はどうでしたか。

Ａ　氏　：朝は事務所で、午前8時を少しまわったところで約10分間の朝礼があり、夕方も事務所で、午後5時50分頃から約10分間の終礼と業務報告をパソコンに入力する作業がありました。結局、会社を出るのは午後6時30分をまわる日が多かったです。朝礼や終礼、入力業務は会社から指示されてやっていました。

甲弁護士：実際には、午前8時00分から午後6時30分が勤務時間になり、契約書と比べ、1日あたり1時間30分超過して勤務していたということですね。

Ａ　氏　：はい。その1時間30分の給料はもらっていません。また、そのほかにも、突然担当マンションの住民から事務所に共用部の電球が切れたなどの連絡が入り、私がまだ事務所に残っているような場合には、その対応を余儀なくされました。

甲弁護士：何か、時間外手当を補てんするような手当や別途会社と個人もしくは組合との間で手当に関する協定などありましたか。

Ａ　氏　：そのようなものはありません。給与明細にも、給料以外には、交通費しか記載されておりません。うちの会社には組合もないですし、協定などもしておりません。

甲弁護士：わかりました。後で給与明細をみせてください。就業規則（労基89条）をみたことがありますか。

Ａ　氏　：みたことはありません。社内のパソコンでみることはできたようです。

甲弁護士：今回の一番の争点は、実際働いた実労働時間ですね。朝礼、終礼および業務報告の入力が業務にあたること、並びに、実

> 労働時間の始期と終期を裏付ける証拠集めが重要です。その前に、本件請求の方法も考えなくてはなりません。

(2) 相談事例の検討にあたり

〈Case⑥〉は時間外手当請求の中でも典型的な争点である労働時間の範囲が問題となる。具体的には、①朝のタイムカード打刻前の朝礼および移動時間並びに夕方の打刻後の移動時間、終礼および業務報告入力作業が労働といえるか、②労働時間の始期と終期はどこかが問題となる。

時間外労働をしたことの立証責任は労働者にあるが、これを裏付ける客観的資料（タイムカード、賃金台帳等）は使用者側にある場合が多くこれを形式的に貫けば労働者側に酷である。他方で、労働基準法は、賃金全額支払いの原則（労基24条1項）などから使用者の側に労働者の労働時間を管理する義務を課していると考えられ、厚生労働省も、使用者が労働者の労働時間を適正に把握する義務があることを明確にし、「労働時間の適正な把握のために使用者が講ずべき措置に関する基準」を策定しているところである（平成13・4・6基発339号）。そこで、立証責任の実質的公平の観点から、労働者側の立証方法も、一応の立証ができていると評価できる資料から認容する場合もあるとされている（山口幸雄ほか編『労働事件審理ノート〔改訂版〕』118頁）。

〈Case⑥〉では、まさに、この主張・立証と証拠収集の方法が争点となるので、後述する請求方法の選択を加え、これらを中心に検討することとする。したがって、時間外手当の計算やこれをするうえでの基本的概念の説明などは割愛する。

念のため、〈Case⑥〉で訴訟提起する場合の要件事実をあげておく。

まず、訴訟物は、雇用契約に基づく賃金請求権、労働基準法114条に基づく付加金支払請求権である。

そして、労働者側に主張・立証が求められるのは、下記3点である（山川隆一「労働法における要件事実」筑波大学大学院企業法学専攻10周年記念論集『現代企業法学の研究』625頁）。

① 雇用契約の締結
② 雇用契約中の時間外労働に関する合意
③ 請求に対応する期間の時間外の労務の提供

この③が争点となる。

一方、使用者側としては、上記③についての積極否認が必要となる。

2 請求方法の選択

(1) 時間外手当請求の方法

一般的に、労働問題で労働者が使用者に何らかの請求をする場合、まずは以下の4つの手段を考えてみるとよい。

① 任意の交渉
② 裁判手続の利用（労働審判、訴訟）
③ 労働基準監督署に是正勧告等を求める
④ 契約社員が加入できる労働組合に入り団体交渉する

それぞれの制度のメリット・デメリット等は他の章でも述べられているところであり詳細は割愛するが、〈*Case*⑥〉においては、以下の理由により、②のうち訴訟提起を選択することとした。

(2) 訴訟提起選択の理由

① 賃金請求の2年の短期消滅時効を中断する必要があること
② 証拠収集に裁判手続の利用が必要であること
③ Ｂ社の争う姿勢が顕著であること
④ 労働時間の事実自体に当事者の主張に開きがあること
⑤ 初動に必要な手間は訴訟も労働審判も同じであること
⑥ 付加金を請求したいこと（付加金請求には2年の除斥期間がある）

まず、真っ先に考えなくてはならないのは、2年の短期消滅時効である（労基115条。なお、賃金請求について消滅時効を失念する弁護士が少なくないとのことである（渡辺弘『労働関係訴訟』184頁））。もうすでに退職から半年が経過しており、少しでも早く中断を図るべく内容証明郵便を送付し、催告後の

裁判手続に備える必要があった。初回相談の2日後に上記(1)①の任意交渉も視野に入れつつ内容証明郵便を送った（到達日は平成26年9月24日。後述のように到達日から6カ月以内に提起した訴訟では、平成24年9月25日の支払分から平成26年3月25日の支払分までの時間外手当を請求している）。しかるに、案の定、当方の時間外手当の主張をすべて否認する回答が返ってきた。労働時間は就業規則・賃金規程どおり午後8時30分から午後5時30分であり、タイムカード等で立証できるとのことである。

　B社の回答は予想どおりであったが、当方主張の労働時間を立証する証拠はそのほとんどがB社の下にある。タイムカードは形式的に就業規則・賃金規程どおりに打刻されているようなので、タイムカードおよび就業規則等は請求すれば開示すると思われるが、決め手となりそうもない。

　そこで、A氏が業務報告を事務所内のパソコンで報告していたことを思い出し、このログ（以下、「本件ログ」という）を入手できないか検討した。終業時刻の有力な証拠になりうるからである。

　しかし、本件ログを相手方が任意に開示するはずもなければ、本件ログの取得をお願いできる現職従業員の協力者もいない。そこで、裁判手続を利用して証拠収集することとした。もっとも、証拠隠滅のおそれがあるので、本案請求前に証拠保全を申し立てることとした。証拠保全手続については後に詳述する。

　証拠保全手続については、内容証明郵便を送る前から検討はしていた。問題は、本案を労働審判とするか、訴訟提起にするかである。

　〈*Case* ⑥〉は、主要な争点である労働時間の事実について両当事者の主張に大きな隔たりがあり、証拠保全手続やその後の本案の証拠調べなどで事実の確定までに時間を要する案件である。他方で、同種事案で他の従業員からもB社が時間外手当請求を受け労働審判から訴訟に移行していること、および、A氏の請求に対しても全面否認で争う意思が強いことなどから、歩み寄りの余地が少ないといえる。以上の点からすれば、早期解決を前提とする労働審判には向かない事案といえる（渡辺・前掲書283頁参照）。

加えて、証拠保全手続の準備および消滅時効中断のための本案申立準備など、初動における手間は労働審判申立てと訴訟提起で変わらない（労働審判を本案としても証拠保全申立てはできる（労審17条2項））。
　さらに、訴訟を提起する場合には付加金を請求できる（労基114条）。
　付加金とは、労働基準法が定める解雇の際の予告手当（労基20条）、休業手当（同法26条）もしくは時間外手当（同法37条）等の支払いを怠った使用者が、労働基準法上、労働者からの請求により支払義務を負う一種の制裁金のような金銭をいう。
　付加金の支払義務は、労働者の請求により、裁判所が判決により支払いを命じ、これが確定することによって初めて発生する。他方、労働審判はこれが確定したとしても、その法律効果は裁判上の和解と同一の効力であることから（労審21条4項）、付加金の支払義務は発生しない。
　労働基準法114条の事実がある場合に、付加金の支払いを命じるか否かは裁判所の裁量に委ねられている。実際に、使用者に対して付加金という制裁を課すことが相当でない特段の事情が存する場合には、支払いを命じないもしくは減額した支払いを命じる裁判例も少なくないようである。なお、東京地方裁判所労働部においては、付加金は附帯請求として訴額に算入しない扱いをしているようであり、付加金には仮執行宣言を付すことはできないとされる。また、付加金に対しては年5分の割合による遅延損害金支払義務が発生する（最判昭和50・7・17判時783号128頁〔江東ダイハツ自動車事件〕）。
　当方主張の労働時間の立証がすべて奏功するとは限らないので、少しでも回収額を増やすべく付加金の存在は重要であり、認容額と同一額まで認められることからその経済的効果も大きい。この点は、A氏は、すでに退職していることもあり、時間よりも経済的利益を優先させたいとのことであった。
　以上の諸事情を考慮して、労働審判ではなく、いきなり訴訟提起を選択したものである。

Ⅳ 証拠保全手続

1 証拠保全申立て

　本件ログは、甲弁護士による実労働時間の立証において、極めて重要かつ希少な客観的証拠である。一方で、本件ログは、電子データとして保存されており、抹消は容易かつ瞬時に行うことができ、かつ、ひとたび抹消されれば回復することは非常に困難である。相手方が本件ログの存在に気づく前に、これを保存しておく必要性は極めて高い。そこで、B社からの回答を受けた翌日にA氏と打合せをし、直ちに証拠保全申立ての準備にとりかかった。まずは陳述書の作成である。

　保全申立書に記載する検証もしくは提示の対象物については、申立人は相手方の手元にタイムカードと本件ログ以外にどのような証拠があるか不明なため、「その他一切の資料」と射程を広く記載し、申立人の主張を補完すべく他の従業員のログも対象とした（【書式2-6-1】証拠保全申立書・添付検証物目録3参照）。このうちの1人であるC氏は、前述したB社との間で未払賃金請求訴訟をしている者である（以下、「関連事件」という）。

　証拠保全申立ては、申立て後に裁判官面接が予定されているが、初回の面接日に書類に不備がなく、保全の必要性が認められれば、早ければその日のうちに決定が出ると先輩弁護士から聞いたことがあった。少なくとも形式上のミスがないように細心の注意を払って東京地方裁判所に申立てをした。申立ては無事に受理され、6日後に面接日が指定された（東京地方裁判所で証拠保全申立てをする場合は、森冨義明＝東海林保編著『新版証拠保全の実務』が非常に参考になる）。

【書式2-6-1】　証拠保全申立書（〈*Case*⑥〉）

証拠保全申立書

平成26年10月6日

東京地方裁判所民事部　御中

申立人代理人弁護士　　甲

　　　当事者の表示　別紙当事者目録（略）記載のとおり

　　　　　　　　　　申立ての趣旨

　東京都○○区○○1-2-3所在の相手方本店に臨み、相手方保管に係る別紙検証物目録記載の物件の提示命令及び検証を求める。

　　　　　　　　　　申立ての理由

第1　証すべき事実
　申立人が相手方に在職中、法定労働時間を超える時間外労働をしていた事実
第2　証拠保全の必要性
　1　当事者
　　（略）
　2　申立人らの労働実態
　（1）実労働時間
　　（略）
　（2）相手方による労働時間管理
　　（略）
　（3）社内のパソコンシステムを利用した業務報告（疎甲3）
　　　本システムには、ログインした時刻及びログアウトした時刻が記録されている。
　　（略）
　3　保全の必要性
　（1）相手方が争う姿勢を見せていること（疎甲3、4）
　　（略）
　（2）証拠の重要性及び希少性
　　　タイムカード及び本システムの記録は、申立人が労働時間を立証する

上で、極めて重要かつ希少な客観的証拠である。
(3) 改ざん・抹消の容易性及び蓋然性
(略)

　本システムで作成・記録された営業報告については、電子データとして保存されているものであるから、抹消は容易かつ瞬時に行うことができ、かつ、ひとたび抹消されれば回復することは不可能である。したがって、「申立人の労働時間を示す客観的証拠として本システムの営業報告が存在する」という事実に相手方が気付く前に、これを保全しておく必要性は極めて高い。

4　よって、……。

疎　明　方　法

　　　　　　疎甲第1号証　採用決定通知
　　　　　　疎甲第2号証　給与明細
　　　　　　疎甲第3号証　陳述書
　　　　　　疎甲第4号証　内容証明郵便

附　属　書　類

1　疎明資料写し　　　　　各2通
2　訴訟委任状　　　　　　1通

(別紙)

検証物目録

　申立人が相手方に在職していた平成24年8月21日から平成26年3月20日までの労働時間に関する以下の資料
1　申立人のタイムカード
2　社内パソコンシステムにより作成された以下の者の営業報告の電磁的記録
　(1)　申立人
　(2)　C（上記期間における申立人の同僚）
　(3)　D（同）

3　その他申立人の労働時間に関し作成された一切の資料及び電磁的記録

以上

2　裁判官面接

〈*Case*⑥〉の裁判官面接で気をつけたポイントは以下のとおりである。
① 　検証物目録の概括規定の説明
② 　保全決定の送達方法（郵便送達か執行官送達か）
③ 　カメラの持参等

①については、案の定、裁判官から概括規定について突っ込まれた。裁判官は、「抽象的でその場での判断が難しく相手方に不利益を与えるおそれがあるので、もっと具体的な対象物を思い当たらないか」などと聞いてきた。これに対し、甲弁護士は、「申立人は労働管理に関する資料の詳細についてはほとんどわからない。証拠の偏在の問題もあり、保全の段階である程度概括的記載はやむを得ない」などと食い下がった。もっとも、他方で、保全手続を実行たらしめるべく、本日中の決定を望んでいたことから、概括規定ははずすがその他はすべて認めてもらいたい旨を述べた。すると裁判官は、その他の検証対象物を認めれば保全の趣旨は満たされうるとして、当方の主張を受け容れた。

②について、司法修習時代に証拠改ざんのおそれがある事案では執行官送達の選択を要望するようにと習ったことがあった（民訴99条1項）。執行官送達とは、送達実施機関の1つである執行官が、相手に送達すべき書類を送達場所に赴いて直接届ける送達方法をいう。改ざんのおそれを理由に検証するような場合には執行官送達を行うのが通常のようである。甲弁護士も〈*Case*⑥〉における面接において執行官送達を要望したところ、裁判官は、「もちろん本件は執行官送達でやります」と当然のように認めてくれた。

③については、申立人もしくは甲弁護士がカメラを持参して撮影してもよいし、プロのカメラマンを同行させてもよいとのことであった。

面接の最後に、裁判官から証拠保全の決定の内定をもらい、証拠調べ期日を平成26年10月21日の午後1時00分に指定すると告げられた。その日は甲弁護士に先約があったが、裁判官が半日外出するため期日が限られることもあり、指定された期日（最短の期日）を優先させた。

　この時、執行官送達については送達場所の内部状況から11時30分頃にB社の総務部長宛てにすること、同行者はA氏および甲弁護士もしくはカメラマン（後ほど連絡）であること、証拠調べ期日当日の待合せ時間および場所をそれぞれ期日指定の15分前にB社本店に隣接するビルの前にすることを決めた。

【書式2-6-2】　決定書（〈*Case*⑥〉）

平成26年㈲第○号　証拠保全申立事件

決　　　　　定

　　東京都○○区○○7-8-9
　　　　　申　　立　　人　　　　A
　　　　　上記申立人代理人弁護士　甲
　　東京都○○区○○1-2-3
　　　　　相　　手　　方　　　　B不動産管理株式会社
　　　　　同代表者代表取締役　　　乙

　上記当事者間の頭書事件について、当裁判所は、申立てを理由あるものと認め、次のとおり決定する。

主　　　　文

1　東京都○○区○○1-2-3所在の相手方本店に臨み、相手方保管に係る別紙検証物目録記載の物件について検証する。
2　相手方は、上記物件を証拠調べ期日において提示せよ。
3　上記証拠調べ期日を平成26年10月21日午後1時00分と指定する。

平成26年10月14日
東京地方裁判所民事第〇部
裁　判　官　　丙

（別紙）

検証物目録

1　申立人のタイムカード
2　相手方が導入している社内パソコンシステムにより作成された次の者の平成24年8月21日から平成26年3月20日までの間の営業報告の電磁的記録
　(1)　申立人
　(2)　C
　(3)　D

以上

3　証拠調べ

　当初の予定どおり、甲弁護士およびA氏はB社に隣接したビル前で裁判官および書記官と落ち合った。もっとも、カメラマンは同行させなかった。医証と違って本件ログの画像であれば素人でも撮影できると判断したからである。

　午後1時00分にB社本店に入り、受付で裁判官が送達のとおり証拠調べに来た旨を告げた。すると、奥から総務部長が憮然たる面持ちで現れた。総務部長は、「昼前に（執行官が）突然来て、午後いちで証拠調べはないでしょう。まるでうちが何か違法なことをして家宅捜査を受けるみたいで不愉快だ。業務に支障がないようにしてほしい」などと言っていた。甲弁護士には、B社が、1、2時間程度では隠ぺい工作はできず、観念したかのようにみえた。その後、裁判官は総務部長に対し、10分程度証拠保全手続の説明をした。本証拠調べには総務部長が立ち会うこととなった。

　説明が終わると、まず、総務部長がタイムカードを提示した。B社にとっ

てタイムカードの打刻は有利な証拠であるためかすぐに出してきた。裁判官はA氏に同一性を確認させ検証を始めた。書記官がその様子を記録していた。1枚確認するごとに甲弁護士に手渡し、甲弁護士が持参したデジタルカメラで撮影していった。タイムカードは1カ月1枚で都合15枚であったことからそれほど時間はかからなかった。

　次に、本件ログの検証に入った。B社は本検証を早く終わらせたいためか、2台のパソコンの使用を認めた。幸いにも、データは消去されず残っていた。A氏の業務報告の画面を開くと、画面上部にA氏の名前と、2つの時刻が印字されていた。裁判官が総務部長にこの時刻の説明を求めると、画面を開いた時刻（ログイン時刻）と閉じた時刻（ログアウト時刻）とのことである。同画面を撮影しようとしたところ、同画面を印刷できることがわかった。そこで、甲弁護士は、総務部長に対し、紙代等の実費は支払うので、印刷させてもらえないかとお願いしたところ、時間が短縮できるのであればかまわないと応諾してくれた。以後、本件ログについては紙で印刷することとし、書記官が当該画面と当該印刷物が同一であることを確認していった。

　結局、証拠調べは午後4時までかかったが、甲弁護士らが求めていた証拠は無事入手することができた。参考に、初回相談から証拠保全手続および本案訴訟提起までの日程をあげると、以下のようになる。

　平成26年9月20日　　初回相談
　　　同年9月22日　　B社へ内容証明郵便発送
　　　同年9月24日　　同郵便送達
　　　同年10月1日　　B社から回答
　　　同年10月2日　　Aと打合せ
　　　同年10月6日　　証拠保全申立て
　　　同年10月14日　　裁判官面接・同日決定
　　　同年10月21日　　証拠調べ期日
　　　同年10月23日　　証拠調べに撮影した写真（タイムカード）を裁判所に
　　　　　　　　　　　提出

同年10月31日　検証調書謄写
同年11月10日　本案訴訟提起

V 労働時間の主張・立証

1 本案訴訟の提起

　B社に催告の内容証明郵便を送達し、証拠保全手続も済んだことから、若干気持の余裕ができた。訴状を作成するうえで1つやっておくことがある。それは、先の保全手続の証拠調べの検証調書の謄写申請である。同調書に添付される本件ログの印刷物（以下、「本件業務報告書」という）の内容を確認して実質労働時間の始期と終期を確定させ、時間外手当を計算するためと、同印刷物を本案訴訟の証拠として提出するためである。

　なお、証拠保全の証拠調べの結果は、本案訴訟の口頭弁論で上程することになる。具体的には「証拠調べの結果を援用する」との訴訟行為を行うことが慣行となっているようである。もっとも、本案訴訟で上程されるのは、検証の結果である当該文書の形式・体裁等にすぎず、内容についての証拠調べのためには、保全した記録を謄写するなどして書証として提出する必要があるので注意したい（森冨＝東海林・前掲書237頁（Q76））。

　検証調書は証拠調べから10日ほどでできた。業務報告の検証結果については、本件業務報告書を号証化して提出することになる。

　タイムカードについては、甲弁護士が撮影した写真があるので、これを証拠として提出する。

　上記各証拠方法を確認・検討し、本案訴訟を提起した。

【書式2-6-3】　訴状（《Case⑥》）

訴　　　状

平成26年11月10日

東京地方裁判所民事部　御中

　　　　　　　　　　　原告訴訟代理人弁護士　　　　甲

　　当事者の表示　別紙当事者目録（略）記載のとおり

未払賃金等請求事件
　訴訟物の価額　　金〇円
　貼用印紙額　　　金〇円
第1　請求の趣旨
 1　被告は、原告に対し、金〇円及びこれに対する平成26年3月21日から支払済みまで年14.6％の割合による金員を支払え。
 2　被告は、原告に対し、金〇円及びこれに対する本判決確定の日の翌日から支払済みまで年5％の割合による金員を支払え
 3　訴訟費用は被告の負担とする
との判決並びに第1項につき仮執行宣言を求める。
第2　請求の原因
 1　雇用契約の成立
　(1)　当事者
　　　（略）
　(2)　雇用契約の締結
　　ア　原告の雇用契約
　　　　(ア)契約日　　　平成21年3月21日（最初の契約日。以後更新）
　　　　(イ)契約期間　　1年
　　　　(ウ)雇用形態　　契約社員
　　　　(エ)就業場所　　被告〇事務所内、〇所在建物内
　　　　(オ)業務内容　　マンション管理員
　　　　(カ)勤務時間等　始業時：午前8時30分
　　　　　　　　　　　　終業時：午後5時30分
　　　　　　　　　　　　休憩時間：60分
　　　　(キ)休日　　　　4週を通じ8日
　　　　(ク)給与　　　　本請求の対象となる期間の給与

　　　　　　　　平成24年8月21日から平成26年3月20日まで
　　　　　　　　月額○円（基本給○円、交通費○円）
　　　　　　　　支払日：毎月20日締め、25日払い
　　イ　原告の勤務実態（実労働時間）
　　　　㈦実労働時間
　　　　　始業時：午前8時00分
　　　　　終業時：午後6時30分
　　　　　休憩時間：昼60分
　　　　㈺勤務実態の補足説明
　　　　　a　始業時
　　　　　　午前8時00分から午前8時10分頃まで事務所内で朝礼。朝礼後担当管理マンションまで移動し、午前8時25分頃到着。同マンション管理室内でタイムカード打刻後午前8時30分頃から管理業務開始。
　　　　　b　終業時
　　　　　　午後5時30分直後、同マンション管理室でタイムカード打刻。その後事務所まで移動し、午後5時50分頃から10分間終礼。終礼後、業務報告をパソコンに入力し、午後6時30分頃退社。
2　所定時間外労働に関する合意の有無
　　なし
3　請求の対象となる期間における時間外の労務提供の事実
　　原告は、平成24年8月21日から平成26年3月20日までの各日、別表（略）のとおり労働した。
4　原告が支払いを受けるべき未払時間外手当
　(1)　時間外手当の単価の計算
　　ア　所定労働時間
　　　1日の所定労働時間、所定休日、これによる1月平均の所定労働時間
　　イ　月あたりの賃金
　　　基本給の○円
　　ウ　1時間あたりの単価の計算
　　　上記イの賃金÷上記アの1月平均の所定労働時間＝1時間あたりの単

価○円
　(2)　未払時間外手当の金額
　　ア　時間外労働○時間
　　イ　1時間あたりの単価○円×1.25（割増率）＝時間外労働の単価
　　ウ　上記ア×上記イ＝未払時間外手当の金額
5　時間外手当の未払
　本日現在まで時間外手当は支払われていない。
6　付加金
　上記原告の未払時間外手当金○円は、労働基準法37条に反する未払割増賃金額でもあることから、右金額が、同法114条所定の付加金額に相当する。
第3　関連事実
1　原告被告間の訴訟提起前の交渉経緯
　　（略）
2　朝礼、終礼、移動時間及び業務報告入力作業の業務性
　　（略）
3　関連事件
　　被告と被告の元従業員Cとの間で、未払賃金請求訴訟が貴庁に係属中である。
第4　結論
　よって、原告は、被告に対し、雇用契約に基づき、未払賃金○円及びこれに対する平成26年3月21日から支払済みまで、賃金の支払いの確保等に関する法律6条1項所定の年14.6％の割合による遅延損害金の支払い並びに労基法114条に基づき付加金○円及びこれに対する本判決確定の翌日から支払済みまで民法所定の5％の割合による遅延損害金の支払いを求める。

以上

2　本案審理
(1)　主　張
本案の最大の争点は、実労働時間の範囲である。B社は予想どおり、就業

規則どおり始業時刻を午前8時30分、終業時刻を午後5時30分と主張してきた。理由は、朝礼および終礼は業務として命令しておらず、もし行っているとすれば管理員らが自主的に行っており、また、業務報告については事務所に備え付けてあるパソコンに入力する方法以外にも、同じく事務所に備え付けてある紙による報告でもよく、終業時刻（午後5時30分）までに作成できるということであった。

　実労働時間の範囲については、最高裁判例で以下のように判断されている。すなわち、労働基準法が規制の対象とするのは、現に労働させている時間（実労働時間）であり、労働者が労務提供債務の履行を行っている時間で、実労働時間とは、①労務提供義務の有無（指揮命令または明示・黙示の指示の有無など）、②債務の本旨に従った労務の提供（業務性・職務性の有無など）といえるか否かの観点から、労働者の行為が使用者の指揮命令下におかれたと客観的に評価できる時間をいう（最判平成12・3・9民集54巻3号801頁〔三菱重工長崎造船事件〕）。かかる判例によると、指揮命令下におかれ始めた時刻、指揮命令から開放された時刻を検討することになる。

　甲弁護士は、始業時刻については、各マンションで管理業務を始める前に各管理員を事務所にいったん集合させている点を業務命令ととらえ、かかる集合時刻を始業時刻と主張した。無論、その後の朝礼および各担当マンションまでの移動中も労働時間である。

　終業時刻については、B社は報告業務自体については否定せず、かつ、報告手段はデータにせよ紙にせよ事務所に設置されていることから、各管理員を事務所まで戻らせてから報告をさせる業務命令があったものと推認し、報告業務の終了時刻（本件業務報告書記載のログアウト時刻）を終業時刻と主張した。この場合も、各マンションから事務所までの移動時間およびその後の終礼も労働時間であるとの主張である。

　(2) 立　証

　まず、前述の証拠保全の証拠調べの結果は、口頭弁論で「証拠調べの結果を援用する」と上程した。本件業務報告書により、終業時刻を立証する。業

務報告書は、A氏の元同僚であったC氏およびD氏のものもある。前述したが、C氏は関連事件の当事者である（本件訴訟を提起したとき、すでに関連事件は東京地方裁判所のA氏とは別の労働部に係属していた。C氏とはコミュニケーションが良好で利害関係も一致していたので、双方の主張・立証を相互補完させるべく、本件訴訟との併合の上申した。しかし、C氏の裁判が先行していたこと、および、それぞれ個別に判断できる請求であることから、あえて時間をかけて併合する理由はないとのことで認められなかった）。

次に、始業時刻であるが、客観的な証拠がなかったので、A氏の本人尋問に加え、関連事件におけるC氏の尋問調書およびD氏の陳述書を提出した。もちろん、これらの証拠には、朝礼等の始業時に関する供述のみならず、終礼やその後の報告業務に関する供述も含まれている。なお、甲弁護士は、C氏の証拠調べ（尋問）も裁判所に打診したが、上記証拠もあり現時点では必要性が認められないとのことであった。

ちなみに、B社側の尋問は、前述の証拠保全手続に立ち会った総務部長であった。

(3) 判　決

本人尋問の直後、係属部に呼ばれ、裁判所から和解を打診された。これまでの両当事者の態度から、どちらが勝つにせよ上級審に持ち込まれることが予想され、早期解決を図るためである。しかし、両当事者ともこれを断り判決となった。

判決は、A氏の主張がほぼ全面的に認められた。実労働時間については、朝礼、終礼、業務報告の入力業務および各マンションと事務所の移動時間はいずれもB社の指揮命令下にあり、少なくとも黙示的な業務命令があったものとみなされ、特段の事情のない限り始業時刻は午前8時00分、終業時刻は本件業務報告書に記載されたログアウト時刻と認定された（使用者側の残業を命じていないとの主張に対し、黙示的な業務命令を認めた判例として、大阪地判平成17・10・6労判907号5頁、名古屋地判平成19・9・12労判957号52頁）。

もっとも、本件業務報告書によると、ログアウト時刻が毎日決まって午後

6時過ぎというわけでもなく、なかには、午後5時45分頃のものや、翌朝の時刻のもの、もしくは、そもそも報告がない日もあった。これらの日は、終礼が終わったと思われる時刻の午後6時00分が終業時刻とみなされた。

また、別途証拠として提出していたA氏の手帳の記載事項（タイムカード打刻後の急な電球替え対応をした事実の記載等）が一部認められ、これを前提に終業時刻が認定された日もあった。かかる点はまさに、先述した労働問題における立証責任の公平な分配から認められたものだと感じた。

付加金は、認容額と同額が認められた。証拠保全手続から第1審の判決までに約1年を要した。

VI その後

1 控訴審

予想どおり、B社は控訴してきた。控訴審の期日は1回で終結し、その日のうちに和解を勧告され、和解期日が1期日設けられた。高等裁判所からの和解勧告は押しが強く、その必死さにはいつもながら辟易とするが、〈**Case**⑥〉においてもご多分に漏れなかった。左陪席裁判官が「1審では付加金が全額認められているでしょ。（付加金は）調整弁みたいなものだからね。始業時刻はともかく終業時刻は疑問なしとしないよ」などと、なかば脅しともとれるような言い様であった。内容については控訴審でも被控訴人（A氏）にとって不利とは感じなかったが、確かに、付加金により倍の金額が認められるのはもらいすぎの感も否めず、ここを少し削られたとしても、上告の応訴負担やその後の執行の手間なども含めて考えると、A氏にも早期解決の和解の利益があると思われた。

そこでA氏に意思を確認したところ、付加金が満額認められていることもあり、早期解決のために、遅延損害金のカット（退職金の翌日から起算される、賃金の支払いの確保等に関する法律6条1項所定の14.6％の遅延損害金は大きい）程度であれば和解してもよいとの回答であった。

結局、上記妥協金額で和解が成立し、1週間後にB社から振込みがあった。

2　最後に

〈**Case**⑥〉は、2年という短期消滅時効の請求権であり、かつ、証拠のほとんどが相手方の手元にある事案であったため、初動の請求方法の選択のところで非常に悩み、そこに多くの紙幅を割くこととなった。

控訴審までもつれたところをみると、結果的に、訴訟提起でよかったといえる。何よりも、付加金の効果は大きい。A氏も思いがけない付加金効果に喜んでいた。そういえば、関連事件のC氏も控訴審までもつれ、B社と和解したとのことである。

　本稿は、複数の事例を組み合わせるなどして構成したものであり、実際の事例とは異なる。

第7章 相談対応──配転命令についての会社側の対応

I 事案の概要

―〈Case ⑦〉―
　X社が、同社仙台支社に勤務する従業員Yに対し、札幌支社への転勤を命じたところ、Yは母親の介護を主な理由として転勤を拒んだ。X社はYに対し、札幌支社への転勤命令を発して転勤させることができるか。転勤命令の有効性が問題となる。

II 実務上のポイント

〈Case ⑦〉における実務上のポイントは、以下の3点である。
① 配転命令権の根拠
② 配転命令権の範囲・限界
③ 配転命令に降格・減給が伴う場合の特殊性

III 初回の相談〜配転命令権の根拠〜

　平成27年7月某日、若手弁護士である甲弁護士の下に、友人から紹介されたX社法務部の担当者P氏から相談の電話が入った。

> P 氏　　：甲先生初めまして。X社の法務担当のPといいます。よろしくお願いします。
> 甲弁護士：こちらこそよろしくお願いします。今回は労働関係のご相談だとうかがったのですが、どのようなご相談でしょうか。
> P 氏　　：はい。実は当社の仙台支社に勤める従業員Yに対して本年9月1日付けで札幌支社への転勤を命じたのですが、本人がそれを拒んでいます。この転勤命令にYを従わせることができるのかについておうかがいしたいのです。
> 甲弁護士：なるほど、転勤命令の有効性ということですね。わかりました。

　甲は弁護士になって3年目で、今年独立したばかりである。今まで労働事件といえば労働者側からの残業代請求くらいしか手がけたことがなく、初めての分野の相談に面食らったが、友人の紹介でもあるし、これで良い結果を出せば今後もX社から相談が来て、事務所の経営も楽になるかもしれないとも考え、対応することにした。

1　甲弁護士の悩み

　甲弁護士はまず、扱ったことのないこの案件をどのような順序で検討すれば良いかを考えた。
　どのような法律関係でも、まずはその権利がどのような法的根拠から発生するかから考えるべきだろう。そこで、X社がYに対して転勤を命令する権利の法的根拠は何なのかから検討することにした。
　一般的に考えて、いったん入社した以上、従業員は広範な転勤命令に服さなければならないように思われる。すると、配転命令権は労働契約の締結の効果として生じるのだろうか。しかし、労働契約そのものの効果として包括的な配転命令権を認めてしまうのはいささか乱暴にすぎるように感じる。で

は、使用者と労働者の間の個々の労働契約やそれを補う就業規則にある配転命令権の規定が、合意された労働契約の内容として根拠になるのだろうか。

　ここまで考えて、そもそも両者の差異は大した違いを生まないのではないかと思い至り、甲弁護士の検討はスタート段階でつまずいてしまった。

2　解　説
(1)　「配転」の定義

　「配転」とは、従業員の配置の変更であって、職務内容または勤務場所が相当の長期間にわたって変更されるものをいう。このうち同一勤務地（事業所）内の勤務個所（所属部署）の変更が「配置転換」と称され、勤務地の変更が「転勤」と称される（菅野和夫『労働法〔第10版〕』512頁）。

(2)　配転命令権の根拠

　配転命令権の根拠については、労働契約の締結によって使用者は包括的に労働者に対する配転命令権を有するとする包括的合意説と、あくまで個々の労働契約上に配転命令の規定が存在し、そのことについて合意したことの効果として有するとする契約説がある。

　しかし、甲弁護士が思い至ったとおり、包括的合意説でも勤務地限定等の個別の合意による制限は認められるし、逆に契約説でも就業規則等で包括的な配転命令権の根拠を定めることはできるから、どちらの説であっても実務上の差異はほとんど生じず、実際にどちらの説をとるかが問題となることは少ない。

　ただ、要件事実の点では、配転命令の無効を争う訴訟（配転先における労働義務の不存在確認訴訟）において、契約説をとる場合は被告（使用者）側の抗弁として、労働契約の存在を主張する必要があるのに対し、包括的合意説ではその必要はないという違いはある（山口幸雄ほか編著『労働事件審理ノート〔第3版〕』77頁）。

　つまり、包括的合意説による場合には、請求原因ですでに労働契約の締結が主張されており、その事実によって配転命令権の発生は主張されているた

め、抗弁においてあらためて配転命令権の発生原因事実を主張する必要はないが、契約説による場合、抗弁で配転に関する個々の雇用契約もしくは就業規則の定めの存在を主張しないと、そもそも配転命令権の発生が認められないことになるのである。

以下、本章では契約説を前提に記述する。契約説をとった場合、配転命令権の根拠は、個別の労働契約に配転についての規定がある場合にはその規定であるし、個別の労働契約には配転についての規定がない場合には、それを補う就業規則上の配転についての規定となる。

包括的合意説をとるか契約説をとるか明らかでないが、労働協約および就業規則に転勤命令についての規定がある場合の転勤命令権を認めたリーディング・ケースとしては、①会社の就業規則等に転勤を命じることのできる規定がある、②実際に全国規模の転勤の前例が多く存在する、③当該従業員は大卒の営業担当者として入社し、④勤務地限定の合意はなかった、という事情の下では会社は個別の合意なしに当該従業員に転勤を命じることができる、とした最判昭和61・7・14判時1198号149頁〔東亜ペイント事件最高裁判決〕があげられる。

3　検　討

配転命令権の根拠を検討するためには、個別の労働契約の規定と、就業規則等の文言を確認し、配転命令の規定が、どの書面のどの部分に、どのように記載されているかチェックすることが必要である。すなわち、X社とYとの間の雇用契約書とX社の就業規則の内容を吟味しなければならない。そこで甲弁護士はX社から雇用契約書等の写しを送ってもらった。

雇用契約書の内容は以下のとおりであった。

雇用契約書

X株式会社（以下「甲」という）とY（以下「乙」という）は以下の条件に基づき雇用契約（以下「本契約」という）を締結する。

1	雇用形態	正社員
2	従事する業務	営業職
3	雇用期間	期間の定めなし
4	就業場所	宮城県仙台市〇〇区××1－2 X株式会社仙台支社内
（省略）		
10	就業規則	その他勤務上の詳細な規程は就業規則による。
11	特約事項	本契約は労働基準法その他の法律を基準として解釈する。本契約に規定されていない事項は甲乙協議の上定めるものとする。

雇用契約書をみる限り、個別の労働契約には配転命令に関する定めはない。よって次に就業規則を確認しなければならない。

X社就業規則

（省略）

第□節　人事異動

第〇条

1　会社は、業務上の必要性により、従業員に対して配置転換又は転勤（以下「配転」という）を命じることがある。

2　前項の配転を命じられた従業員は、正当な理由なくこれを拒むことは出来ない。

X社の就業規則は大部であったが、出向や転籍と並んで配転に関する規定が設けられており、配転命令権を認めるものになっているから、これでX社のYに対する配転命令権は認められたということになる。

この時点で、結論の方向性としてはX社の意向に沿う形になりそうなので、甲弁護士はひとまず安心した。

Ⅳ　2回目の相談〜配転命令権の契約上の限界〜

甲弁護士は、ひとまず安心し、とりあえず一服しようと席を立とうとしたところ、X社の担当者P氏から電話が入った。

> P　氏：先生お世話になっております。例のYの件ですが、見通しはいかがでしょうか。
> 甲弁護士：はい、先日送っていただいた御社の就業規則とYさんとの雇用契約書をみる限り、基本的にはYさんに対する配転命令権は認められそうですね。
> P　氏：そうですか、それはよかった。Yもいろいろ当社に言ってきているものですから、お話をうかがって安心しました。
> 甲弁護士：Yさんはどのような理由で転勤を拒んでいるのですか。
> P　氏：はい。理由はいくつかあるようなのですが、一番大きいのは母親の介護です。Yの母親は今年で77歳になりますが、数年前に車にはねられて足の骨を折って以来、歩くのが不自由なのだそうです。Yの両親はYが子供の頃に離婚し、それ以来母親は1人でYを育て、Yは結婚後も母親と同居して、母親の面倒をみながら仙台で暮らしているのです。Yは今年44歳になりますが、それまで他社で営業担当をやってきた経験を買われて平成22年4月1日付けで当社の仙台支社に入社したのです。その面接の際、担当者に母親の介護のことを話し、自分は仙台以外では働けないことを伝え、担当者もそれを了承したうえで採用したはずであると言っているのです。
> 甲弁護士：……そのような事情があったのですか。

P　氏　：ご存じのとおり、当社は日本全国に20を超える支社があり、正社員については他の同規模の会社と同じように、全国の支社に転勤させて職位を上げ、経験を積ませて人材育成を図るという方針をとっています。Yも当社の正社員ですから、異動させることに問題はないと考えているのですが……。

1　甲弁護士の悩み①──勤務地限定の合意の有無

　甲弁護士は電話を切った後、たった今P氏が話したYの事情が、今回の配転命令にどのような影響を及ぼすのかを考えた。

　まず気になったのは、Yが入社面接の際に「面接担当者に対して仙台でしか働けないという事情を述べ、面接担当者もそれを了承した」と主張している点である。仮にこれが事実なら、X社とYとの間に「勤務地を仙台に限定する」という合意があったことにならないか。そうすると、就業規則の規定は配転命令権を広く認める文面であっても、いわば黙示の合意が成立することでそれが制限されるのではないだろうか。

　甲はこの点についてX社から詳しく事情を聴くことにした。

2　甲弁護士の悩み②──勤務地限定の合意と就業場所の記載の関係

　甲弁護士がP氏に面接当時の事情などを詳しく知りたいと伝えると、P氏は、当時のことは今すぐ答えられないので、人事部と仙台支社に問い合わせて事情を調べてから連絡する、と回答した。

　そこで甲弁護士はできることから勤務地限定の合意の有無を検討しようと、雇用契約書の文言と就業規則の規定を先にチェックすることにした（上記「雇用契約書」参照）。

　雇用契約書をみる限りYは正社員であるし、X社は日本全国に20以上の支社があるというのだから、正社員は転勤しつつキャリアを積んでいく、という一般的なキャリアパスを前提とすると、X社内では転勤があることは

Yも理解していたし、そのことが合意の内容となっていたとも思える。

しかし、Yは仙台支社で採用された中途採用の正社員であり、新卒採用の正社員とはキャリアパスが異なる可能性もあるから、合意の内容はYと同じ中途採用の正社員が転勤した実績があるかどうかにもよりそうだ。

そうなるとX社から聴取しなければならないことはたくさんある……と思いつつ、もう一度雇用契約書に目を落とした甲弁護士は、就業場所についての契約内容が仙台支社と明記されていることに気づいた。

この規定がYの労働条件の1つである就業場所がX社仙台支社であるとの合意の存在を示すならば、勤務地を仙台に限定する合意が成り立っているとは考えられないだろうか。

そうすると、Yの事情など関係なく、本件配転命令は無効となってしまう。甲は慌ててこの条項の意味を調べた。

3　解説——勤務地限定の合意と就業場所の記載の関係

(1) 概　説

配転で変更される職種、勤務地等はいずれも労働条件であるから（労基15条1項、労基則5条）、労働契約でこれらのいずれかを限定する合意がなされていた場合、配転命令権はその合意の範囲内でのみ認められる。

このような合意の有無は、労働契約上明示されている場合のほか、使用者の規模・事業内容・採用状況・それまでの配転の実績や、従業員の職種・従事する業務の内容・その業務に従事してきた期間・配転命令の目的等諸般の事情から総合的に判断される（白石哲編著『労働関係訴訟の実務』194頁）。

(2) 労働契約締結時の勤務地の記載

労働契約締結時点で雇用契約書や辞令に勤務地が労働条件として記載されている場合であっても、それは雇入れ直後の勤務地を限定するのみであって、勤務地を当該地域に限定する合意までは必ずしも認められない。このような立場をとった裁判例として、辞令、雇用通知書について札幌地判平成18・9・29労判928号37頁〔NTT東日本事件〕、雇用契約書について大阪地判平

成23・12・16労判1043号16頁がある。

なお、旧労働省の通達（平成11・1・29基発45号）では、労働基準法15条1項の就業の場所および従事すべき業務に関する事項の明示について、「雇入れ直後の就業の場所及び従事すべき業務を明示すれば足りるものであるが、将来の就業場所や従事させる業務を併せ網羅的に明示することは差し支えないこと」としている。

4　X社からの再聴取

Yの雇用契約書に記載されている就業場所の表示がYの入社直後の就業場所を表したにすぎないことを知って若干安心した甲弁護士の下に、X社からYの入社の経緯についての調査結果があがってきた。内容は以下のとおりである。

- Yの入社面接時、Yが担当者に対して母親の障害の程度やその経緯を伝え、母親の介護が必要であるために仙台から他の場所に転勤できないと伝えたのは事実である。
- しかし、当時の面接担当者はYに対して、X社は全国に支社があり、正社員として入社したからにはYにも職位と能力を上げることが予定されているのだから、そのための転勤の可能性があることを伝えた。
- Yはその後異議を唱えないままX社と雇用契約を締結し、以降5年間、仙台支社から異動できない旨を一度も述べていない。
- X社はYのほかにも営業職の正社員を中途採用しているが、その従業員らにも転勤を命じた実績はあり、近年10年では全社で100人ほど営業職の正社員を中途採用し、そのうち70人以上は最初の赴任地から別の支社への転勤経験がある。

5　解説──勤務地限定の合意を認定するための事情

（1）概　説

勤務地限定の合意を認定するための事情としては、会社における当該従業

員の属する職種職位から想定されるキャリアパスに注目するものと、当該従業員の個別の事情に注目するものがある。

(2) **職種職位から想定されるキャリアパス**

職種職位から想定されるキャリアパスに注目すると、たとえば全国に支社がある大規模の会社において新卒採用された大卒正社員であれば、各支社を数年ごとに転勤して経験を積み、職位を上げていくことが予定されているといえるが、同じ会社でも、中高卒の現場作業員として地元で雇われた正社員や、スーパーマーケットなどの各店舗でパート従業員として採用された主婦などは、転勤が予定されているとはいいがたい。

このように、当該会社の事業展開の程度、同社における同職種職位の従業員にどのようなキャリアパスが予定されているか、また、同職種職位の従業員に転勤が命じられた実績がどのくらいあるか、が勤務地限定の合意の認定を左右することになる。

よって、会社側の聴取の際には、その会社の業務内容や人事構造も含めた広範な事情を聴取する必要がある。特に、従来からの顧問先企業であればともかく、甲弁護士のように初めて当該企業から相談を受ける場合はなおさら注意が必要である。

(3) **従業員の個別の事情**

従業員の個別の事情に注目すると、当該従業員についての個別の合意が推認されるような事情の存否が勤務地限定の合意の認定を左右する。たとえば仮に大卒の正社員であっても、採用時に特定の場所でしか勤務できないという特別の事情を表明していた場合には、例外的に勤務地をその場所に限定する合意が存在したことが推認されるということである。後述の裁判例のように、このような個別の合意を推認させるような事情の存否を確認するためには、採用時や契約更新時に会社と従業員の間でどのようなやりとりがあったかを確認する必要が出てくる。

この点の聴取について注意すべきことは、直接会社の窓口となって相談にくる法務や総務の担当者は、必ずしも採用当時の事情を認識していないとい

うことである。よって、（これは他の論点に絡むこともあるが、）配転命令の有効性を判断するにあたっては、早い段階で、当該従業員の直属の上司など現場の状況を知っている担当者から、問題になりそうなポイントに絞って聴取する必要がある。

　また、個別の合意の事情については従業員側が覚えていても会社側が明確に認識していないことがあるので、従業員側から個別の合意の主張が出てきているかどうか注意し、労働契約の内容に抵触していないか"アタリ"をつけるという方法もある。

(4) 勤務地限定の合意が認められた裁判例

　勤務地限定の合意が認められた裁判例としては以下のようなものがあげられる。

　まず、いずれも福岡県出身で高卒、現地採用で福岡県内の主要工場で現場作業に従事する従業員らが営業職として大阪本社を経て各地に転勤することを命じられた事案について、営業職はほぼ本社で採用される大卒従業員であり、上記工場で現地採用された高卒従業員は退職まで当該工場で職務に従事することが一般的であったこと、同様の配転実績が僅少で例外的であったこと等を理由に、当該従業員と会社との間には勤務地を上記工場に限定する黙示の合意があったとして当該配転命令を無効としたものがある（福岡地小倉支判昭和53・6・5労判309号58頁〔吉富製薬事件〕）。

　次に、採用面接時に「婿養子で家族の面倒を見なければならないので仙台以外には転勤できない」旨述べ、面接担当者も勤務地を限定することを否定せず、担当者から本社に採用の稟議を上げる際に当該従業員が転勤を拒否していることを伝えたのに対して、本社からは何らの留保を付することなく採用許可の通知がきたという点によって、仙台における勤務地限定の合意を認めたものがある（大阪地判平成9・3・24労判715号42頁〔新日本通信事件〕）。

　そして、飲食店経営を行う会社で店舗のマネジャー職に従事していた従業員に対し、関西地区における管理職候補として現地採用されたこと、当該従業員が採用面接の際に長女が特定の疾患がある旨を述べて関西地区以外での

勤務に難色を示し、会社もこれを了解していたこと、入社後も関西地区外に転勤する可能性を申し出られたことはなく、当該会社にはマネジャー職が地域外に広域異動させられる例は僅少であったこと等から、会社と当該従業員との間では、採用時点において、黙示の勤務地限定の合意があったと認めたものがある（大阪高判平成17・1・25労判890号27頁〔日本レストランシステム事件〕）。

6　検　討

　甲弁護士はこれらの事情を踏まえ、Yの属する職位職種にはX社においてどのようなキャリアパスが予定されているのか、仮に転勤を前提としたキャリアパスが予定されていたとしても、Yとの間に個別の勤務地限定の合意を推測させるような事情がないか、を中心的な要素として、勤務地限定の合意があったかどうかを検討した。

　まず、X社の就業規則には配転命令の規定があるうえ、X社は全国に20以上の支社を有する会社であり、正社員は全国の支社を転勤しながらキャリアを積み、会社もそれを前提に雇用を調整することが予定されていることを考えると、X社と同社正社員の間には勤務地限定の合意はないと考えられる。

　ここで問題となるのは、Yのような中途採用者についても新卒採用と同様に考えてよいか、ということだが、X社においてはYのような営業職の中途採用の正社員についても転勤の実績が相当数（ここ10年で100人採用したうちの70人超）存在するのであるから、Yのような営業職の中途採用者についても、キャリアパスとして、全国の支社を転勤しつつキャリアを形成し、また会社も転勤を通じて雇用を調整することが予定されているといえる。よって、X社においては中途採用者の正社員についても新卒入社の正社員の場合と同じく勤務地限定の合意は認められがたい。

　次に個別の事情について気になるのは、入社面接時にYが母親の事情を面接担当者に伝えたという点であるが、面接担当者はそれを聞きつつもY

に対して明確に、X社の正社員のキャリアパスからして転勤をしないということは難しい旨を伝え、結局Yもそれに異議を述べず雇用契約を締結しているのだから、この点について勤務地を仙台に限定する合意は認められないといえよう。

甲弁護士はこのように考え、〈Case ⑦〉ではX社とYの間に勤務地を仙台支社に限定する旨の合意は認められず、本件転勤命令はX社とYとの労働契約の範囲内のものであるとの検討結果に至った。

V 強行法規違反の検討

1 甲弁護士の悩み

X社のYに対する転勤命令は基本的にはX社とYとの間の契約の範囲内だという結論が出たところで、次に気になったのは、従業員本人に転勤を拒む事情がありそうなときに転勤を命じることは何らかの法規に違反しないのか、ということである。

〈Case ⑦〉では、Yは母親の介護を理由に転勤を拒んでいるが、そのような理由による転勤の拒否を認めないのは、介護に関する法律などで禁じられていても不思議ではない。

そこで甲弁護士は、本件転勤命令を禁じる法律はないか確認することにした。

2 解 説

(1) 概 説

配転命令権を制限する強行法規に違反する配転命令は無効になる。そのような強行法規については、労働関係法規に規定があるものと、特定の公益目的を実現するための個別法に規定があるものがある。

このような規定に抵触するかどうかについては必ずしも相談段階で個別の事案から問題意識が浮かんでくるものではないから、これらの規定の存在に

ついてあらかじめ念頭において事案を検討するべきである。
(2) 労働関係法規に規定のあるもの
　労働者の国籍、信条または社会的身分を理由とする差別にあたる場合（労基3条）、組合活動の妨害を目的とする不当労働行為にあたる場合（労組7条1項）がある。
(3) 個別法に規定のあるもの
　特定の目的を実現するための個別法に規定があるものとして以下の場合がある。
① 雇用の分野における男女の均等な機会及び待遇の確保等に関する法律（男女雇用機会均等法）
　　性別による差別にあたる場合（6条）、婚姻、妊娠、出産、労働基準法65条に規定する産前産後の休業を請求もしくは取得したことを理由とする場合（9条3項）
② 育児休業、介護休業等育児又は家族介護を行う労働者の福祉に関する法律（育児介護休業法）
　　育児・介護休業の申出をしたこと、育児・介護休業の取得をしたことを理由とする場合（10条、16条）
③ 公益通報者保護法
　　公益通報を行ったことを理由とするもの（5条）

3　検　討
　調査の結果、〈Case⑦〉に関係がありそうな育児介護休業法も含め、特定の理由による配転命令を禁じる法規がいくつかみつかった。
　念のため甲弁護士はX社の担当者P氏に対して、Yの介護休業の申出を理由とする転勤命令ではないのかという点も含め、他の法規に該当するような事実がないか確認したが、いずれもないということであった。甲弁護士は、本件転勤命令が個別法に違反することはないという検討結果に至った。

VI
3回目の相談～配転命令が権利濫用にあたらないか～

　ここまでで、本件配転命令はX社のYに対する配転命令権の範囲内であり、かつ強行法規にも反しないことが判明した。

　しかし、労働契約上認められた配転命令権の範囲内で、かつ強行法規に反しないのであれば、どのような配転命令であっても認められるのだろうか。

　〈*Case*⑦〉でYが転勤した場合、Yの事情を聴く限りではYと母親に重大な不利益が生じそうである。このような場合にも配転命令権が認められるのは、従業員に酷にすぎないだろうか。また、そもそもYを転勤させる必要性がX社にあるかどうかも問題になってくるが、そのような必要性はどの程度あるのだろうか。

　甲弁護士はこれらの点についてX社から事情を聴くことにした。

Ｐ　氏　：先生お世話になっております。Yの件でお聞きになりたいことがあるということですが、どのようなことでしょうか。

甲弁護士：はい、まずは御社のご事情なのですが、御社としては何かYさんを転勤させる必要性があるのですか。

Ｐ　氏　：はい。当社は職務給制度をとっていますが、Yは現在、当社仙台支社の営業職課長級という、営業職の正社員の中でも賃金の高い職位にいます。ですが、一昨年あたりから営業ノルマを達成できないことが多くなり、とうとう昨年度は、当社全支社の営業職課長級が約100人いる中で85番という極めて低い成績だったのです。現在当社は、震災で落ち込んだ東北地方での売上げを回復することに全社をあげて取り組んでいるところで、仙台支社はその中核となる大規模な支社ですので、成績の振るわないYを仙台支社から異動させ、代わりの優秀な人員を補充したいというのが主な理由です。

甲弁護士：なるほど。Yさんを追い出したいとか、そういった理由ではないのですね。
P　氏：とんでもない。Y自身は成績が悪いといっても営業経験は豊富ですから、若い従業員が多い札幌支社に行って、若手の指導にもあたってほしいと思っているくらいです。
甲弁護士：そうですか。次にYさんの介護の件なのですが、Yさんが母親を連れて転勤することができない理由はあるのですか。
P　氏：はい。何でも今の家は、足の悪い母親のためにバリアフリー工事も済んでいるし、自分が転勤になって母親を連れて行くと、母親が唯一楽しみにしている昔からの友人との俳句の会に行けなくなってしまうとのことだそうです。
甲弁護士：Yさんの母親は北海道に地縁はないのですか。
P　氏：すみません。そこまではわかりません。
甲弁護士：Yさんが単身赴任した場合、ほかに母親を介護する人はいますか。
P　氏：それもわかりません。調査して追ってご報告します。
甲弁護士：よろしくお願いします。

1　甲弁護士の悩み

　事情を聴いたところだと、X社にはそれなりにYを転勤させる事情がありそうだ。しかし、業務上の必要性はこの程度の事情で認められるのだろうか。また、Yの被る不利益にしても、どの程度の不利益まではYに負わせてよいのだろうか。

2　解　説

(1) 概　説

　一般的に配転は従業員の生活に大きな変化をもたらすものである。たとえ

ば、従業員が就学年齢の子をもつ親の場合、転勤にはその子の転校による就学環境の変化も伴うし、夫婦共働きの場合には伴侶の就業場所との兼ね合いで別居か夫婦一方の離職を検討せざるを得なくなる。このような配転の性質から、当該配転命令が権利濫用にあたる場合には配転命令は無効になる（労契3条5項）。

　前掲最判昭和61・7・14〔東亜ペイント事件最高裁判決〕では、使用者の配転命令権は濫用することが許されず、濫用の基準については、①業務上の必要性の有無、②配転命令が不当な目的をもってなされたかどうか、③労働者に通常甘受すべき程度を著しく超える不利益を与えるものか、という3つの要件をあげており、その後の多くの裁判例がこれらの要素を総合的に判断して権利濫用にあたるかどうかを決定している。

　なお、東亜ペイント事件最高裁判決の文理上は、業務上の必要性と従業員の不利益の関係について相関的に比較衡量してはいないが、両者を比較衡量して判断するのが相当である（山口ほか・前掲書80頁）。

(2) 業務上の必要性

　業務上の必要性が欠ける配転命令は権利濫用にあたるが、前掲最判昭和61・7・14〔東亜ペイント事件最高裁判決〕では、この必要性については必ずしも高度の必要性が求められるのではなく、会社の合理的運営に寄与する点が認められる限りは業務上の必要性の存在を認めるべきであるとされている。

　しかし、実際の検討の際には著しい不利益との比較衡量の対象となるし、裁判例でも資料に基づいて具体的かつ詳細に認定されている場合が多いので、訴訟を見越した場合にはある程度詳細に聴取しておくことが望ましい。

　業務上の必要性の判断については、業務上の必要性そのもののほか、当該従業員を選んで配転させるその人選の合理性が問題となる。

　業務上の必要性を認める要素としては、定期異動（最判平成11・9・17労判768号16頁〔帝国臓器製薬事件〕、下級審について東京高判平成8・5・29判時1587号144頁）、欠員補充（最判平成12・1・28判時1705号162頁〔ケンウッド事件〕）、

余剰人員の再配置（最判平成4・10・20労判618号6頁〔川崎重工業事件〕、下級審について大阪高判平成3・8・9判タ793号162頁）、顧客からの信頼喪失や職場における協調性欠如など営業上・人事上の必要性（秋田地判平成5・5・17判タ837号262頁〔共栄火災事件〕）などがあげられる。

　また、人選の合理性については、退職する製造業務担当の女性従業員の後任として「製造現場経験者で40歳未満」という基準を設けたうえで、この基準に従って庶務担当の女性従業員を選んだ場合は認められ（前掲最判平成12・1・28〔ケンウッド事件〕）、職場で敬遠されているということのみを理由とする適性のない部署への配転は認められていない（大阪地判平成3・3・29労判588号25頁〔読売事件〕）。

(3) 著しい職業上または生活上の不利益

　仮に業務上の必要性が認められても、労働者に対し通常甘受すべき程度を著しく超える不利益を負わせる場合には権利の濫用にあたる。この「不利益」とは、職業上の不利益も生活上の不利益も含む。

　職業上の著しい不利益としては、大幅な賃金引下げや業務権限の縮小はもちろんであるが、従業員の順当なキャリア形成への期待を害することも該当するとした裁判例もある（東京地判平成22・2・8労判1003号84頁〔エルメスジャパン事件〕）。

　生活上の著しい不利益としては、従業員本人もしくはその家族の事情、特に病気の療養や介護、育児があげられる。なお、夫婦共働きの場合の不利益については、裁判例上それだけで著しい不利益と認められないことが多い。

　育児と介護については、育児介護休業法26条が事業者に対し、就業場所の変更に際し育児や介護が困難になるときは一定の配慮を求めている趣旨を尊重し（この規定が権利根拠規定とはならないものの）この規定の趣旨に沿った配慮がなされない場合には権利濫用が認められる方向の事情となる。

　裁判例においても育児介護休業法26条に言及したものが多くある。たとえば、大阪高判平成18・4・14労判915号60頁〔ネスレ日本事件〕では、従業員の母に老齢で徘徊癖があるという事案で、同条の趣旨に言及したうえで、他

の家族に母の介護をできる者がおらず、配転命令に従って当該従業員が単身赴任した場合にも母を伴って転勤した場合にもその負担は大きいとして、権利濫用を認めている。

なお、この事案では、要介護者の介護を親族が行うことの精神的な面のメリットや、介護保険による介護を利用する場合には一定程度の利用者負担が必要であることを理由に、不利益の程度の判断において、要介護者が常に最大限介護保険等による公的サービスを受けていることを前提として判断すべきではないとしていることにも注意が必要である。

また、大阪高判平成21・1・15労判977号5頁〔NTT西日本事件〕でも、配転命令が権利濫用にあたるかを判断するにあたっては、育児介護休業法26条の趣旨を踏まえて検討することが必要であると判示している。

しかしこの事案では、当該従業員の妻が脊髄性小児麻痺による右下肢機能障害を有しており、当該従業員の単身赴任により妻の負担が増大したことを認めつつも、妻が32年間知的障害者の施設に勤務していたことからすると妻への日常的な援助が必要不可欠とまではいえないとし、また、白血病ウイルスのキャリアである別の従業員についても、当該従業員が当該ウイルスの健康への影響に気づいてその影響について会社に対して示したのは訴訟提起時であり、配転命令時に会社はその事実に気づくことはできなかったとして、いずれも権利濫用にあたらないとしている。

いずれにしても、具体的な不利益の程度を判断するためには種々の資料に基づいた詳細な検討が必要であるから、従業員側の事情は会社にとってはわからないため、会社側としては従業員に対してある程度の資料提出を促し、それに基づいて判断することが重要となってくる。

(4) **不当な動機・目的**

業務上の必要性とは必ずしも関係なく、特定の従業員を職場から排除することや、自主的に退職させることを目的とする配転命令は権利濫用にあたる。会社に不利益な行動（偽装請負の事実を労働局へ申告する（大阪高判平成20・4・25判時2010号141頁〔松下プラズマディスプレイ事件〕）、会社に対して訴訟を

起こしている従業員に証人として協力する（東京地決平成4・6・23労判613号31頁〔朝日火災海上保険木更津営業所事件〕等））を起こした従業員についての配転について不当な動機・目的が推認されることが多い。

3　X社からの再聴取

甲弁護士の下に、X社から追加聴取の結果が報告された。内容は以下のとおりである。

> ・Yが周囲に漏らしていたところでは、Yの母親は札幌出身で、札幌には年の離れた妹家族が住んでおり、母親は以前から札幌の妹の家を訪れ、年に数回は泊まってきているようである。
> ・Yは妻と2人の子と一緒に母親と同居しているが、妻は専業主婦であり、子供は2人とも大学生で、日中は妻と子が母親の面倒をみているから、母親の介護は十分に可能と思われる。

4　検　討

甲弁護士は権利濫用の要件に従って〈*Case*⑦〉を検討することにした。

まず業務上の必要性については、X社の東北地方での営業方針から仙台支社に有能な営業要員を補充する必要があることと、Yの営業成績から配置転換の必要があること、そして、Yの経験を札幌支社で活かせることからも、会社の合理的運営に資するとして業務上の必要性が認められそうである。

また、不当な目的はなさそうだからここも問題ない。

問題は、本件配転命令によってYの被る不利益が、著しい生活上の不利益とまでいえるかどうかである。

まず、育児介護休業法26条の趣旨が〈*Case*⑦〉に妥当する可能性はあり、母親が仙台で友人との関係を築いていることからすると、Yが母親を含めた家族とともに転勤する場合にYや母親が被る不利益がないことはない。

反面で、母親は転勤先の札幌出身で、札幌に仲の良い妹家族も含めた地縁があることからすると、転勤先について行くことによる不利益が著しく大きいとはいえない。
　次に、Yが単身赴任する場合でも、普段から母親の介護にあたっている妻と子がいるのだから、Yが転勤することによって母親の介護についての不利益が著しく大きいとまではいえないだろう。
　以上の事情から、甲は、本件転勤命令は権利濫用にあたらないとの検討結果を得た。
　これで本件配転命令が有効であることが確定したため、甲弁護士はその旨をX社のP氏に伝えた。

VII 訴訟提起

　Yへの配転命令が有効であるとの検討結果をX社に伝えた甲弁護士は、新しい分野の仕事をやりきったという達成感を感じていた。その後、当初の方針どおり平成27年9月1日付けでYに対して札幌支社への転勤命令を出したということをX社の担当者から聞きつつ、甲の頭は新たに舞い込んだ別の事件で占められていった。
　そうこうして数カ月経った平成28年初頭、P氏から突然電話が入った。

> P　氏：ご無沙汰しております。以前ご相談したYについてなんですが、大変なことになりました。Yから当社に対して訴訟が起こされ、昨日訴状が届いたのです。
> 甲弁護士：え？　訴訟ですか。
> P　氏：はい。訴状の細かい部分はわからないのですが、どうも札幌への転勤は無効であると主張しているようです。
> 甲弁護士：わかりました。まずはどのような請求かを確認したいので、訴状をFAXで送っていただけますか。

> P 氏：はい、すぐに送ります。

　甲弁護士の依頼に応じて、すぐにP氏から訴状が送られてきた。請求の趣旨は以下のとおりであった。

> ### 請求の趣旨
> 1　原告が、被告札幌支社において勤務する雇用契約上の義務のないことを確認する。
> 2　原告が、被告仙台支社において営業職課長級の地位（賃金月額50万円）にあることを確認する。
> 3　被告は、原告に対し、平成27年9月1日から以降毎月25日限り1か月あたり15万円及びこれに対する各支払日の翌日から支払済みまで年6分の割合による金員を支払え。

　甲弁護士は請求の趣旨を確認して驚愕した。請求の趣旨第1項、第2項は配転命令の無効確認であるから予想の範囲内であるとして、第3項は雇用契約に基づく差額賃金の支払請求である。つまり、今回の転勤によってYは降格され、賃金を減額されたことになる。

　甲弁護士は背中に冷たいものが流れるのを感じながら、再度X社に電話した。

> 甲弁護士：たった今、訴状を確認しました。これをみると請求の趣旨第1項と第2項では今回の転勤が無効であることの確認を求めているようなのですが、第3項では転勤以降の差額賃金の支払いを請求しています。今回の転勤は、Yの降格と減給を伴うものだったのですか。
> P 氏：はい。もちろんです。前にも申しましたとおり当社は職務に応じて給与が変動するいわゆる職務給制度をとっていますが、Yは札幌支社転勤に伴って以前の営業職課長級から営業職

事務職員級に降格し、賃金も月額35万円に減らしたのです。

甲弁護士：降格と減給が伴うことについては前回のご相談のときにはうかがっていなかったように記憶していますが……。

Ｐ　氏　：はあ……。しかし、そもそもＹは営業職課長級としては成績が悪いことを理由として営業職事務職員級に配転されていますから、職務が変わったのに伴って減給されるのは当然だと思いますし、先生も当然の前提にしていただいていると思っておりました。しかし、前回先生にご検討いただいたとおり、当社のＹに対する転勤命令は有効なのですから、このような訴訟を起こされても当社が負けることはありませんよね。

甲弁護士：いや、降格や減給が伴う場合、通常の配転命令とは別の検討が必要になります。今回の訴訟で御社が勝つとは限りません。

Ｐ　氏　：え！　そうなんですか!?　当社としましては先生からいただいたご回答に基づいて転勤を命じたので、それは正直申しまして予想外です。

甲弁護士：そう言われましても、私としては降格と減給が伴うとはお聞きしてなかったものですから……。とにかく早急に本件について検討し、回答します。

Ｐ　氏　：はい。当社も社内で対応を協議しなくてはなりませんから、早急なご回答をお待ちしております。

1　甲弁護士の悩み

降格や減給については配転とは別にその有効性を判断する基準があるが、配転と降格、減給が連動している場合には、その有効性の判断基準はどうなるのだろうか。

また、配転命令に関しては比較的使用者側の裁量が認められやすいが、降

格や減給について使用者側の裁量は狭くなるだろう。すると、配転命令が有効とされても、降格・減給が無効とされる場合が出てくるが、その場合には配転命令のみが有効とされて賃金はそのままになるのか、それとも、配転命令も含めて無効となるのだろうか。

2 解　説

降格や減給については本書第2編第5章に譲るとして、配転に降格・減給が伴う場合、どのような基準で有効性が判断されるか。

(1) 配転命令と降格・減給が連動する場合

配転命令と降格・減給が連動するのは、旧来日本企業で採用されてきた職能給（それぞれの従業員が有する職務遂行能力によって賃金を定める賃金体系であり、当該従業員の職務能力を人事考課によって査定し、それに応じた賃金を支払うという制度）ではなく、職務給制度を採用する企業において起こりうる。職務給制度は、同一の職務に同額の賃金を支払うという制度である。EU諸国で導入されている「同一労働同一賃金の原則」がその代表例である。職務によって賃金額が決まるため、配転によって職務が変わると、それに伴って賃金額も変わることになる。

〈*Case*⑦〉のX社は職務給制度を採用しているため、Yは営業職課長級という職務から営業職事務職員級という職務に配転されたことに伴い賃金が減額されたということになる。

問題は、職務給制度を採用している会社において、配転によって職務が変更され、それに伴って減給された場合に、その有効性をどのような基準で検討するか、である。

(2) 職務給制度下における減給を伴う配転命令の有効性

職務給制度下における減給を伴う配転命令の有効性について、リーディング・ケースとなる仙台地決平成14・11・14労判842号57頁〔日本ガイダント仙台営業所事件〕は、配転命令の側面と給与等級の降格の側面に分けて論じたうえで、配転命令の側面については基本的に使用者の経営上の裁量判断に

属するから、社会通念上妥当性を欠き、権利濫用と認められる場合でない限りその効力は否定されないが、給与等級の降格の側面については、従前の賃金を大幅に減額する場合、賃金は労働契約における最も重要な労働条件であるから、単なる配転と異なり使用者の裁量判断に属する事項とはいえず、降格に客観的合理性がない限り当該降格は無効であるとして、配転命令の側面よりも判断基準を厳しくしている。

　なお、日本ガイダント仙台営業所事件では、客観的合理性を認める要素として、労働者の適性、能力、実績等の労働者の帰責性の有無およびその程度、降格の動機および目的、使用者側の業務上の必要性の有無およびその程度、降格の運用状況等をあげている。

　そして、仮に降格が無効になった場合には、当該配転命令に基づく賃金減少を根拠づけることができないから、当該配転命令自体が無効になるとしている。

　このように、配転命令と降格・減給の側面を分けて論じたうえで、後者には客観的合理性という厳しい基準を課し、そして後者が無効になる場合は配転命令自体が無効になるのである。

3　検　討

　以前に甲弁護士が検討したとおり、配転の側面については一応有効であると考えられる（なお、Yの被る著しい不利益のうちに15万円の減給を含めるならば配転命令自体も権利濫用になるおそれもある）。しかし、月額50万円の給与を35万円に下げることは賃金の大幅な減少といえるから、営業職課長級から営業職事務職員級への降格・減給の側面については客観的な合理性がなければ無効となり、その結果、本件配転命令自体が無効となる。

　甲弁護士は、X社の委任を受けてX社の代理人として出廷し、数回の期日を重ねたが、争点は減給の客観的合理性の有無に絞られていったものの、X社に対して求めていた配転命令の有効性を検討する際の客観的合理性の一要素としての「業務の必要性」を裏付ける証拠である、Yの人事考課の

資料や、東北地方の売上回復に重点をおくという X 社の経営方針を裏付ける具体的資料が提出されるめどは立たなかった。

　この後、X 社と Y の間で、差額賃金に少々上乗せした解決金の支払いと、Y の賃金を営業職課長級と同程度にとどめたまま、X 社の子会社の仙台支店に出向させるという内容の和解が成立した。

VIII　後始末

　和解成立の日、甲弁護士は裁判所から戻ると、事務所の椅子に身体を投げ出すようにして倒れ込んだ。初めての事案であったとはいえ、今回の事件処理の何と手際の悪かったことか。実際のところ、配転命令の有効性についても、減給が伴う場合についても、事情は相互に交錯し、ポイントをつければ一度で聴取できたはずであるし、視野を狭めていなければ減給を伴う事案であることに最初から気づけたはずである。何にせよ、同じ過ちは二度と犯すまい。しかし、和解で終わったからよいものの、こんな不出来な代理業務をしでかしたのだから、X 社からの依頼はもうないだろうなあ……あわよくば顧問弁護士の末席にでも加えてもらいたいなどというのは甘かったなあ……などと考えているところに、X 社から電話があった。

　　Ｐ　氏：先生、今回は本当にお疲れさまでした。大変でしたね。
　甲弁護士：いえいえ、私の手際がもう少しよければ、御社にご迷惑をかけることもなかったのですが。
　　Ｐ　氏：いや、先生はよくやってくださいましたよ。何とか和解で終わりましたし、結果オーライです。
　甲弁護士：ははは……、そう言っていただけるとありがたいですね。
　　Ｐ　氏：ところで先生、当社は職務給制度を採用しており、それをきちんと就業規則にも定めているのですが、今回のように職務変更による減給が毎度毎度厳しく判断されたのでは、職務給

　　　　　　制度を採用した意味がありません。何か今後のために打つべき対策はないでしょうか。
甲弁護士：そうですね。今回の事件では50万円から35万円へと、いきなり30％も賃金が減額されています。今回、いろいろな裁判例を調べたのですが、どうも30％の減額は重いと裁判所は判断しているようです。おそらくグレーゾーンはせいぜい10％の減額くらいでしょう。それを踏まえて配転命令を出すのが1つの方法ですね。
　P　氏：小規模な減額にするというわけですね。しかし、そうすると減額幅に縛られて大規模な降格はできないことになり、人事上の柔軟性は制限されてしまいますね。
甲弁護士：そうですね。その点がご心配ならば、就業規則に、大幅な賃金減額の場合には減額幅を緩和するために昇給加算するか別途調整手当をつける「激変緩和措置」や「代償措置」の規定を入れておけばよいと思います。
　P　氏：なるほど。それならまだ人事上の柔軟性は保てますね。いや～先生、この事件をお願いした当初に比べて、とても頼もしくなりましたね。これからも相談させていただくと思いますので、どうぞよろしくお願いします。
甲弁護士：本当ですか？　こちらこそよろしくお願いします！

　甲弁護士は電話を切った後、先ほどまでと打って変わった明るい表情で、ご褒美の一服をしに階下の喫煙所に向かった。

　本稿は、複数の事例を組み合わせるなどして構成したものであり、実際の事例とは異なる。

第8章 任意交渉──労働者側からみた労災保険給付申請と企業側との交渉

I 事案の概要

―〈*Case*⑧〉―

　新人弁護士である甲弁護士の下に、大学時代の同級生Ｓから久しぶりに電話があった。Ｓの話は、Ｓの姉Ａ子の夫Ｂ山がまだ42歳の若さで先日亡くなったのだが、Ｂ山は今まで病気らしい病気をしたことがなかったにもかかわらず、突然くも膜下出血で亡くなってしまった、どうやら勤めていた会社ではかなり残業や休日出勤が多かったらしく、過労死の疑いがあるという内容だった。残されたＢ山の妻のＡ子は、3人の子供を抱えて途方に暮れているので、一度姉のＡ子に会って相談に乗ってほしいとのことであった。

II 実務上のポイント

〈*Case*⑧〉における実務上のポイントは、以下の5点である。
① 過労死と疑われる事案の手続選択
② 過労死の判断基準
③ 時間外労働時間の立証
④ 労働基準監督署への労災申請と弁護士のかかわり

⑤　企業側への請求内容

III　A子からの聴取内容

1　聴取事項の概要

　甲弁護士が所属する事務所内の会議室において、甲弁護士がA子と面談して聴取した事項の概要は、以下のとおりであった。

> ・A子は、夫のB山と3人の子供C男（高校1年生）、D美（中学2年生）、E郎（小学6年生）と神奈川県K市の一戸建て住宅（夫B山の名義で住宅ローンの残りは数千万円）に暮らしている。
> ・B山は、大学卒業後、輸入中古車ディーラーに就職したが、約8年前に同社が倒産したため、不動産の販売業者であるY社に再就職した。
> ・Y社は、東京都区内に本社のある非上場の中堅企業であり、年商150億円、従業員数100名を有する株式会社である。
> ・Y社は、主に自社で建築した中規模の分譲マンションを販売する、いわばデベロッパーであり、取り扱っている分譲マンションは関東一円に点在している。
> ・B山は、Y社において、中途枠の正社員として採用され、Y社が建築した分譲マンションの販売を担当する営業職として約8年間勤務してきた。
> ・B山の月給は手取りで35万円ほど、ボーナスは夏・冬の2回でそれぞれ月給分支給されていた。
> ・B山は、Y社の本社に出勤するときは、自宅のある神奈川県K市のT駅からY社の本社のあるN駅まで約1時間かけて通勤していた。もっとも、販売する分譲マンションの展示場や建築中のマンションの工事現場に直接出勤することもあり、その場合、電車で行ける場所へは電車で、電車で行けない場所へは会社の営業車で行っていた。営業車で帰宅することもあった。
> ・B山は、毎朝6時前に家を出て、帰宅時間は大体午前0時を過ぎていた。
> ・土日は休日のはずであったが、分譲マンションの完成が複数重なると、土日も関係なく仕事に行っていた。
> ・B山は、「日中は外まわりで、夜に本社に帰って来た後は資料づくりに追わ

・れる毎日で、定時ではとても仕事が終わらない」と愚痴をこぼしていた。
・そんな中、平成××年3月1日、B山が社内の営業部の飲み会に出席していたところ、トイレに行くと言って座敷を出て行ったB山が、廊下で倒れているところを同僚に発見され、すぐに救急車で運ばれたが、くも膜下出血により搬送先の病院で亡くなった。
・B山は、これまで大きな病気をしたこともなく、Y社の健康診断でも、コレステロールが少し高いくらいで、特段身体に問題はなかった。
・B山は、中肉中背で、酒はたしなむ程度だが喫煙はしない。

2 さらなる聴取り内容

基本的な事実関係を聴き出した甲弁護士が、さらにA子から聴き取った事件処理に必要な事実関係は、以下のとおりである。

甲弁護士：それでA子さんは、ご主人のB山さんが亡くなったのは、過労死が原因ではないかと考えておられるのですね。

A　子：はい、あれだけ朝早くから深夜まで働かされたうえに、忙しいときには休日出勤もしょっちゅうでしたから、絶対に夫は働き過ぎによる過労死で亡くなったのだと思います。

甲弁護士：ご主人の勤務時間の定時は何時から何時までだったのですか。

A　子：主人からは、午前9時から午後5時45分までで、休憩時間は昼の45分間だと聞いたことがありますが、本人も「とてもその時間でおさまるような仕事量じゃない」とぼやいていました。

甲弁護士：なるほど。Y社のほうできちんと勤怠管理をしていればよいのですが、ご主人は営業職で外まわりの仕事が多かったということですので、そのあたりが心配ですね。残業代などは出ていたのですか。

A　子：夫から聞いた話では、Y社の営業社員は皆、毎月5万円の

みなし残業代が支給されていて、それ以上には残業代をもらっていなかったようです。

甲弁護士：それは労働基準法の観点から問題がありそうですね。

Ａ　子：やはりそうなのですか。Ｙ社は、夫を過労死するまで働かせて殺したにもかかわらず、私たち遺族に対して何の補償もせず、そのうえ、残業代まで支給しないひどい会社だと思います。夫の過労死は当然認められるのですよね。

甲弁護士：それはもう少し調査してみないとわかりません。過労死であると認められるためには、まず、ご主人が就業規則で定められている定時の勤務時間をはるかに超えて時間外労働をしていたといえなければならないでしょう。次に、その過重労働と死因との間に因果関係が認められなければ、過労死と判断されることは難しいと思います。

Ａ　子：そうなのですか。てっきり過労死は問題なく認められるものだと思っていました……。でも、夫が亡くなった後、私たちはこれからどうしたらよいのでしょうか。未成年の３人の子供を抱えて女手一つで育てていくにはとてもお金がかかります。国から遺族厚生年金と遺族基礎年金は出ているのですが、それだけでは足りず、私もパートに出て生活費の足しにしています。それで何とか生活することはできますが、子供たちにかかる学費等にまわせるだけの余裕はありません。Ｙ社には、私たち遺族のこれからの生活を補償したうえで、夫に対してしたことを償ってほしいのです。

甲弁護士：ご主人が過労死で亡くなったのだとすれば、遺族年金のほかに労災保険がおりる可能性があります。その場合、労働基準監督署（以下、「労基署」という）に申請することになるはずですから、私のほうで申立てに必要な書類等について調べておきます。労基署に過労死と認定してもらえれば、Ｙ社に

対しても請求しやすくなるでしょうから、まずは労基署への労災保険の請求から始めたほうがよいと思います。

IV 手続選択と問題点の検討

1 手続選択

　新人の甲弁護士は、労災保険制度があるということは知っていたものの、〈Case ⑧〉において、いかなる種類の労災保険の請求をすればよいのか、労災保険制度と使用者である企業側の責任とはどのような関係に立つのか、Y社への責任追及よりも労基署への労災保険の請求を先行させるべきとアドバイスしたことが、はたして本当に正しかったのかなど、わからないことばかりであった。

　そこで、早速関連する文献にあたって自分なりに調べることとした（なお、本書第1編第1章Ⅷ2参照）。

(1) 労災保険制度

　労災保険制度は、大別すると、業務災害に関する保険給付と通勤災害に関する保険給付の2本立てとなっている。業務上の災害に対する保険給付の種類としては、①療養補償給付、②休業補償給付、③障害補償給付、④遺族補償給付、⑤葬祭料、⑥障害補償年金、⑦介護補償給付などがある。また、通勤災害に対する保険給付としては、上記①ないし⑦にそれぞれ対応するものとして、①療養給付、②休業給付、③障害給付、④遺族給付、⑤葬祭給付、⑥傷病年金、⑦介護給付などがそれぞれ設けられている（通勤災害の場合には、使用者に直接責任はないため、それぞれ「補償」という文字をはずした名称が用いられている）。

(2) 労災保険の請求方法

　労働災害が発生した場合、被災者である労働者（労働者が死亡した場合にはその遺族）は、労基署に対して労災保険の給付を請求することになるが、そ

の際には、労基署所定の請求書（【書式2-8-1】。厚生労働省のホームページからダウンロードすることができる）と添付書類を提出して請求することになる。

　また、労災保険の給付を受ける権利には時効があり、時効期間内に労基署に請求しなければ、たとえ労働災害として認定される事案であっても労災保険の給付を受けることができなくなってしまうため注意が必要である。具体的には、上記労災保険の種類のうち、①療養（補償）給付、②休業（補償）給付、⑤葬祭料（葬祭給付）、⑦介護（補償）給付等を受ける権利は2年、③障害（補償）給付、④遺族（補償）給付を受ける権利は5年のうちにこれを行使しないと時効によって消滅してしまうことになる（労災42条）。

　(3)　労災保険の給付内容

　労災保険制度のうち、①療養（補償）給付および⑦介護（補償）給付以外の保険給付は、当該労働者の給付基礎日額を基準に保険の給付額が決まることになる。給付基礎日額とは、原則として労働基準法12条の平均賃金（算定すべき事由の発生した日以前3カ月間に当該労働者に対し支払われた賃金の総額を、その期間の総日数で除した金額）に相当する金額のことである。

　(4)　労災保険と使用者の責任との関係

　使用者は、故意または過失によって、労働者に労働災害を被災させた場合には、労働契約または信義則上の安全配慮義務違反を理由として、債務不履行または不法行為に基づく損害賠償責任を負うことになる（民415条、709条、710条、715条等）。

　もっとも、労働基準法では、使用者が同法上の災害補償を行った場合には、同一の事由については、その補償した価額の限度において、民法上の責任を免れるとされている（労基84条2項）。他方、被災労働者または遺族に労災保険が給付された場合について労働基準法は何も定めていないが、労災保険の給付が行われるべき場合には補償の責めを免れるとしている同法84条1項の趣旨から、同条2項の類推適用により、労災保険が給付された限度において、使用者は民法上の責任を免れることになると解されている。

　ただし、労災補償や労災保険によって被災労働者やその遺族の損害が補て

Ⅳ 手続選択と問題点の検討　255

【書式 2-8-1】 遺族補償年金支給請求書（書面）（《Case ⑧》）

様式第12号（表面）　業務災害用

労働者災害補償保険

遺族補償年金支給請求書
遺族特別支給金　支給申請書
遺族特別年金

年金新規報告書提出

① 労働保険番号
府県 13 所掌 1 管轄 01 基幹番号 003456 枝番号 000

③ 死亡労働者の
フリガナ ビイヤマ タロウ
氏名 B山太郎 （男）
生年月日 昭和○○年○○月○○日（42歳）
職種 不動産販売会社営業職
所属事業場名称・所在地 株式会社Y不動産販売

② 年金証書の番号
管轄局　種別　西暦年　番号　枝番号

④ 負傷又は発病年月日
××年 3月 1日
午前 9時30分頃

⑤ 死亡年月日
××年 3月 2日

⑦ 平均賃金
15,505円 62銭

⑥ 災害の原因及び発生状況
別紙のとおり

⑧ 特別給与の総額（年額）
920,000円

③の者の死亡の取扱いを受けている場合には、死亡労働者が直接所属していた支店、工事現場等の所属事業場名称・所在地欄には死亡労働者が直接所属していた支店、工事現場等を記載すること。

⑨ 厚生年金等関係の受給
④ 死亡労働者の基礎年金番号及び厚生年金等の年金証書の年金コード
⑦ 当該死亡に関して支給される年金の種類
厚生年金保険法の　イ 遺族年金　ロ 遺族厚生年金
国民年金法の　イ 母子年金　ロ 準母子年金　ハ 遺児年金　ニ 寡婦年金　ホ 遺族基礎年金
船員保険法の遺族年金
支給される年金の額　支給されることとなった年月日　基礎年金番号及び厚生年金等の年金証書の年金コード
年　月　日
⑫ 死亡労働者の被保険者資格の取得年月日　年　月　日
所轄年金事務所等

③の者については、④、⑥から⑧まで並びに⑨の④及び⑫に記載したとおりであることを証明します。
○○年 ○月 ○日
事業の名称 ㈱Y不動産販売　電話番号 0000-0000　局番 0000
郵便番号 000-0000
事業場の所在地 東京都○○区○○1-2-3
事業場の氏名 代表取締役 ○○○○ ㊞
（法人その他の団体であるときはその名称及び代表者の氏名）

〔注意〕⑨の④及び⑫については、③の者が厚生年金保険の被保険者であるときに限り証明すること。

⑩ 請求人
氏名フリガナ	生年月日	住所フリガナ	死亡労働者との関係	障害の有無	請求人（申請人）の代表者を選任しないときは、その理由
ビイヤマ エイコ B山A子	○○・○・○	○○区○○7-8-9	妻	ある・ない	
	・・			ある・ない	
	・・			ある・ない	

⑪
氏名フリガナ	生年月日	住所フリガナ	死亡労働者との関係	障害の有無	請求人（申請人）と生計を同じくしているか
B山C男	○○・○・○	○○区○○7-8-9	長男	ある・ない	いる・いない
B山D美	○○・○・○	○○区○○7-8-9	長女	ある・ない	いる・いない
B山E郎	○○・○・○	○○区○○7-8-9	次男	ある・ない	いる・いない
				ある・ない	いる・いない

⑫ 添付する書類その他の資料名

⑬ 年金の払渡しを受けることを希望する金融機関又は郵便局
金融機関　名称 ○○　銀行・金庫・農協・漁協・信組　△△　本店・本所・支店・支所
預金通帳の記号番号　普通・当座　第 123456 号
郵便局　※郵便局コード
フリガナ
名称
所在地　都道府県　市区
預金通帳の記号番号　第　号

上記により　遺族補償年金　遺族特別支給金　遺族特別年金　の支給を請求します。
の支給を申請します。
○○年 ○月 ○日
○○労働基準監督署長 殿

郵便番号 000-0000　電話番号 0000-0000 局番
請求人 申請人 の（代表者）　住所 ○○区○○7-8-9
氏名 B山A子 ㊞

特別支給金について扱いを希望する金融機関の名称		預金の種類及び口座番号
○○ 銀行・金庫 農協・漁協・信組	△△ 本店・本所 出張所 支店・支所	普通・当座 第 123456 号 口座名義人 B山A子

（別　紙）

> ### 災害の原因及び発生状況
>
> 　B山太郎は、Y社において営業部に所属して業務に従事していたところ、平成××年3月1日、社内の営業部の懇親会に出席した際に、くも膜下出血を発症し、翌日午前2時に、搬送先のK病院にて死亡した。Bは、くも膜下出血発症に至る前より、Y社において、連日早朝から深夜まで勤務していたほか、休日出勤をすることも多く、その発症前2カ月間ないし6カ月間にわたる時間外労働時間は、1カ月あたり80時間を優に超えるものであったから、Bのくも膜下出血による死亡は過労によるものであり、業務との間に相当因果関係がある。

んされたとしても、その範囲はこれらの制度によってカバーされる範囲に限られるから、使用者の民法上の責任が免除されるのもその範囲にとどまることになる。すなわち、労災補償や労災保険によってもカバーされない慰謝料等の損害については、依然として使用者の民法上の責任（損害賠償義務）が残ることになる。

　(5)　甲弁護士の選択

　甲弁護士は、上記(1)ないし(4)の調査結果を基に、〈*Case*⑧〉において最も適した手続選択は何かをあらためて検討した。

　その結果、Y社に対し、いきなり民事上の損害賠償責任を追及していくことは、Y社の過失を立証しなくてはならず、ハードルが高いことから、当初のA子に対して行ったアドバイスどおり、まずは労災保険の請求から手をつけることとした。具体的には、上記(1)において解説した業務災害による保険給付のうち、④遺族補償給付（遺族補償年金）と⑤葬祭料を請求することとした。なお、④遺族補償年金は、給付基礎日額（原則として、労働基準法12条の平均賃金に相当する額）を基準に遺族の数に応じて年金額が決められており、毎年偶数月に計6回に分けて支払われる。また、遺族補償年金の

ほかに、遺族特別支給金（支給金額300万円）、または遺族特別年金（算定基礎日額（被災労働者が事故や病気にかかった日の1年前のボーナスの総額を365で割った額）を基準に遺族の数によって年金支給額が決まる）のいずれかを請求できることがわかった。

そこで、甲弁護士は、A子と相談したところ、子供たちの学費にあてるためまとまった資金を手元においておきたいというA子の意向と、B山の生前のボーナスがあまり高額ではなかったことから、一括で300万円を受け取れる遺族特別支給金を選択して請求することとした。

このように、労災保険のうち、特に遺族年金は種類も多く複雑である。これをフローチャートで図示すると〈図表2-8-1〉のようになる。

ただ、労災保険では、慰謝料といった損害はカバーされないため、労基署において過労死であることが認められれば、別途Y社に対して、慰謝料や未払いの残業代の請求を行うこととした。

〈図表2-8-1〉 遺族年金の種類

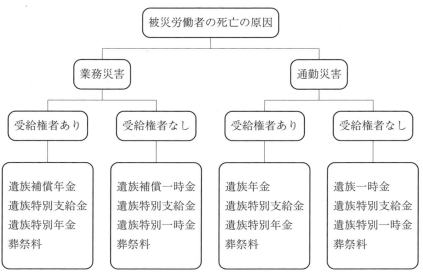

2　問題点の検討

ここまで検討した段階で甲弁護士は、同じ事務所の先輩弁護士である乙弁護士に相談することとした。

乙弁護士：今回のケースのように、いろいろな制度によって被害者（被災者）の救済を図ることができる場合には、手続選択の場面で必ずしもこれが正解というものはないし、君から聞いた説明からすると、君の考えている手続選択でおおむね問題はなさそうだね。

甲弁護士：（ホッとして）いやあ、正直労災保険の給付請求なんて初めてですし、これまで司法試験でも労働法選択ではなかったから、すごく心配だったんですよ。

乙弁護士：ところで、A子さんはY社に対して残業代の請求もしたいと言っていたそうだけれど、その点はどうなっているの。

甲弁護士：あっ！　労災のことばかり考えていて、すっかり忘れていました。

乙弁護士：それはまずいなあ……。未払いの残業代の消滅時効の期間は知っているね。

甲弁護士：はい、労働基準法115条によれば、未払残業代の消滅時効は2年となっています。

乙弁護士：うん。そうだとすると、こうしている間にも未払残業代の請求権は日々刻々と失われていることになるね。付加金の場合も時効は2年とされているから（労基114条）、時効消滅していく金額はばかにならないよ。労災申請をしてから判断が出るまではおおむね4カ月程度と言われているから、その間にできることをやっておくべきじゃないかな。ところで、付加金については知っているね。

甲弁護士：付加金とは、使用者が、時間外・休日・深夜労働の割増賃金

（労基37条）や解雇予告手当（同法20条）の支払義務に違反した場合などに、労働者の請求により、裁判所が、本来支払わなければならない未払金に加えて、最大でこれと同一額の付加金の支払いを使用者に命じることができる制度です（同法114条）。いずれにしても、訴訟を提起するにはまだしばらく時間がかかりそうだから、Y社に対して未払いの残業代を支払うよう内容証明郵便を送ることを検討してみます。

乙弁護士：それと、以前僕が扱った事件で、使用者側の代理人として、労基署に提出する労災保険の請求書をみたことがあったのだけれど、確かそのとき会社が証明をする欄があったような気がする。今回の場合は会社の証明は必要ないのかな。

甲弁護士：（慌てて遺族補償年金支給請求書【書式2-8-1】を確認して）確かに、事業場の住所や氏名を書く欄や印鑑を押す箇所がありますね。でも、「③死亡労働者の氏名」や「④負傷又は発病年月日」、「⑨厚生年金保険等の受給関係」に関する証明は問題ないとして、「⑥災害の原因及び発生状況」を証明するということは、過重労働によってB山さんがくも膜下出血を発症したことをY社が認めることになりますが、はたしてそのような事実を証明してくれるのでしょうか……。

乙弁護士：君の言うとおり、会社としては、過労死を認めてしまえば、会社のイメージの低下や亡くなった労働者の遺族からの慰謝料請求等を誘発することになると考えて、証明をしてくれないかもしれないね。ただ、事業主から証明を断られた場合に労災保険の請求ができなくなってしまうというのは不合理だから、何か方法はあるはずだよ。

甲弁護士：はい、もう少し調べてみます。

乙弁護士：そのほかに、問題になりそうな点はないかな。

甲弁護士：業務災害による保険給付が認められるためには、業務起因性

が必要だと書いてありました。業務起因性とは、労働者災害補償保険法7条1項1号が、保険給付の対象を業務上の負傷、疾病、障害または死亡の場合に限定していることから必要とされる要件であって、業務と災害との間に相当因果関係がなければならないとされています。

乙弁護士：〈**Case**⑧〉のような過労死のケースでは、業務起因性が認められるかどうかが特に問題となりそうだね。ほかに問題となりそうな点はないかな。

甲弁護士：B山さんの時間外の労働時間が許容範囲を超えていて、過重労働にあたるといえなければ、業務起因性も認められないと思いますので、そのあたりの立証ができるかどうかも問題となりそうです。

乙弁護士：そうだね、そのためにはY社の勤怠管理がどのように行われていたのか、まずはY社に直接聞いてみるのが手っ取り早いかもしれないね。いろいろと超えなければならないハードルはありそうだけれど、その分やり甲斐はあると思うよ。

甲弁護士：はい、ありがとうございます。もう少し自分なりに整理したうえで、なるべく早くY社側と面談してみようと思います。

(1) 未払残業代の消滅時効

過労死が問題となる相手方の事業主が、労働法上の労働条件を遵守しない、いわゆるブラック企業の場合には、未払いの残業代が発生している場合が多い。

甲弁護士と乙弁護士の会話にもあったとおり、未払残業代の消滅時効は2年であるから（労基115条）、悠長にことをかまえていると気がついたときには未払残業代の大半が消滅時効にかかっていたなどということになりかねず、注意が必要である。

したがって、消滅時効の進行を止めるためには、催告（民153条）のため

の内容証明郵便の送付や時効中断（同法147条）のために訴訟を提起するなどの対応をとっておく必要がある。しかし、一方で、亡くなった労働者の勤怠管理に関する資料は使用者である事業主側が保持しており、勤務実態についても、遺族よりも事業主のほうがよく知っているはずである。また、場合によっては、使用者が、労災給付の請求書の事業者の証明欄を証明してくれるなど、労災申請に協力的であるといったこともある。そのため、突然未払残業代に関する内容証明を送りつけたり、訴訟提起等をしたりすれば、いたずらに使用者側の態度を硬化させてしまい、事態をよけいに面倒にすることにもつながりかねない。

　ケース・バイ・ケースではあるが、まずは被災労働者の遺族の代理人として、早急に使用者側と面談のアポイントメントをとりつけ、使用者側の意向を確認することが重要となるであろう。

(2)　事業主の証明

　労災保険の請求を行う場合には、【書式2-8-1】の事業場（事業主）の証明欄のとおり、負傷または発病の年月日や災害の原因および発生状況等に関する事業主の証明が必要となる。事業主は、被災労働者またはその遺族から保険給付の請求のために必要な証明を求められたときは、速やかに証明しなければならないとされている（労災則23条2項）。

　しかし、甲弁護士と乙弁護士の会話にもあったとおり、労働災害の原因が過労死であるような場合には、会社側がこれを認めれば、いわゆるブラック企業というレッテルを貼られかねないことをおそれたり、労基署から目をつけられることや、被災労働者の遺族から慰謝料請求等を誘発することをきらって、事業主が証明に応じないケースも多い。このように、事業主が証明を拒否して、請求書に証明が得られない場合には、労基署に対し、空欄のまま請求することが可能である（その場合、労基署は、実務上事業主に対し、「証明拒否理由書」という書面を提出させているようである）。その場合には、事業主に証明を求めたものの断られた旨の上申書等の書面を添付するのがよいであろう。

なお、事業主は、業務災害に関する労働者からの保険給付請求について意見があるときは、労働基準監督署長に対して意見を申し出ることができる（労災則23条の2）。

(3) 業務起因性

甲弁護士が乙弁護士に説明したとおり、労災保険給付の対象は、業務上の負傷、疾病、障害または死亡の場合に限定されているから（労災7条1項1号）、B山の死亡について、遺族補償年金等の保険給付が認められるためには、「B山が業務上死亡した」といえなければならず、この点で業務起因性が必要となる。そして、この業務起因性について、判例および行政解釈は、業務と災害との間に単なる条件関係があるだけでは足りず、相当因果関係が必要であるとする。この点につき、最判昭和51・11・12判時837号34頁〔熊本地裁八代支部廷吏事件〕においても、裁判所の廷吏が公判立会中に倒れ、脳出血・くも膜下出血で死亡した点について、第1審、控訴審、上告審ともに、公務と災害との間に相当因果関係がないとして、遺族側の請求を退けている。

なお、かつて行政解釈上、業務上の災害というためには、①業務起因性のほかに、災害が発生した際に労働者が業務遂行中であったという②業務遂行性という2つの要件が必要であるとされていた。しかし、過労死のように、必ずしも業務遂行中に災害が発生（発症）しない場合もあるため、現在では①業務起因性のみが業務上の災害の要件とされている。

(4) 過労死の特殊性

いわゆる過労死とは、過重な業務負荷による脳血管疾患または心臓疾患を原因とする死亡のほか、業務上の強い心理的負荷による精神障害を原因とする自殺による死亡を含めたものをいうとされている（過労死等防止対策推進法2条参照）。過労死として労災保険給付の対象と認められるためには、「業務上の疾病」（労災7条1項1号）といえなければならないが、平成22年4月1日の労働基準法施行規則35条の別表第1の2の改正により、過重負荷による脳血管・心臓疾患および心理的負荷による精神障害も、新たに「業務上の

疾病」に列挙されることとなった。

　過労死の特殊性としては、それが必ずしも業務中に起こるものではなく、また、脳血管・心臓疾患が発症する原因としては、過重労働以外にもさまざまなものが考えられ、その点で業務起因性の判断が困難な点にある。

　過労死を原因として労災保険の給付請求をする場合には、行政庁の過労死に関する労災認定基準を無視することはできず、現在の行政庁の実務運用は、「脳血管疾患及び虚血性心疾患等（負傷に起因するものを除く。）の認定基準について」（平成13・12・12基発1063号）という通達に基づいて行われている。同通達では、「業務の過重性の評価に当たっては、労働時間、勤務形態、作業環境、精神的緊張の状態等を具体的かつ客観的に把握、検討し、総合的に判断する必要がある」としているが、この通達が画期的なのは、業務の過重性の判断において、「労働時間の長さ」を「最も重要な要因」として位置づけ、業務起因性の判断において、労働時間の長さという具体的かつ客観的な基準を設けたことである。

　具体的には、下記①および②が判断基準となる。
① 法定時間外労働時間数（1週間あたり40時間を超えた労働時間数）が月45時間以内であれば業務と疾病の発症との間の関連性は弱いが、それを超えると徐々に発症との関連性は強くなる。
② 発症前1カ月間の時間外労働時間数が100時間を超えるか、または発症前2ないし6カ月間を平均した時間外労働時間数が80時間を超える場合には、業務と疾病の発症との関連性が強いと評価できる。

　このように、過労死が問題となるケースでは、労基署は、おおむね上記①および②の判断基準に従い、業務起因性、すなわち業務と疾病との間の相当因果関係について判断しており、上記①および②に該当する時間外労働をしていたかどうかが、労災認定のキーポイントとなっている。

　したがって、被災労働者の遺族の代理人としては、労働時間の正確な把握に努め、使用者側から資料が提出されないような場合には、労働時間を認定するために必要となる資料を収集することが肝要である。

(5) 甲弁護士の選択

　甲弁護士は、上記(1)ないし(4)の検討結果を基に、A子とともに早々にY社を訪問し、Y社に対し、労基署へ提出する資料の徴求と労災保険の給付請求書への事業主証明を求めることにした。そして、その際に、B山の生前の時間外労働がどの程度であったのかを確認するために、それとなくB山の勤務実態について聞いてみようと考えた。

　甲弁護士は、早速A子と打合せをし、これまでの検討結果と今後の方針について説明した。A子からは、あらかじめ連絡しておいた遺族補償年金、遺族特別支給金および葬祭料を労基署に請求する際に必要となる添付書類の一部（下記①ないし⑤および⑨）を入手した。そして、残りの⑥賃金台帳、⑦労働者名簿、⑧過去3カ月分の出勤簿またはタイムカードについては、直接Y社から入手することにした。

　〈**Case**⑧〉において必要となる遺族補償年金、遺族特別支給金および葬祭料を請求する際の添付書類のリストは、おおむね下記のとおりである（【書式2-8-1】参照）。もっとも、添付書類は必ずしも下記①ないし⑨に限られるものではないため、あらかじめ提出先の労基署に確認することをおすすめする。

① 死亡診断書
② 戸籍謄本
③ 住民票
④ 非課税証明書（受給権者が死亡労働者の収入によって生計を維持していたことを証明できる書類に該当するものであり、「世帯全員の市・県民税証明書」でも足りる）
⑤ すでに同一の事由により遺族厚生年金等を支給されているため、その支給額を証明することができる書類（年金決定通知書や年金振込通知書等）
⑥ 賃金台帳
⑦ 労働者名簿

⑧　過去3カ月分の出勤簿またはタイムカード
⑨　葬祭執行証明書

　なお、甲弁護士は、労基署に提出する遺族補償年金等の請求書の事業者の証明欄のうち、「災害の原因及び発生状況」が長文となって記入欄に書ききれなかったため、請求書の別紙として添付することにした（【書式2-8-1】別紙参照）。

V　証拠収集

1　Y社との面談

　その後、甲弁護士は、Y社に電話をしてアポイントメントをとったうえで、A子とともにY社を訪問し、Y社の営業部長Oと人事部長Pと面談した。

甲弁護士：	本日はお時間を設けていただきありがとうございました。お電話でもお伝えしましたが、私は、御社の従業員であったB山さんがくも膜下出血により突然亡くなられた件で、奥さんのA子さんから依頼を受けている弁護士です。A子さんは、突然夫のB山さんを亡くされて、未成年のお子さん3人を抱えて途方に暮れている状況です。A子さんは、残された家族の生活の安定のために、今後労基署に対して遺族補償年金等の給付請求を行う予定です。つきましては、生前のB山さんの業務内容や勤務実態についてお話をおうかがいしたいと思い、本日お邪魔した次第です。
営業部長O：	そうですか、ご事情はわかりました。私どもも、B山さんが突然亡くなられたことに大変驚いております。私どもでわかることであればお答えします。
甲弁護士：	ありがとうございます。では、早速B山さんの業務内容

についてうかがいたいのですが。

営業部長O：B山さんは、営業部に所属し、営業一課の主任として当社が販売している分譲マンションの営業を担当してもらっていました。B山さんは、東京、神奈川、埼玉、千葉の物件を扱っていました。日中は展示場や客先、建設中のマンションの工事現場をまわったりして、その後は本社に戻って資料づくりなどをしていたと思います。

甲弁護士：B山さんの勤務実態についてはどうだったのでしょうか。奥さんの話では、かなり忙しかったようで早朝から深夜まで働いていて、休みもあまりなかったようなのですが。

営業部長O：そんなことはないですよ。残業をしていたとしても、せいぜい1日3、4時間程度ではないでしょうか。休日出勤についても、工事現場で土曜日もやっているところはありますが、基本的にはないはずですよ。

A　子：そんなはずはありません！　夫は、毎朝6時前には家を出て、帰宅時間は大体午前0時を過ぎていました。午後11時くらいに帰って来ると、「今日は早かったね」などと言っていたくらいです。休みだって、月に3～4日くらいしかありませんでした。

営業部長O：そう言われましても、会社としては、営業の社員の勤務時間を1人ひとり正確に把握しているわけではありませんし……。仮に早朝にご自宅を出て、深夜に帰宅されたり、休日に外出したりしていたとしても、必ずしも仕事をしていたとは限らないのではないでしょうか。そもそも、会社の就業規則では、残業をする場合や休日出勤をする場合には、従業員は会社に事前に申請しなければならないとされていますが、B山さんからはそのような申請は事前も事後も出ておりません。

Ａ　子：夫は、お酒を飲んで帰って来ることなどほとんどありませんでした。仕事以外でどこかで遊んでいたなどという言い方は心外です！

甲弁護士：Ｂ山さんの勤怠管理はどのようにされていたのですか。電話でお聞きした際には、タイムカードではないとのことでしたが。

人事部長Ｐ：はい、本社の内勤の事務職の場合は、タイムカードで出退勤の時刻を管理していますが、営業の社員の場合は、時間が不規則ですから、自分で出勤簿に印鑑を押してもらっていました。出退勤の時間までは記載してもらっていません。これは、お電話で用意するように言われていたＢ山さんの直近３カ月間の出勤簿と賃金台帳、労働者名簿です。

甲弁護士：ありがとうございます。Ｂ山さんは、日中は外まわりや展示場にいることが多かったということですが、会社の携帯電話等で本社と連絡を取り合っていたのでしょうか。

営業部長Ｏ：はい、外での用事が済み次第、次の用事に行くまでに、必ず本社の営業部に連絡を入れてもらうようにしていました。

甲弁護士：そうですか。残業代については、みなし残業代を支給されていたということですが。

人事部長Ｐ：はい、営業の社員には、みなし残業代として、毎月一律に５万円を支給しており、仮にその月に５万円分の残業をしなくても５万円の残業代が支給されることになっています。

甲弁護士：しかし、みなし残業代を超える残業をした場合には、一律にみなし残業代を支払えばよいというわけではなく、きちんと働いた分の残業代は支給しなければならないのではありませんか。

人事部長Ｐ：……とは言っても、会社として、営業の社員の勤務時間は把握しておりませんので。

甲弁護士：そもそも、会社が従業員の勤務時間を把握していないということ自体が問題だと思うのですがね。（遺族補償年金の請求書（【書式2-8-1】）と「災害の原因及び発生状況」を記載した別紙をPに渡して）それと、労基署に提出する遺族補償年金等の請求書に、事業主の証明が求められている箇所がありますので、こちらへ必要事項のご記入とご捺印をいただきたいのですが。

人事部長P：ざっと拝見したところ、請求書所定の事項に関して証明することはできるかと思いますが、別紙の「災害の原因及び発生状況」の記載内容については、会社としてB山さんがここまでの残業をしていたことを確認することができませんので、難しいように思います。

営業部長O：これでは会社としてB山さんが過労死で亡くなったと認めるようなものですから、世間からブラック企業などとレッテルを貼られてしまいます。そんなことをすれば、当社の売上げにも影響しかねません。今回の件は、ご遺族の方にとってお気の毒なことだとは思いますが、会社としてこのようなことを認めることはできません。

甲弁護士：労基署への申請内容や労基署の判断結果が外部に漏れることはありませんのでご安心ください。この点も踏まえたうえで、何とか証明にご協力いただけませんか。

人事部長P：この場でわれわれ限りで決められることではありませんので、いったん社内で検討させてください。

甲弁護士：そうですか、わかりました。それから御社の就業規則と賃金規程、B山さんとの雇用契約書の写しもいただきたいのです。それと、B山さんの使用していたパソコンのログインとログオフの記録についてもお願いできますか。

人事部長P：わかりました。その点も含めて検討したうえでご連絡しま

す。

2 A子との作戦会議

　Y社を後にした甲弁護士とA子は、近くの喫茶店に入り、今後の作戦会議をすることにした。

A　子	：何なんですか、あの会社の態度は！　全く自分たちが悪いと思っていない態度が許せません！
甲弁護士	：まあまあ、お気持はわかりますが落ち着いてください。しかし、ここまで会社がB山さんの勤怠管理をしていないとは思わなかったですね。会社のずさんな管理という点では、Y社に対する労基署の心証が悪くなってこちらにとって良い面もありますが、Y社から受け取った資料等からB山さんの実際の勤務時間を把握することができないのは問題です。会社から受領した出勤簿には、出退勤の時間は記載されておらず、出勤したかどうかだけしかわかりませんし、賃金台帳にも基本給と月額5万円のみなし残業代しか記載されていません。これらの資料を提出しただけでは、労基署が過労死について労災認定してくれるとは思えませんしね。
A　子	：そんな……。ここまできて諦めなければいけないのですか。
甲弁護士	：いえいえ、過重労働についての資料を会社から入手できないのであれば、こちらで集めればよいのです。確かご主人は電車で通勤されていたとお聞きしましたが、何か交通系のICカードを使われていたのですか。
A　子	：はい、夫は、最寄りのT駅からY社の本社のあるN駅までの定期券が一体となったICカードを使っておりました。夫の遺品の中にあると思います。

甲弁護士：交通系のICカードであれば、駅の自動券売機で利用履歴が印字できたはずです。

Ａ　子：そうなんですか。それでは私のほうでやってみます。ただ、夫は、常に電車通勤していたわけではなく、現地の展示場やマンションの工事現場へ自宅から直行するときや、直帰するときは、会社の営業車を使用していたのですが。

甲弁護士：高速道路を利用する際は、ETCカードを使用していたのですか。

Ａ　子：はい、ETCカードは会社から貸与されていたと思いますが、夫が亡くなった後にすでに会社に返却してしまいました。

甲弁護士：そうですか、ETCカードについても、利用明細が確認できるはずですから、ご主人の出退勤の時間を立証するうえで重要な証拠となるはずです。こちらは、私のほうからＹ社に対して写しを出してもらうよう申し入れてみます。ほかに、ご主人の実際の勤務時間がわかるような資料はありますか。

Ａ　子：夫が生前つけていた手帳ならありますが、毎日こと細かに予定を書き込むタイプではなく、どうも重要な予定だけを書き込んでいたようです。念のため今日も持参しましたが、こんなものでも役に立つのでしょうか。

甲弁護士：いえいえ、一部でも書かれているのであれば手帳も重要な証拠といえます。手帳をみる限り、朝7時にマンションの工事現場に集合と書かれていたり、午後6時から客先と打合せが入っていたりと、定時の法定時間を超えて時間外労働をしていることがうかがわれます。ほかには、たとえばＡさんとご主人との間で「今日はまだ仕事」とか「今日は何時に帰る」などといったメールのやりとりはしていませんでしたか。

Ａ　子：はい、たまに家族の記念日などで早く帰る約束をしていたにもかかわらず、仕事で夜遅くなってしまうときなどは、夫か

```
          らフォローのメールがありました。
甲弁護士：それでは、もしそのようなメールが残っているのであれば、
     パソコンにつなげるなどして、該当部分のメールをプリント
     アウトしていただけますか。こう考えると直接的な証拠はな
     いですが、いろいろと出てきますね。
 Ａ  子：はい、このままでは夫の無念も報われないと思いますので、
     頑張って証拠を探してみようと思います。
```

　事務所に戻った甲弁護士は、Ｙ社との面談の結果、Ｙ社が労災保険の給付請求に関して協力的でないことがわかったため、未払残業代の時効消滅を止めるべく、早速Ｙ社に対するＢ山の未払残業代の請求に関する内容証明を起案し、翌日送付した。なお、同内容証明の末尾には、Ｂ山が生前勤務中に使用していた営業車に関するＥＴＣカードの利用明細書を提出されたいという一文も記載することにした。

　その後、Ｙ社の代理人弁護士から、Ｙ社としては、Ｂ山の労働時間を把握することができない以上、過重労働を前提とする遺族補償年金の請求書（【書式2-8-1】）等の別紙「災害の原因及び発生状況」に記載の事実について証明することはできない旨の回答書が届いた。また、同書面には、Ｙ社の就業規則と賃金規程、Ｙ社とＢ山との間で締結した雇用契約書の写し、およびＢ山が使用していた営業車のＥＴＣカードの利用明細書が同送されていたものの、Ｂ山がＹ社で使用していたパソコンはすでに廃棄してしまったため、ログイン・ログオフに関する記録は現存しておらず、交付することができないことなどが記載されていた。

　一方、Ａ子のほうでは、Ｂ山の交通系ＩＣカードの利用明細（過去20件分のみ）やＢ山との生前の電子メールをプリントアウトしたものを入手しており、甲弁護士において、Ｙ社の代理人弁護士から届いたＥＴＣカードの利用明細書（過去15カ月分）とＢ山の手帳を照らし合わせて確認したところ、Ｂ山が連日早朝に出勤し、深夜に帰宅していたこと、休日出勤もかなりの日数

に及んでいたことなどが明らかとなった。

3　検討

上記の面談におけるY社の対応からもわかるとおり、労災保険の給付請求に関して、多かれ少なかれ使用者側は非協力的である。特に、過労死が問題となるケースでは、「災害の原因及び発生状況」の中で、過重労働といった業務起因性の話は避けて通れず、使用者側の抵抗は容易に想定されるところである。

もっとも、前述したとおり、遺族補償年金の請求書の所定欄への事業主の証明が得られなくても、事業主からの証明が得られなかった経緯や理由を記載した上申書等の書面を遺族補償年金の請求書とあわせて提出すれば、労基署は申請を受け付けてくれる。この場合、労基署は、事業主に対して証明拒否理由書といった書面を提出させることが実務上行われている。

また、「労働時間の適正な把握のために使用者が講ずべき措置に関する基準」（平成13・4・6基発339号）という通達では、使用者に対して、勤務時間の管理方法（原則としてタイムカードやICカードにより記録することが義務づけられている）や、労働者に自己申告をさせる場合にとらなければならない措置（労働者本人に対して十分な説明を行うことや申告時間と実際の労働時間が合致しているかどうか必要に応じて実態調査を実施することなど）が定められている。

しかし、Y社の場合は、その日出勤したかどうかを出勤簿に記載するだけであり、もはや自己申告による時間の管理すら行っていない。なお、B山の役職は主任であり、管理監督者（労基41条2号）にはあたらないし、営業部長Oの話では、営業で外まわりをしている際にも、合間に携帯電話で本社に連絡をすることが義務づけられていたということであるから、事業場外労働（同法38条の2）としてのみなし労働時間制の適用もない。したがって、Y社において、B山の労働時間の管理をしなくてもよい理由は何らみあたらない（なお、管理監督者やみなし労働時間制が適用される場合であっても、全く

労働時間を把握しなくてよいということにはならず、使用者が労働者の健康管理を怠れば安全配慮義務違反等が問題となる）。

4 証拠の収集

このように、Y社において何らB山に対する勤怠管理が行われていなかった以上、実際のB山の（時間外）労働時間を立証するためには、甲弁護士において、積極的に証拠を収集しなければならない。このままでは、労基署に遺族補償年金等の保険給付を請求しても認められる余地は少なく（労基署も独自の調査を行うものの、やはり数多くの件数を抱えた状態での調査という点で限界があるであろう）、このような場面こそ弁護士としての腕の見せどころといえる。

立証方法としては、未払いの残業代を請求するケースと重なる部分が多くなると思われるが、〈Case ⑧〉においてはおおむね以下のようなものが考えられる。なお、被災労働者の遺族の供述も、一定のバイアスがかかっている面はあるが、重要な証拠方法の1つであるといえるであろう。

(1) 会社のパソコンのログイン・ログオフの記録

少なくともその時間の前後に、会社にいたことが推認される。裁判例では、「一般論としては、労働者が事業場にいる時間は、特段の事情がない限り、労働に従事していたと推認すべきと考えられる」（東京地判平成25・5・22労判1095号63頁〔ヒロセ電機事件〕）と判示するものもあるため、出退勤時間の有力な証拠となり得る。

なお、Y社からは、残業や休日出勤に関する事前申請がない限り、たとえ会社にいたとしても時間外労働とは認めないなどといった反論が予想されるところである。上記ヒロセ電機事件においても、上記の判示部分に続き、「しかしながら、被告では上記の通り時間外勤務命令書により時間外労働が把握され、また、福利厚生の一環として業務時間外の会社施設（パソコン等）利用が認められており、会社構内において業務外活動（クラブ活動等）も行われており、被告の事業場にいたからといって、必ずしも、業務に従事して

いるとは限らない事情も存在する。したがって、入退館記録表に打刻された時間について、被告の客観的な指揮命令下に置かれた労働時間と推認することができない特段の事情があるといえ、時間外勤務命令書で認められる時間以上の時間外労働の事実を認めることはできない」と、時間外勤務命令書等で時間外労働が管理されている場合には、単に労働者が事業場にいるだけでは、時間外労働には該当しない旨が判示されている。

　しかし、〈*Case*⑧〉におけるY社の場合は、就業規則において、「時間外労働をする際には、上長に対して事前に申請してしなければならない」といった定めがあったとしても、営業の社員については一切勤怠管理をしておらず、みなし残業代の中で処理しようとしているくらいであるから、事前申請によって従業員の時間外労働が管理されていたとみることは困難であろう。上記ヒロセ電機事件の事案は、時間外勤務命令書で認められた時間外労働しか認めないという運用がかなり厳格に徹底されていたようであるから、Y社のような有名無実化した規定があるのみでは、事業場にいた時間＝（イコール）労働時間であるという推認は覆らないであろう。

　また、〈*Case*⑧〉では、Y社代理人からの書面の中で、B山が生前使用していたパソコンはすでに廃棄処分してしまった旨の回答がなされており、もはやこのように言われてしまうと、甲弁護士としてはそれ以上の追及は難しくなってしまう。このような結果を避けるため、甲弁護士としては、Y社による証拠の隠滅が疑われるような場合には、裁判所に対し、証拠保全の申立てを行い、Y社が隠滅する前に証拠として保全しておくことも検討すべきだったといえる（第2編第6章Ⅳ参照）。

　(2)　会社の事業所への入退館記録

　上記(1)と同様に客観的証拠として重要である。その場合の問題点も上記(1)と同様である。甲弁護士は、Y社に対してこの点を確認していないが、Y社本社への入退館の方法や入退館記録の有無について確認すべきであったといえる。

(3) 会社のパソコンに残っている電子メールの送受信の日時やデータの更新日時等

これも上記(1)と同様に重要な証拠として位置づけられるし、同様の問題点があげられる。この点についても、甲弁護士はY社に確認すべきであった（もっとも、B山の使用パソコンが廃棄されているといったY社からの回答に対しては、事前に証拠保全を申し立てておくほかなかったといえる）。

(4) 交通系ICカードやETCカードの利用明細

これらの利用明細も、直接B山がその時間に労働していたことを裏付ける証拠とはいえないが、その時間に自宅の最寄りの駅から電車に乗ってY社本社の最寄り駅で下車していることや、その時間にB山がY社の営業車で高速道路を通過したことなどが最低限立証できるため、他の証拠とあわせて有力な証拠となり得る。

なお、交通系ICカード（おおむね過去20件分）やETCカード（過去15カ月間）は明細書に表示される範囲が限られているため注意が必要である。

(5) 被災労働者が生前に使用していた手帳やメモ等

手帳などはあまり他人にみせることを予定しないものであるから、そこに時間外労働を裏付けるような日時や予定が記載されていれば有力な証拠となる。もっとも、後から加筆や偽造したなどと反論される可能性は払拭できない。

(6) 被災労働者と家族や友人との電子メール

出勤時間や帰宅時間などに関連する電子メールがあれば、時間外労働を裏付ける証拠となり得る。しかし、労働時間について明確に書かれた電子メールはあまり多いとは言えないし、場合によっては家族に対するアリバイ工作のためにわざと仕事で帰れないなどといった電子メールを送ることもあり得るので、他の証拠の補完的な位置づけとなるものと考えられる。

(7) 被災労働者の同僚からの供述録取書、陳述書

被災労働者と同様の業務に従事し、会社に気兼ねなく勤務実態や被災労働者の勤務状況などについて話してくれるような同僚がいる場合には、その者

の供述録取書や陳述書は重要な証拠となる。もっとも、いまだ相手方の会社に勤務しているような場合には、会社からの報復をおそれて本当のことを話してくれない可能性があるし、そもそも話を聞くことさえできない場合が多いであろう。

VI 労基署に対する労災保険の給付請求手続と調査結果復命書の開示請求

1 最終準備

　甲弁護士は、収集した証拠を基に、B山が亡くなる直近3カ月分の時間外労働時間数算出表（【書式2-8-2】（直近1カ月分）参照）を作成した。その結果、発症前1カ月間の時間外労働時間数が200時間近くに達し、発症前3カ月間の時間外労働時間数が平均して150時間近くに達していることが判明した。

　また、労基署に労災保険の給付請求書および添付書類を提出する前に、あらためて乙弁護士にアドバイスを求めた。乙弁護士のほうでも新人弁護士である甲弁護士のことが気がかりで独自に情報収集をしたらしく、以下のような有用なアドバイスが得られた。

・労基署による労災認定の調査は任意の調査が中心となるため、請求者となる被災労働者の遺族本人やその代理人弁護士が積極的に証拠を収集して、請求書とともに提出することが重要となる。

・労基署による請求者側への調査は、被災労働者の遺族に対する聴取りが中心となり、その際基本的に代理人弁護士は同席できないし、代理人弁護士に対して独自に聴取りが行われることもほとんどない。そのため、代理人弁護士としては、請求書を提出する際に、それまでの会社とのやりとりや収集した証拠の説明、証拠に基づく時間外労働時間数や過重労働の認定、本件が過労死であり労災認定されるべきことなどを記載した意見書を作成して提出することが重要である。

・意見書には、事業主の証明が得られなかった経緯や理由についても記載

Ⅵ 労基署に対する労災保険の給付請求手続と調査結果復命書の開示請求　**277**

【書式2-8-2】 時間外労働時間数算出表（《Case⑧》）

別紙　平成××年○○月□□日
2月度分

B山太郎氏時間外労働数算出表

日	曜日	会社へ出勤/現場へ直行の別	出勤時間	休憩	退勤	時間外労働数
1	土	出勤	9:00	12:15〜13:00	19:00	9時間15分
2	日	出勤	17:00		23:00	6時間00分
3	月	出勤	7:00	12:15〜13:00	23:00	7時間15分
4	火	出勤	7:00	12:15〜13:00	23:00	7時間15分
5	水	出勤	7:00	12:15〜13:00	23:00	7時間15分
6	木	出勤	7:00	12:15〜13:00	23:00	7時間15分
7	金	出勤	7:00	12:15〜13:00	19:00	9時間15分
8	土	出勤	9:00	12:15〜13:00	23:00	5時間00分
9	日	出勤	18:00		23:00	3時間15分
10	月	直行（千葉物件）	9:00	12:15〜13:00	21:00	3時間15分
11	火	出勤	7:00	12:15〜13:00	23:00	7時間15分
12	水	出勤	7:00	12:15〜13:00	23:00	7時間15分
13	木	出勤	7:00	12:15〜13:00	23:00	7時間15分
14	金	出勤	7:00	12:15〜13:00	23:00	7時間15分
15	土	休み				
計						98時間00分

※所定勤務時間　始業：午前9時00分　終業：午後5時45分　所定休憩時間：午後12時15分から午後1時

B山A子代理人弁護士甲作成

日	曜日	会社へ出勤/現場へ直行の別	出勤時間	休憩	退勤	時間外労働数
16	日	休み				
17	月	出勤	18:00		23:00	5時間00分
18	火	出勤	7:00	12:15〜13:00	23:00	7時間15分
19	水	直行（さいたま現場）	7:30	12:15〜13:00	23:00	6時間50分
20	木	出勤	7:00	12:15〜13:00	23:00	7時間15分
21	金	出勤	7:00	12:15〜13:00	23:00	7時間15分
22	土	出勤	9:00	12:15〜13:00	19:00	9時間15分
23	日	出勤	18:00		23:00	5時間00分
24	月	出勤	7:00	12:15〜13:00	23:00	7時間15分
25	火	出勤	7:00	12:15〜13:00	23:00	7時間15分
26	水	出勤	7:00	12:15〜13:00	23:00	7時間15分
27	木	出勤	7:00	12:15〜13:00	23:00	7時間15分
28	金	直行（横浜物件）	8:00	12:15〜13:00	23:00	6時間15分
29	土	出勤	9:00	12:15〜13:00	19:00	9時間15分
計						92時間20分
合計						190時間20分

しておくとよい。

甲弁護士は、早速A子の意見も聞きながら、労基署に提出すべき意見書（【書式2-8-3】）を作成した。そして、Y社の本店所在地のある地域を所管するZ労基署に対し、遺族補償年金等の労災保険支給請求書を添付書類とともに提出した。

提出した添付書類の内訳としては、必要的な添付書類として、前記Ⅳ2(5)であげた①ないし⑨の書類を提出した。

また、証拠としての任意的な添付書類として、Y社から入手した①雇用契約書の写し、②就業規則、③賃金規程、④Y社代理人からの回答書のほか、⑤交通系ICカードの利用明細、⑥ETCカードの利用明細、⑦B山の手帳（原本還付希望）、⑧B山の携帯電話の電子メールをプリントアウトしたもの、⑨B山がY社の健康診断を受けた際の結果の写し、⑩B山が亡くなる直近3カ月分の時間外労働時間数算出表（甲弁護士作成）、⑪意見書を提出した。

【書式2-8-3】 労基署に提出すべき意見書（《Case ⑧》）

平成××年〇〇月□□日

Z労働基準監督署　御中

B山A子代理人
弁護士　甲　野　太　郎

意　見　書

前略　当職は、B山A子氏（以下「A子氏」といいます。）の代理人として、A子氏の夫であり、Y株式会社（以下「Y社」といいます。）に平成△△年から勤務し、平成××年3月2日に、くも膜下出血により逝去された故B山太郎氏（以下「故B山氏」といいます。）の件につき、以下のとおり意見を申し上げます。

1　本件事案の概要

　故B山氏は、平成△△年○○月××日にY社に採用され、これまで約8年間同社において勤務してきました。

　Y社は、主に自社で建築した中規模の分譲マンションを販売する、いわばデベロッパーであり、資本金5000万円、年商150億円（平成××年○○月現在）、従業員数100名（平成××年○○月現在）を有する株式会社であり、本店を東京都△△区に、支店を横浜市、さいたま市、千葉市にそれぞれ置いています。

　故B山氏は、同社本社の営業部に所属し、主に自社で建築・販売する分譲マンションの営業及び販売業務に従事しておりました。しかし、平成××年3月1日に、Y社営業部の懇親会に参加していたところ、突然倒れ、同月2日午前2時に搬送先の病院において、くも膜下出血により死亡するに至りました。

　A子氏は、突然夫を亡くして心労が絶えない中、いまだ小・中・高校生である未成年の子供3人を今後一人で育てていかなければならなくなりました。当然経済的負担も重く圧し掛かることになるため、この度、貴署に対し、労働者災害補償保険法に基づく遺族補償年金、遺族特別支給金及び葬祭料の支給を請求することとなりました。

　ところで、これらの請求が認められるためには、故B山氏の死亡が業務上の災害によるものといえなければなりませんが、当職は、以下に述べるとおり、故B山氏の死亡は業務に起因するものと思料致します。

　そして、上記遺族補償年金等の支給を請求するためには、事業主たるY社から賃金台帳や出勤簿の写し等の必要書類を受領しなければならず、また、原則として、請求書の「災害の原因及び発生状況」という欄に記載されている事実について、労働者に生じた災害が業務に起因するものであることの事業主による証明が必要となります。そのため、下記2のような経緯で、Y社と交渉しましたが、結局、同社は請求書の証明を拒否するという対応をとるに至りました。

2　Y社との交渉経緯
　　（略）

3　労災認定のためには、労働者の死亡直前における時間外労働時間数が極め

て重要な要素となること

　労働者が疾病を発症し、死亡した場合に労災認定を受けられるかどうかは、業務上当該疾病を発症したといえなければならず、業務と疾病の発症との間に相当因果関係が存在することが必要と解されています。

　この相当因果関係を判断するための基準としては、不規則な勤務であったかどうか、拘束時間の長い勤務であったかどうか、出張の多い業務であったかどうか、作業環境（温度環境・騒音・時差）はどのようなものであったかなどの要因も考慮されることになりますが、中でも最も重視されているのが労働者の死亡直前の時間外労働の時間数です。

　時間外労働の時間数と業務上の疾病との関係については、厚生労働省より、平成13年に「脳血管疾患及び虚血性心疾患等の認定基準について」という通達が出されております。その内容は、「法定時間外労働時間数（1日8時間とした場合）が月45時間以内であれば業務と疾病の発症との間の関連性は弱いが、それを超えると徐々に発症との関連性が強くなり、月間100時間を超えるか、又は2ないし6か月を平均した時間外労働時間数が80時間を超える場合には、原則として業務上の疾病と考えられる」というものです。なお、2ないし6か月間の平均時間外労働時間数の算出方法は、まず、発症前2か月間の平均時間外労働時間数を計算し、その数字が80時間を超えているかどうかで判断し、80時間を超えていない場合は、さらに、発症前3か月間の平均時間外労働時間数を計算し、80時間を超えているかどうかを判断し、その後4か月、5か月とみていくというものです。

　そして、労基署における労災認定の現場でも、原則として、この通達の基準に従って運用されているものと思料致します。

　したがって、業務上の疾病として労災認定を受けるにあたっては、時間外労働時間数の算出が極めて重要な要素であるといえます。

4　故B山氏の死亡前直近1か月の時間外労働時間数が190時間にも達し、直近2か月間及び3か月間の平均時間外労働時間数も、それぞれ150時間に達していたこと
　(1)　Y社は故B山氏の労働時間を全く管理していなかったこと
　　　前述のように、平成××年5月8日に、当職とA子氏は、Y社本社を訪

問し、同社のO営業部長とP人事部長と面談しましたが、その際に故B山氏の平成△△年12月分から翌平成××年2月分までの「過去3か月分の出勤簿」の写しを受領しました。しかし、同出勤簿は、Y社の営業担当の従業員がその日に会社に出勤したかどうかだけが分かるようにハンコを押すだけという労働者の時間管理という点で極めて不十分なものでした。すなわち、同出勤簿からは、当該労働者の出欠は分かりますが、労働時間が全く不明です。

また、驚くことにY社のO営業部長とP人事部長の話では、ほかに労働時間を確認するためのタイムカードや労働者作成の出退勤時刻を記録する届出書等も一切存在しないということでした。

しかし、このような杜撰な労働時間の管理体制であったにもかかわらず、前述のように、Y社O営業部長からは、「原則として残業する際には会社に対して届け出が必要である。故B山氏からは一切残業の事前申請はなかったから、会社としては、時間外の残業時間はなかったという認識である。また、残業時間があったとしても、毎月支給しているみなし残業手当5万円の範囲内に留まっている。」などという極めて非常識な回答がなされております。

このように、故B山氏の時間外の労働時間についてのY社の言い分は全く信用することができませんので、他の証拠や供述から、故B山氏の実際の時間外労働時間数がどれくらいのものだったのかを算出する必要があります。

(2) 故B山氏の実際の時間外労働時間数を裏付ける証拠や供述について
　① 交通系ICカードの利用履歴

　故B山氏は、通勤の際に、自宅の最寄り駅であるT駅からY社の本社の最寄り駅であるN駅までの定期券が一体となっている交通系ICカードを利用していました。本意見書の添付書類4として、交通系ICカードの利用明細を提出しましたが、そこには、……といった記載や、……といった記載があります。

　このように、交通系ICカードの利用明細からは、故B山氏が毎朝早朝に自宅を出発してT駅の改札を通り、職場であるY社本社の最寄り駅であるN駅の改札を、その区間の大体の通勤時間である約1時間後に通っ

ていることが確認できます。また、帰りの電車の利用状況についても、深夜にＹ社の最寄り駅であるＮ駅の改札を通過し、その約1時間後に自宅の最寄り駅であるＴ駅の改札を通過していることが確認できます。

したがって、このことから、故Ｂ山氏が、（本社へ出勤する場合は）少なくとも朝7時には勤務を開始し、夜23時くらいまで残業していたことは明らかです。

② ETCカードの利用履歴

故Ｂ山氏は、直接遠方の現場に向かう場合などにＹ社の営業車を使用しておりました。その当時、故Ｂ山氏が受け持っていた現場は、東京のほか、横浜、さいたま、千葉など広範囲にわたるもので、日中にはこれらの現場を定期的に巡回し（ときにはクレーム等の突発的な問題に対処するため、急遽現場へ向かうこともありました。）、現場から現場へ直行することも多々ありました。忙しいときには、これらの現場廻りを終えて会社に戻るのは夜になってからということも多く、それから書類作成に取り掛かるとなると、職場を退出するのはいつも終電間際といった状況でした。また、各現場は、駅から離れている場所に位置していることも多く、故Ｂ山氏は、営業車を使用して外回りをすることや自宅との間を直行・直帰することもあり、その際高速道路を利用することもありました。

そのときのETCカードの利用履歴が添付書類5となります。これによると、……ということが分かります。

そのほか、……などの記載からも、受け持っていた現場に早朝入りをしていた事実や現場から現場へ移動していた事実が、ETCカードの利用履歴の記載から認められます。

③ 故Ｂ山氏の手帳

添付書類6は、故Ｂ山氏が生前使用していた手帳です。この手帳には、必ずしも毎日の予定がくまなく記載されているわけではありませんが、○○や□□など、故Ｂ山氏にとって特に重要であると思われる予定は記載されております。また、一般的に手帳は他人に見せることを想定して予定等が記入されるものではないため、その記載内容は十分信用することができます。

そして、かかる手帳には、朝7時に○○や夜8時に□□といった故Ｂ

山氏が時間外労働をしていたことを裏付ける記載も多く見られます。
④　故B山氏とA子氏との携帯電話のメールのやり取り
　　（略）
⑤　A子氏の供述
　　当職が、故B山氏の妻であるA子氏から、故B山氏の労働時間について聴取した内容は以下のとおりです。
(1)　故B山氏の出勤時刻について
　　（略）
(2)　故B山氏の帰宅時刻について
　　（略）
(3)　休日出勤について
　　（略）
　　以上のA子氏の供述から、故B山氏は、毎日早朝の午前6時前には自宅を出て午前7時ころから深夜11時ころまで会社で勤務し（その間に現場を廻って会社に戻るということもありました）、深夜12時過ぎころに帰宅していたことが分かります。また、休日出勤も頻繁にあったようです。
(3)　故B山氏の実際の時間外労働時間数について
　　以上の故B山氏の実際の時間外労働時間数を裏付ける証拠や供述に基づき、当職が、平成△△年12月度分から翌××年2月度分までの実際の勤務時間を割り出し、そこから時間外労働数を算出したものが別紙「B山太郎氏時間外労働時間数算出表」です。
　　出退勤時間は、A子氏の供述をベースとして、交通系ICカードの利用履歴によって補強し、故B山氏の手帳やA子氏との携帯電話のメールの履歴の内容からも修正を加えております。また、朝現場へ直行した日については、ETCカードの利用履歴から出勤時間を割り出しました。そして、このように勤務時間を割り出して算出した実際の故B山氏の時間外労働時間数は、直近1か月間では190時間に達し、直近2か月間及び直近3か月間の平均では150時間弱となりました。

5　結語
　　以上のことからすれば、故B山氏が、くも膜下出血を発症して死亡する直

前まで相当量の業務をこなしていたことは明らかであり、このことは、故B山氏にとって多大な肉体的・精神的負担となっていたものと思料されます。

　また、故B山氏が毎朝自宅を出るのが午前6時前であり、帰宅時間が午前12時過ぎころであったことを考えると、自宅での睡眠時間は最大でも5時間であったこととなり、このことも故B山氏の肉体的・精神的な負荷となっていたことは明らかであり、日々疲労が蓄積していったことが窺われます。

　他方で、故B山氏が亡くなった際の年齢はまだ42歳と若く、亡くなる直前に受診していた会社の健康診断のとおり（添付書類8）、持病や特段の異常もありませんでした。

　したがって、故B山氏にとって、上記のような業務内容は肉体的・精神的負担として無視できないものになっていたと思料され、業務と同人の死亡との間には相当因果関係が認められるものというべきです。

　以上の次第でありますから、貴署におかれましては、Y社における労働者の勤務実態につき、厳正に調査していただいた上で、故B山氏の死亡という不幸な出来事が業務上の災害であると認定していただき、A子氏をはじめとする遺族の今後の生活のためにも、何卒、遺族補償年金、遺族特別支給金及び葬祭料について支給決定をして頂きますようお願い申し上げます。

敬具

添付書類

1．「雇用契約書（写し）」
2．「就業規則」
3．「賃金規程」
4．「交通系ICカードの利用明細」
5．「ETCカードの利用明細」
6．「故B山氏の手帳」**原本還付希望**
7．「故B山氏の携帯電話のメールをプリントアウトしたもの」
8．「平成△△年10月25日受診分の健康診断の結果の写し」

2　調査結果復命書の開示請求

労基署に請求書一式を提出してから約4カ月が経過しようとしていたある

日、A子から甲弁護士に電話が入り、Z労基署からA子の下に、請求した遺族補償年金、遺族特別支給金、葬祭料のいずれについても支給を決定する旨の通知書が届いたとの知らせがあった。

A　子：先生、ありがとうございました。これで私たちが正しかったことが証明されました。あとは、Y社に対して慰謝料と未払いの残業代を支払ってもらうとともに、夫に対してしたことを謝罪してほしいと思います。

甲弁護士：わかりました。ただ、労基署からA子さんの下に届いた年金等の支給決定通知書は、単に支給を決定したことと、今後いくら支払われるのかが書かれているだけではありませんか。

A　子：はい、全部で4枚ほどしかなく、4カ月近くも調査したのに、ずいぶんと薄いなという印象です。

甲弁護士：そうです。その通知書には、単にあなたに年金等をいくら支給しますよという結論部分が書かれているにすぎません。労基署がいかなる調査をしていかなる理由でご主人が過労死で亡くなったのかを結論づける理由については何も書かれていないのです。その調査内容や結論を導く理由については、別の書類が作成されているのです。

A　子：そうなのですか。

甲弁護士：はい。労災事故に関する調査結果復命書という書類が作成されているはずです。この調査結果復命書を入手して、労基署がどのような判断をしたのかを確認した後のほうが、Y社に対しても、「労基署もこのような判断をしている」ということが言えるので請求しやすくなるはずです。

A　子：わかりました。その調査結果復命書はどうやって入手するのですか。

甲弁護士：調査結果復命書は行政機関が保有する個人情報にあたります

> から、東京労働局長宛てに保有個人情報開示請求を行うことで開示を求めることになります。請求者は、本人であるＢ山さんは亡くなっているので、遺族であるＡ子さんということになります。弁護士が代理人となって請求することはできないようなので、Ａ子さんのお名前で請求することになりますが、必要な書式や書き方などは私のほうで調べておきます。
>
> Ａ　子：そうですか、まだまだ道のりは遠いのですね。

　甲弁護士は、早速厚生労働省のホームページから保有個人情報開示請求書の書式データをダウンロードし、必要事項を記入したうえでＡ子に送付した（【書式2-8-4】）。

　甲弁護士のアドバイスに基づき、Ａ子のほうで、甲弁護士より受け取った請求書に300円の収入印紙を貼付のうえ、必要書類である本人確認書類としての運転免許証のコピーと住民票の写し（30日以内に取得したもの。郵送請求の場合のみ必要となる）を同封して、提出先の東京労働局総務部企画室宛てに請求書を郵送した。

　その後、約30日後に、東京労働局からＡ子の下に、分厚いバインダーに綴じられた調査結果復命書と附属書類一式が届いた。なお、保有個人情報開示請求があった場合の行政機関の開示・不開示の決定は30日以内に行わなければならないが（個人情報の保護に関する法律19条１項）、開示請求に係る行政文書が著しく大量であるなど、事務処理上の困難その他正当な理由のあるときは、さらに30日以内に限り開示・不開示の期限を延長することができるとされている（同条２項）。

VII
Ｙ社に対する慰謝料等の請求とその後のてん末

　甲弁護士は、早速調査結果復命書の内容を確認したところ、労基署の調査

Ⅶ　Y社に対する慰謝料等の請求とその後のてん末　**287**

【書式 2-8-4】　保有個人情報開示請求書（《Case ⑧》）

〈標準様式第 1 号①〉　開示請求書

保有個人情報開示請求書

東京労働局長　殿
（行政機関の長）

　　　　　　　　　　　　　　　　　　　　　　　　　平成××年○○月□□日

（ふりがな）　びいやま　えいこ
氏名　　　　B　山　　A　子

住所又は居所
〒○○○-○○○○　　東京都○○区○○7-8-9　　TEL○○（○○○○）○○○○

行政機関の保有する個人情報の保護に関する法律（平成15年法律第58号）第13条第 1 項の規定に基づき、下記のとおり保有個人情報の開示を請求します。

記

1　開示を請求する保有個人情報（具体的に記載してください。）

　　私が、平成××年□□月○○日付けでZ労働基準監督署から支給決定を受けた遺族補償給付請求に係る調査結果復命書、文書一式。被災者B山太郎（昭和○○年○○月○○日生）

2　求める開示の実施方法等（本欄の記載は任意です。）
　ア又はイに○印を付してください。アを選択した場合は、実施の方法及び希望日を記載してください。

　ア　事務所における開示の実施を希望する。
　　〈実施の方法〉　□閲覧　　□写しの交付　　□その他（　　　　　　　　　　）
　　〈実施の希望日〉　平成　　　年　　　月　　　日
　㋑　写しの送付を希望する。

3　手数料

手数料 （1件300円）	ここに収入印紙を貼ってください。	（請求受付印）

4　本人確認等

ア	開示請求者　■本人　□法定代理人
イ	請求者本人確認書類 　■運転免許証　　□健康保険被保険者証　　□住民基本台帳カード（住所記載のあるもの） 　□在留カード、特別永住者証明書又はこれらの書類とみなされる外国人登録証明書 　□その他（　　　　　　） 　※　請求書を送付して請求をする場合には、加えて住民票の写しを添付してください。
ウ	本人の状況等（法定代理人が請求する場合にのみ記載してください。） 　㋐　本人の状況　　□未成年者（　　　年　　月　　日生）　□成年被後見人 　　（ふりがな） 　㋑　本人の氏名 　㋒　本人の住所又は居所
エ	法定代理人が請求する場合、次のいずれかの書類を提示又は提出してください。 　請求資格確認書類　□戸籍謄本（未成年者の場合）　□登記事項証明書（成年被後見人の場合） 　□その他（　　　　　　　）

の結果、故B山氏のくも膜下出血による死亡が、業務に起因する労働災害であることが認定されていた。また、甲弁護士が意見書において主張した故B山氏の時間外労働時間数の全部は認められなかったものの7〜8割が認められていた。

　この結果を基に、甲弁護士は、Y社の代理人宛てに、Y社が故B山氏の生命、健康を損なうことがないよう配慮すべき安全配慮義務を怠ったことによって、債務不履行ないし不法行為に基づく責任を負うべきこと、これによって故B山氏が被った精神的苦痛に対する慰謝料のほか、未払残業代および弁護士費用を請求する旨の内容証明を送付した。

　その後、甲弁護士は、Y社の代理人弁護士との間で書面のやりとりや面談を重ねた。Y社代理人弁護士は、労災認定がされたからといって、訴訟になった際に裁判所の判断を拘束するものではなく、労災認定によって故B山氏の過労死や未払いの残業代が認められたことにはならないといった主張を展開して徹底抗戦の構えをみせた。

　しかし、Y社自体が、労基署の認定は遺憾ではあるが、そのような認定をされたことは重く受け止めなければならないと自覚し、また、訴訟となった場合の風評等をおそれて、和解による解決を強く望んだため、早期解決を望むA子の意向もあって両者の間で和解が成立することとなった。

〈参考文献〉
・山口幸雄ほか編『労働事件審理ノート〔第3版〕』
・東京弁護士会労働法制特別委員会編著『新労働事件実務マニュアル』
・菅野和夫『労働法〔第10版〕』

　本稿は、複数の事例を組み合わせるなどして構成したものであり、実際の事例とは異なる。

第9章 集団的労使紛争──雇止めへの労働者側の対応

I 事案の概要

〈Case ⑨〉

　A女は、24歳の女性である。

　A女は、平成22年2月から勤務しているアパレル会社Y株式会社（以下、「Y社」という）のJ店にて店舗スタッフ（販売員）として勤務していたところ、平成24年8月20日、Y社から突然解雇を通告された。

　A女は、解雇の理由はなく、また、販売員としてY社J店で仕事を継続していきたいと考えていたところ、インターネットをみてXユニオンの存在を知り、Xユニオンの執行委員長Bに上記解雇の相談をし、A女はXユニオンに加入することに決めた。

　A女およびB氏からA女に対する本件解雇について甲弁護士に相談があった。

II 実務上のポイント

〈Case ⑨〉における実務上のポイントは以下の3点である。
① 労働委員会における手続の概要
② 団体交渉拒否の救済方法

③ 不利益取扱いにおける不当労働行為意思の考え方

III A女およびB氏からの聴取

1 聴取内容

平成25年1月11日、甲弁護士がA女およびB氏と面談のうえ、その要点を聴き取った内容は以下のとおりであった。

[A女の話]
1 私は、平成22年2月頃からY社に勤務しています。Y社の採用にあたって雇用契約書を交わしたことはなく、契約更新に関する手続も特段行っていませんでした。私はこのようなY社の対応には問題があると思い、上司に働きかけたところ、昨年（平成24年）から、Y社は従業員との間で雇用契約書を交わすようになりました。

　雇用契約書上、私の雇用期間は、平成24年4月1日から平成25年3月31日までとなっています。

2 Y社は、東京都区部に本社があるアパレル会社で、都内を中心に複数の販売店舗を有しています。上記のとおり、私は、平成22年2月から、Y社のJ店にて販売スタッフとして勤務しています。

3 平成24年8月20日（なお、以下では、特に断りのない限り、平成24年の日付は月日のみを記載する）、私は、突然、Y社から、理由を告げられることもなく解雇（以下、「本件解雇」といいます）を通告されました。そこで、インターネットのホームページをみまして、Xユニオンは誰でも加入することのできる地域の労働組合であることを知り、J店で働く同僚のCさんとともに、Xユニオンに本件解雇について相談しに行きました。そして、私は、本件解雇の撤回を求めて、Xユニオンに加入することとしました。

4 なお、7月末、私は会社がJ店を閉鎖するとの話を耳にしましたので、私やCさんはJ店の閉鎖を反対する立場を示しました。

　また、8月16日には、Y社のマネジャーから他店舗への異動を打診されましたが、私はJ店で働き続けたかったので、異動の打診を拒否しました。

5 9月30日、J店は閉鎖となり、現在、私は、Y社のD店で勤務をしていま

す。

[B氏の話]
1　Aさんから話があったとおり、Aさんから本件解雇の相談を受けまして、私は、Aさんに対し、Y社にAさんの解雇理由を明らかにし、またその撤回を求めてすぐに団体交渉を申し入れようと話をしました。AさんおよびCさんは、わがXユニオンにすぐに加入し、Xユニオンの分会をすぐに結成しました。また、Aさんは分会の分会長に就任しました。
2　8月21日に本件解雇の撤回等を求めてY社に対して団体交渉の申し入れを行い、8月28日に（第1回）団体交渉が行われました。ちなみに、団体交渉には、Y社のマネジャーで会社の実質的な経営責任者の1人であるZとY社の顧問弁護士が出席しました。

　団体交渉において、Y社は、Aさんが従業員割引制度を不正に利用したこと（Y社では、従業員割引制度を利用して会社の商品を購入する際に自らがレジ操作をすることを禁止していましたが、Aさんはこれに反してレジ操作を行い商品を購入したこと。なお、Aさんは、Xユニオン加入前の平成23年12月30日に、会社の商品を購入する際に、従業員割引制度の対象の商品を同制度を適用して自らレジ入力をしたことがあります（以下、「本件不正利用」ということがある））を指摘し、このことが雇用契約書「退職に関する事項」記載の「雇用契約期間の満了前に、業務への適格性が欠けていることが判明したとき」に該当するため、本件解雇の通告を行ったと説明しました。

　また、Aさんは、本件解雇の通告を受ける前の8月16日に他店舗への異動の打診を受けたのですが、この打診の4日後になぜ解雇通告をしたのかについても説明を求めました。しかし、この点についてY社から明確な回答は得られませんでした。

　ところが、よくわからないのですが、8月31日になって、Y社から本件解雇通告は撤回する旨の連絡が来たのです。私たちの団体交渉がY社にプレッシャーになったのかわかりませんが、一安心しました。
3　本件解雇は撤回されたとしても、Y社がなぜ本件解雇を撤回したのか理由がわかりませんでしたので、9月5日、その撤回理由を明らかにすること

や、J店閉店の白紙撤回を求めて団体交渉を申し入れました。その後紆余曲折ありましたが、9月20日、(第2回)団体交渉が開催されました。
　団体交渉において、Aさんに対する解雇撤回の理由について、Y社は、「早期の円満な解決のために本件解雇を撤回した」と抽象的な説明に終始しました。また、Y社は、J店閉店は既定路線であるが、その説明会を開催することを約束しました。
　結局、9月30日、J店は閉鎖され、AさんはD店に異動となりました。
4　Aさんの雇用期間は平成25年3月31日までであり、上記のようなY社の対応からするとAさんは雇止めを受けるのではないかと不安になり、また、今後の従業員の労働条件の改善等を求めて、11月8日、Y社に対して再び団体交渉を申し入れました（団体交渉申入書は【書式2-9-1】のとおりです）。しかし、Y社はなかなか回答をせず、12月10日になってようやく、Zが海外出張のために団体交渉の候補日を示すことができないとの連絡をしてきました。
　また、平成25年1月7日、Zの近日中の帰国は困難なため、平成25年3月1日に団体交渉を行いたいとの連絡を受けました。しかし、それでは、Aさんの雇用期間の終期まで1ヵ月程度しかないので、平成25年1月10日には、直接Y社の本社を訪問し、団体交渉の開催時期について再考するよう抗議の申入れを行うとともに、本社の社屋前において情宣活動を行いました。
5　Xユニオンとしては、11月8日に申し入れた団体交渉に誠実に応じてほしいと思っています。

【書式2-9-1】　団体交渉申入書（《Case ⑨》）

平成24年11月8日

Y株式会社
代表取締役　××　殿

Xユニオン
執行委員長　　　B

団体交渉開催要求書

Xユニオンは、Y株式会社に対して、以下のとおり団体交渉を申し入れます。

1．日　時　　平成24年11月15日（木）18時から
2．場　所　　貴社会議室
3．協議事項（議題）
　　①　A氏に対する解雇撤回の経緯について
　　②　Xユニオン組合員の正社員の登用について
　　③　就業規則の改定について
　　④　その他

　上記団体交渉においては貴社Z氏の出席を要求いたします。
　なお、憲法及び労働組合法などにより、会社が組合の要求に対して不誠実な回答や不誠実な態度を繰り返す行為等は禁止されておりますので、念の為申し添えます。

以上

　甲弁護士は、A女およびB氏の聴取を基に、上記Y社の対応は団体交渉拒否（労組7条2号）に該当すると考え、労働委員会に対する不当労働行為救済申立てを行うという方針を立てた。

2　検　討

(1)　労働委員会による不当労働行為の行政救済制度の目的等

　労働委員会における不当労働行為救済制度の目的について、最高裁判所は、「労働委員会の救済命令制度は、労働者の団結権及び団体行動権の保護を目的とし、これらの権利を侵害する使用者の一定の行為を不当労働行為として禁止した法7条の規定の実効性を担保するために設けられたものであるところ、法が、右禁止規定の実効性を担保するために、使用者の右規定違反行為に対して労働委員会という行政機関による救済命令の方法を採用したのは、使用者による組合活動侵害行為によって生じた状態を右命令によって直接是

正することにより、正常な集団的労使関係秩序の迅速な回復、確保を図るとともに、使用者の多様な不当労働行為に対してあらかじめその是正措置の内容を具体的に特定しておくことが困難かつ不適当であるため、労使関係について専門的知識経験を有する労働委員会に対し、その裁量により、個々の事案に応じた適切な是正措置を決定し、これを命ずる権限をゆだねる趣旨に出たものと解される」と判示している（最大判昭和52・2・23民集31巻1号93頁〔第二鳩タクシー事件〕）。

不当労働行為の行政救済制度は、申立人である労働者または労働組合と被申立人である使用者を当事者とする準司法的な審査手続を経て、労働委員会が不当労働行為の成立を認めた場合には救済命令を発し、認められない場合には申立てを棄却する棄却命令を発する構造をとる、1つの行政処分である。そして、労働委員会が救済命令を発する場合、使用者にいかなる是正措置を命ずるかについては、原則として労働委員会の裁量に委ねられているという点が重要なポイントである。

(2) 労働委員会における審査の進め方

労働委員会における審査手続は、民事訴訟手続と非常に類似している。その概要は〈図表2-9-1〉のとおりである。

〈図表2-9-1〉 労働委員会における審査手続

労働委員会における不当労働行為の審査は、労働委員会の職権や他の行政機関等の告発によって開始されるものではなく、あくまでも不当労働行為を受けたと考える労働組合または労働者個人の「申立て」によって行われる（申立主義。労組27条1項）。

Ⅲ　A女およびB氏からの聴取

②担当委員の選任

労働委員会は、公益を代表する者（公益委員（審査委員））、労働者を代表する者（労働者委員）、使用者を代表する者（使用者委員）各同数をもって組織される（労組19条1項。なお、各委員を総称して「三者委員」とよぶことがある。各労働委員会の三者委員の構成については、各労働委員会のホームページ等で確認することができる）。

③調査開始

労働委員会は、不当労働行為の救済申立てを受けた場合、遅滞なく「調査」を行い、必要があると認めたときは、申立てに理由があるかどうかにつき「審問」を行わなければならない（労組27条1項）。ここで「調査」とは、申立ての適法性を判断するとともに、争点および証拠の整理を行い審査計画書（同法27条の6）を作成し（審査計画書の内容については後述する）、「審問」の準備を行うことを主眼とした手続である（民事訴訟手続における弁論準備手続に類似している）。

なお、この「調査」と「審問」のほか、その後の公益委員会議における合議や命令初出など、手続の終了に至る段階を含めた過程全体を「審査」という。

④審問開始

申立てに理由があるかどうか等について判断するため、当事者に証拠提出等の機会を与え、証人尋問等の証拠調べ等を行う手続である。

なお、審問手続終了後すぐに結審するわけではなく、主張整理をするための調査期日を設ける場合や和解期日を設ける場合もある。

⑤合議

事件が結審し、命令を発出するのに熟したときは、会長は、非公開の公益委員会議（公益委員のみで構成される会議。東京都労働委員会では、原則として、毎月2回公益委員会議が開催されている）を開き、合議を行う。合議においては、不当労働行為の成否について判断するとともに、いかなる是正

措置を命ずるかについての判断を行い、命令の内容を決定する。

|⑥命令初出| 労働委員会の実務においても、和解による紛争解決は重視されており（労組27条の14第1項）、これまで初審段階においてはおおむね6割から7割の事件が和解により解決している。

　上記のとおり、労働委員会が、不当労働行為の成立が認められる場合に発する救済命令の内容については、基本的に労働委員会の裁量に委ねられている。
　この点、民事訴訟においては、実体法上の適用法規の要件該当性が認められた場合、裁判所は、当該法規により定められた法律効果を実現する判決を下すことになるが、労働委員会の不当労働行為救済手続は、労働組合法7条の定める要件に該当する事実の存否が判断される点では民事訴訟と共通するものの、同条の要件該当性が認められた場合の効果は、私法上の権利義務の発生や変動等ではなく、労働委員会がその裁量により内容を定める救済命令の発出権限を取得するという公法上のものである。
　また、この手続の構造を反映して、審判の対象は、不当労働行為であるとして申し立てられた事実そのものであると考えられている。したがって、不当労働行為の救済申立ては、申立事実が不当労働行為にあたるという判断、および、それに基づいて、労働委員会の裁量により定められる救済命令という行政処分を求める行為として性格づけられる。また、申立てについての労働委員会の判断は、私法上の権利義務関係の存否についてのものではなく、救済命令も、私法上の権利義務の実現を命ずるものではない（山川隆一『労働紛争処理法』67頁）。

(3) 不当労働行為の類型

　労働組合法7条は、労働組合や労働者に対する使用者の次の行為を「不当

労働行為」として禁止している（なお、本章では、問題となる同法7条1号および2号について取り上げている）。
① 組合員であること等を理由とする解雇その他の不利益取扱い（1号・4号）
ⓐ 労働者が、労働組合の組合員であること、労働組合に加入しようとしたこと、労働組合を結成しようとしたこと、または労働組合の正当な行為をしたことを理由に、労働者を解雇し、その他不利益な取扱いをすること
ⓑ 労働者が労働組合に加入せず、または労働組合から脱退することを雇用条件とすること
② 正当な理由のない団体交渉の拒否（2号）
使用者が、雇用する労働者の代表者と団体交渉することを、正当な理由なく拒むこと（形式的には団体交渉に応じても、実質的に誠実な団体交渉を行わないことを含む）
③ 労働組合の運営等に対する支配介入および経費援助（3号）
ⓐ 労働者が労働組合を結成しもしくは運営することを支配し、または介入すること。
ⓑ 労働組合の運営のための経費の支払いにつき経理上の援助を与えること

(4) 団体交渉拒否事案に対する手続の選択

使用者が団体交渉を正当な理由なく拒否したり、団体交渉に応じながら誠実な交渉を行わなかったりする場合に労働組合が有する手段としては以下の方法が考えられる。

(A) 不当労働行為の救済申立て

まず、労働組合は、労働組合法の禁止する団体交渉拒否の不当労働行為（労組7条2号）がなされたとして労働委員会に救済申立て（同法27条1項）を行う方法が考えられる。労働委員会は、申立て内容を審査して理由があると判定するときは、当該事項に関する団体交渉に応ぜよとの救済命令などを

具体的事案に応じて発することとなる。

労働組合が団体交渉拒否の救済を申し立てた後、審査手続中に使用者が団体交渉拒否の態度を改め、交渉に誠実に応じた場合には、団交命令を発すべき救済利益は通常なくなり、過去の団体交渉拒否について何らかの救済（文書掲示・手交など）をなすべきか否かの問題のみが残る。

なお、民事訴訟における訴状には収入印紙の貼付を要するが、不当労働行為の申立書にはこの必要はない。また、送達費用の予納ということもいらない。さらに、不当労働行為の審査手続においては、民事訴訟における訴訟費用負担の制度はなく、当事者各自がその費用を負担することとなっている。ただ、証人に対しては費用の弁償がなされる。

(B) あっせんの申請

労働組合は、労働委員会に対し、団交拒否紛争を労働関係調整法上の「労働争議」（労調6条）であるとして、同法上のあっせんの申請（同法12条）を行うことができる。もっとも、相手方当事者は労働協約上の規定がある場合を除きあっせんに応ずる義務を負うわけではなく、相手方当事者が応じなければあっせんは終了する。

なお、あっせんの申請費用は無料である。

(C) 司法救済

労働組合が使用者に対して団体交渉を求める請求（団交義務の履行請求）ないし団体交渉に応諾すべき地位を仮に定める仮処分（団交応諾仮処分）の申立ては認められないが、労働組合は使用者を相手に団体交渉を求める地位の確認請求（またはその地位を仮に定める仮処分の申立て）を行うことができる（詳細については、菅野和夫『労働法〔第10版〕』665頁参照）。

また、不当労働行為が不法行為にあたるとして、使用者に対して損害賠償（民709条）を請求することも考えられる（なお、第1編第2章参照）。

(5) 〈Case ⑨〉での考え方

甲弁護士は、団交促進のあっせん申請を労働委員会に行うことを考えたが、A女およびB氏の聴取から、Y社があっせんに応じない可能性があると考

え、また、司法救済は印紙代等の費用がかかるが、労働委員会への不当労働行為救済申立ては費用が一切かからず、迅速な救済が期待できることから、労働委員会に対してY社の団体交渉拒否を理由として不当労働行為救済申立てを行うことに決めた。

IV 不当労働行為救済申立書

1 検討——〈Case⑨〉での考え方

〈Case⑨〉では、11月8日にXユニオンが申し入れた団体交渉について、Y社はZ氏が海外出張のため日程が調整できないことを理由に応ぜず、平成25年1月7日になって団体交渉の開催日として同年3月1日を提示してきたものであるが、同年3月1日に団体交渉を行うとなると、それは組合員A女の雇用契約の期限である同年3月31日まで1カ月もない時点での団体交渉となり、雇用契約の更新に関する交渉が実質的に成り立たない事態であり、Y社がZ氏の海外出張を理由に同年3月1日に団体交渉の候補日を設定し、それまで団体交渉に応じないとすることは、「正当な理由」（労組7条）とはいえないと甲弁護士は考えた（XユニオンがA女に対する本件解雇の撤回の経緯等に係る団体交渉を申し入れたのは、まさに従業員割引制度の不正利用を理由にA女が雇止めされることを危惧したためである）。

もっとも、Xユニオンが団体交渉にZ氏の出席を求めていたため、Y社がZ氏の海外出張を理由に団体交渉の日程を平成25年3月1日に設定したことをどう評価するかは一応問題となりうるが（やむを得ない理由といえるか）、上記のA女の事態を考慮すれば、Y社としてはZ氏に代わる団体交渉員を確保するなどして、Xユニオンからの団体交渉に応じるべきであり、上記Z氏の海外出張は、団体交渉に応じないことの正当な理由ということはできないというべきであろう。

2 不当労働行為救済申立書の提出

(1) 管　轄

　甲弁護士は早速不当労働行為救済申立書の起案を終えた。

　不当労働行為救済申立ての管轄は、原則として、当事者（労・使双方）の住所地（主たる事務所の所在地）を管轄する都道府県労働委員会（労組令27条1項）であるところ、Ｘユニオンの事務所の所在地は東京都にあることから、Ｘユニオンは、東京都労働委員会に〈***Case***⑨〉の申立てをすることとした。

　なお、申立人および被申立人が弁護士を代理人としたい場合には、代理人許可の申請が必要である（労働委員会に所定の書式が用意されている）。また、不当労働行為審査手続においては、「補佐人」が期日に出席することが認められており、申立人および被申立人が補佐人をつけたい場合には補佐人の許可申請を行う。申立人側は組合の役員等が、被申立人側は人事労務担当者が補佐人として申請されることが多い。

(2) 書類提出方法

　甲弁護士は自身で直接東京都労働委員会に赴き、申立書（なお、上記のとおり、代理人許可があって初めて代理人となるので、救済申立ては、申立人本人の名においてなされる。したがって、申立書に代理人の名前等は記載していない）、証拠および証拠説明書（その他、委任状や代理人許可申請書）を提出することとした。これは、労働委員会の事件受付の際、申立てに至る経緯等について担当の事務局職員からヒアリングを受けるところ、法律事務所の事務局に書類提出を任せては、かかるヒアリングに対応できないからである。ちなみに、不当労働行為救済申立事件で代理人がついていない場合、通常、当該組合の組合員（執行委員長等）が担当事務局のヒアリングを受けることとなる。

　そこで、甲弁護士はＢ氏と一緒に東京都庁第一本庁舎南塔37階にある東京都労働委員会事務局（平成27年8月現在）に赴き、不当労働行為救済申立書、証拠資料および証拠説明書を正本1部、副本1部、写しを3部提出した（正本は労働委員会事務局用、副本は被申立人用、写しは当該事件を担当する公益委員、労働者委員および使用者委員用にそれぞれなる）。その後、約5分程度、

甲弁護士およびＢ氏は担当事務局職員から〈Case⑨〉の申立てに至る経緯等に関する簡単なヒアリングを受けた。申立書等が正式に受理されると、「不当労働行為調査開始通知書」が交付される（労働委員会規則41条の2第1項）。この通知は、当該事件について労働委員会が調査手続を開始するという意思の通知であって、具体的な調査期日の通知とは異なる。また、各側の委員を誰にしてもらいたいという要望を出すことは可能であるので（申立人であれば労働者委員を、被申立人であれば使用者委員を）、委員が決定する前の段階で要望があれば担当事務局職員に伝えておくべきであろう（もちろん、あくまでも要望なので、希望した委員が必ず当該事件を担当するわけではない。また、公益委員の要望はできない）。

そのほか、労働組合の資格審査の問題があるが、本書では割愛する。

【書式2-9-2】　不当労働行為救済申立書（〈Case⑨〉）

不当労働行為救済申立書

平成○○年○月○日

東京都労働委員会　会長　○　○　○　○　殿

申　立　人　〒○○○-○○○○
　　　　　　住所　東京都○○区○○1-2-3
　　　　　　名称　Ｘユニオン
　　　　　　代表者役職氏名　執行委員長　　Ｂ

被申立人　　所在地　〒○○○-○○○○
　　　　　　　　　　東京都○○区○○3-4-5
　　　　　　名称　Ｙ株式会社
　　　　　　代表者役職氏名　　○　○　○　○
　　　　　　電話　03-0000-0000　　FAX　03-0000-0000

被申立人の行為は、次のとおり労働組合法第7条第2号に該当する不当労働

行為であるので、審査の上、下記の救済命令を発するよう申し立てます。

第1　請求する救済の内容
1　被申立人は、申立人が平成24年11月8日付けで申し入れた団体交渉をマネージャーZの海外出張を理由に拒否してはならない。
2　被申立人は、1メートル×2メートル大の白紙に、下記のとおり明瞭に墨書して、本社玄関付近の従業員の見やすい場所に10日間掲示しなければならない。

記

平成○○年○月○日

Xユニオン
　執行委員長　　　B　　殿

株式会社Y
代表取締役　○○○○

　当社が、平成24年11月8日付けで貴ユニオンが申し入れた「A氏に対する解雇撤回の経緯について」ほか3点を議題とする団体交渉に応じなかったことは、東京都労働委員会において、不当労働行為であると認定されました。
　今後、このような行為を繰り返さないよう留意します。

第2　不当労働行為を構成する具体的事実
1　当事者
　(1)　申立人について
　　　申立人はいわゆる合同労組であり、組合員数は100名である。
　　　申立人の下部組織として、平成24年8月20日に被申立人に勤務する組合員により結成された申立外Y社分会が存在する。
　(2)　被申立人について
　　　被申立人は、アパレル製品の製造・販売等を目的とする株式会社である。

なお、Ｚは、被申立人のマネージャーという地位に就き、会社の実質的な経営責任者を務めている。
２　被申立人の団体交渉拒否について
　(1)　平成24年11月8日付け団体交渉申入れに至るまでの経緯について
　　　（略）
　(2)　平成24年11月8日付け団体交渉申入れについて
　　　……。そこで、平成24年11月8日、申立人は、被申立人に対して、協議事項（議題）を、①Ａ氏に対する解雇撤回の経緯について、②Ｘユニオン組合員の正社員の登用について、③就業規則の改定について、④その他、として団体交渉の申し入れ（以下「本件団体交渉申入れ」という。）を行った。
　　　ところが、Ｙ社は本件団体交渉申入れに対して直ぐに応答せず、本件団体交渉申入れから約2か月後の平成25年1月7日になって、マネージャーＺは海外出張に出ており、近日中の帰国は困難なため日程が調整できないこと等を理由に、同年3月1日に団体交渉を行いたいとの回答を行った。
　(3)　被申立人の団体交渉拒否の事実
　　　かかるＹ社の回答は、本件団体交渉申入れから約4カ月も先に団体交渉日時を設定するものであり、徒に団体交渉を先延ばしにするものである。また、同日の団体交渉では、組合員Ａの雇用契約の期限である平成25年3月31日まで1か月もない時点での団体交渉となり、雇用契約の更新に関する交渉が実質的には成り立たない事態である。
３　結論
　以上のとおりであるから、本件において、Ｚの海外出張は、団体交渉に応じないことに対する正当な理由ということができず、会社が、本件団体交渉申入れに応じないことは、正当な理由のない団体交渉拒否に該当する。

３　駆け込み訴え（補足）

なお、話は逸れるが、いわゆる合同労組とは、「企業の枠を超えて、主に中小企業の労働者を一定の地域単位で組織し、特定企業への所属を条件とし

ない個人加入できる労働組合」をいう。

〈*Case* ⑨〉のように、個別的労使紛争（解雇、雇止め、配転、懲戒等に係る紛争）が発生した後に労働者が合同労組に加入し、合同労組が、当該労働者の個別的労使紛争について、使用者と団体交渉を行い、あるいは労働委員会に対する労働争議の調整の申請や不当労働行為救済申立てを行う例は多くみられ（いわゆる「駆け込み訴え」とよばれている）、近年増加している。中央労働委員会が発行している平成25年「年報概要」によると、初審における合同労組事件は273件で、そのうち駆け込み訴え事件は107件（39.2％）とのことであり、合同労組事件の約 4 割は駆け込み訴え事件である。

V　その後の団体交渉

不当労働行為救済申立書を提出した後、平成25年 2 月10日、B 氏から電話連絡が入った。

B　氏　：先生。先ほど、Y 社から（第 3 回）団体交渉を平成25年 3 月 1 日ではなく、平成25年 2 月20日に行うことで調整可能となったとの連絡がありました。Z 氏も出席可能とのことです。やはり、東京都労働委員会への申立てが効いたのですかね。

甲弁護士：確かにその可能性はあるかもしれませんね。いずれにしても、2 月20日の団体交渉には私も出席しますね。

1　第 3 回団体交渉

平成25年 2 月20日、（第 3 回）団体交渉が行われた。

甲弁護士：A さんと C さんの雇用契約の期限が平成25年 3 月31日までであるが、引き続き、雇用継続（更新）をお願いしたい。

> Ｚ　氏：その点については検討しましたが、Ａさんについては更新することはできないとの結論に至りました。
> 甲弁護士：そもそも、一度解雇を撤回した理由は何なのか。
> Ｚ　氏：Ａさんがまだ働き続けたいとの意思を示しましたので、本人の言い分を聞くべく解雇は撤回しました。
> 甲弁護士：なぜ、Ａさんだけ契約を更新しないのか。
> Ｚ　氏：Ａさんは従業員割引制度の不正利用による注意を受けているためです。
> 甲弁護士：ＡさんがＤ店に異動する前の問題とされた行為については、Ｙ社としてはすでに解決済みではないのか。
> Ｚ　氏：Ａさんのまだ働きたいという意思を受け止めて解雇を撤回しましたが、弊社であらためて検討した結果、Ａさんは現職に必要な能力を発揮していないため、雇用契約を更新しないこととしました。
> 甲弁護士：解雇撤回後のＡさんの問題行為について教えていただきたい。
> Ｚ　氏：……。

　第３回団体交渉において、Ｙ社は、Ａ女の雇止めの意思を明確にした。ただし、Ｙ社は、本件解雇の撤回後のＡ女の問題行動については明らかにしなかった。そして、平成25年２月28日付けで雇止めに係る通知書がＡ女に送付された。

　また、平成25年３月17日に（第４回）団体交渉が行われることとなった。

2　第１回調査期日の決定

　他方で、東京都労働委員会事務局より第１回調査期日が平成25年３月10日に決まったとの電話連絡があった。

　ところで、労働委員会規則41条の２第２項は、被申立人は、申立書の写し

が送付された日から原則として10日以内に、答弁書を提出しなければならない旨規定しているが、通常、被申立人としては、事実調査等の関係から申立書を受領した日から10日以内に実質的中身のある答弁書を提出することは困難であり、実態として10日以内に答弁書が提出される例は多くはない（この点については、事前に被申立人が労働委員会事務局に連絡を入れて、いつ頃答弁書が提出可能か伝えているようである）。

VI
第1回調査期日

1　Y社の答弁書の提出

　第1回調査期日の1週間前に、東京都労働委員会事務局から、Y社が答弁書を提出したので、答弁書の受領をお願いしたい旨の連絡があった。裁判所と違い、労働委員会では、直送できる書類は限定されており、かつ、直送することについて申立人および相手方の同意がなければ、ファクシミリを利用して直送することはできない（その意味で、少し煩雑ではある）。

　甲弁護士がY社の答弁書の内容を確認すると（2号違反だけということもあり）非常にあっさりとしたものであった。その骨子は、①Y社が団体交渉に応じなかったのは、Xユニオンが出席を求めたZ氏が業務上の理由により海外出張をしていたためであり、やむを得ない理由によるものであること、②Y社は、Xユニオンの要求に応じて、当初の予定である平成25年3月1日よりも早い2月20日に団体交渉を行っており、救済の必要性はなくなっている、というものであった。

　この点、①の点はともかく、②の点について、甲弁護士も少し悩んだ。確かに、（298頁にも記載したとおり）審査手続中に使用者が団体交渉拒否の態度を改め、交渉に誠実に応じた場合には、団交命令を発すべき救済利益はなくなると考えられているからである。しかし、甲弁護士は、〈*Case*⑨〉では、Y社は、労働委員会での手続において、Z氏の業務上の都合は団体交渉に応じない正当な理由であるとの主張を維持していることからすれば、将来、Y

社が交渉員の業務上の都合を理由に長期間団体交渉を延期させる事態が再発するおそれが消滅したとはいえないのであり、救済の必要性が失われたとはいえないと考えた。

2 第1回調査期日
(1) 調査期日の進め方（一般論）

調査期日では、公益委員が進行役となり、主張・立証の整理が行われる。調査の具体的なやり方については明確な規定は設けられていない。通常は当事者双方から個別に、主張内容をより詳しく聴取したり、和解に関する意見を求めたりすることが行われる。労働委員会は、審査の途中において、いつでも、当事者に和解をすすめることができるため（労組27条の14第1項）、調査期日では、争点が整理された後（またはそれよりも前に）、和解に向けた協議が行われることが多く、その際には、労働者委員および使用者委員が積極的に関与することとなる（たとえば、期日の開始前に労働者委員が申立人の控室へ赴き、事件の進め方や和解の考え方について本音で話をするなど）。

このように、調査期日では、基本的に毎回、申立人・被申立人双方から個別に聴取する時間を設けるため、1回あたりの所要時間は1時間を超えることが多い。したがって、調査期日を迎えるにあたっては、1時間30分から2時間程度（和解の話が具体化している場合にはそれ以上）は期日に時間を要すると考え、スケジュールを立てるべきである。

(2) 〈*Case*⑨〉での対応

第1回調査期日では、まず申立人であるXユニオンが先に呼ばれ、入室すると、公益委員、労働者委員および使用者委員の三者委員から挨拶を受けた。甲弁護士は、本件申立てに至る経緯について説明するとともに、①申立て後から第1回調査期日の間にY社と（第3回）団体交渉を行ったこと、②当該団体交渉では、A女の雇止めの意向が会社から表明されたが、XユニオンとしてはA女が雇止めされる理由はなく、雇止めがされれば、それこそ不利益取扱い（労組7条1号）に該当すること、③（第4回）団体交渉が平

成25年3月17日に予定されていること等を説明した。

　結局、第1回調査期日では、答弁書に対する反論の準備書面をXユニオンが提出すること、期日間に行われる予定の（第4回）団体交渉の経過報告を次回期日に行うことが確認され、次回期日は平成25年4月15日に指定された。

VII 第4回団体交渉およびA女に対する雇止め

1　第4回団体交渉

　平成25年3月17日、（第4回）団体交渉が行われた。

　Y社からは、①本件不正利用は、本件雇止めの理由に含まれること、②（A女がD店に異動後の問題行為について）顧客が希望しない商品について、A女がレジ入力をして商品を決済したが、Y社がこれに気づき、その顧客に電話し、当該顧客に再び来店してもらい返金手続を行ったことの説明があった。

　そこで、甲弁護士は、本件雇止めの理由を証拠とともに書面にて開示するよう求めた。

2　A女に対する雇止め

　平成25年3月20日、Y社からA女の下に雇止め理由証明書が送られてきた。そこには、A女の雇止めの理由について「貴殿のパフォーマンスを総合的に考慮した結果、業務を遂行する能力及び適格性に欠けると判断したため」としたうえで、本件不正利用のほか、D店におけるレジ操作ミスとして、次の点があげられていた。

　① 商品のレジ入力を行う際、お客様が購入した商品の一部につき購入代金をいただく操作を失念したため、後日お客様に再来店していただき代金を請求しなければならなかったこと

　② 商品のレジ入力を行う際、社内在庫システムに、お客様が実際に購入

したの商品とは別の商品名を入力して販売したことにより、社内在庫システムの訂正が必要になったこと
③　上記②同様のレジ操作ミスにより、クレジットカード会社に対する決済請求の取消要請が必要となったこと

そして、Ｙ社は、Ａ女以外の組合員Ｃ氏については、平成25年4月1日付けで雇用契約を更新したが、Ａ女に対しては雇止めを行った（以下、「本件雇止め」という）。

VIII　Ａ女およびＢ氏との打合せ

> 甲弁護士：やはり、Ａさんは雇止めとなってしまいましたか……。しかし、Ａさんだけを雇止めにするとは、Ｙ社も露骨ですね。
> Ａ　女：はい。周りの方も分会長である私を応援してくれています。
> Ｂ　氏：先生。Ｙ社がＡさんの従業員割引制度の不正利用等を本件雇止めの理由とすること自体が恣意的ですし、その真意は組合嫌悪であるといわざるを得ません。
> 甲弁護士：そうですね。Ａさん、まずは、Ｙ社が主張している雇止めの理由について事実関係を聞かせてください。

甲弁護士がＡ女に聴取りを行ったところ、Ａ女のＤ店におけるレジ操作ミスに関しては以下の事実が認められた。

> ①　平成24年11月11日、Ａ女は、自身のレジ操作のミスにより、クレジットカードでの決済を取り消した。このため、当該顧客が別の商品を受け取るため来店した際に、もう一度会計をやり直す必要が生じた（以下「本件レジ操作ミス①」という）。
> 　なお、Ｙ社は、Ａ女に対し、この件について、始末書に類する書面の作成を求めてはおらず、懲戒処分にも付していない。

② 平成24年12月16日、A女が売上げとしてレジ入力した商品について、同日、別の従業員が「間違い」であるとして「返品」とのレジ操作を行った（以下「本件レジミス②」という）。

なお、Y社は、A女に対し、この件について、始末書に類する書面の作成を求めておらず、懲戒処分にも付していない。

③ 平成25年2月23日、A女は、レジの入力ミスにより、2000円分多くクレジットカードにて決済した。このためA女はクレジットカード会社に連絡し、カード決済の取消手続を依頼した（以下「本件レジミス③」という）。

A女は、この件について、レジミス報告書を作成し、Y社に提出した。

なお、本件レジ操作ミスは、いずれも当該顧客やクレジットカード会社との間でトラブルに至っていない。

甲弁護士：わかりました。今おうかがいした事実関係からすれば、Y社の雇止めの理由は不十分で、本件雇止めは、Aさんが Xユニオンの分会の分会長であることを理由とする不利益取扱いに該当すると考えることは十分にできます。労働委員会では、現在2号事件（団交拒否事件）が係属していますが、追加申立てという形で、本件雇止めに関しても申立てをしましょう。

A女B氏：先生、よろしくお願いします。私たちは最後まで戦い抜くつもりです。

IX　追加申立て

1　検討（労組7条1号関係）

(1)　成立要件

労働組合法7条1号は、労働者が組合員であることまたは労働組合の正当

な行為をしたことの故をもって、その労働者に対し解雇その他の不利益な取扱いをすることを、不利益取扱いとして禁止している。

不利益取扱いの成立要件は、
① 労働者が組合員であることまたは労働組合の正当な行為をしたこと
② 使用者から不利益な取扱いを受けたこと
③ 使用者が労働者の組合加入・組合活動を理由として（「故をもって」）
④ 不利益取扱いをしたこと

である。

この点、②の「不利益な取扱い」には、従業員たる地位の得喪（解雇、退職願の提出の強要、労働契約の更新拒否、本採用の拒否、懲戒解雇、休職等）、人事上の不利益取扱い（不利益な配転・出向・転籍、長期出張等の命令、昇格停止・出勤停止等の懲戒処分）、経済待遇上の不利益取扱い（基本給、諸手当、一時金、退職金、福利厚生給付等における不利益取扱い）等があるとされる（菅野・前掲書768頁）。

(2) 不当労働行為意思

不利益取扱いで最も問題となるのが、「不当労働行為意思」の問題である。争いはあるものの、通説は、不利益取扱いの成立要件として不当労働行為意思が必要であると解している。

この点、菅野教授は、不当労働行為意思について以下のように整理しており、参考になる。すなわち、不利益取扱いの不当労働行為は、その構成要件に即して考えれば、使用者が、①「労働者が労働組合の組合員であること、労働組合に加入し、若しくはこれを結成しようとしたこと若しくは労働組合の正当な行為をしたこと」の事実を認識し、②その事実の故に（その労働組合に入っているので、その組合活動をしたので、等）その労働者に「不利益な取扱」をしようとの意欲をもち、③その意欲を実現する、という行為である。これらの認識および意欲が不利益取扱いの主観的成立要件（不当労働行為の意思）となるのであるが、これらは使用者の内心の状態に関する事項であるので、労働委員会は労使関係の経験則を用いて間接事実から総合的に判断せ

ざるを得ない。

　この判定においては、使用者の常日頃からの労働組合に対する対応からして使用者が当該労働組合の存在や当該組合員の組合活動を嫌悪していたと認められ、当該不利益取扱いが組合の組織や活動に効果的に打撃を与えていれば、当該労働組合の組合員であることないしは組合活動をしたことの故に当該不利益取扱いをしようとしたとの使用者の意欲が推認されやすい。そして、この推認は、不利益取扱いの正当化理由が認められないまたは不十分であるという場合に完全なものとなるのであり、逆に正当化理由が十分に認められるという場合には覆ることになる（菅野・前掲書766頁）。

　結局、不当労働行為意思は、使用者の内心の状態に関する事項であるから、以下のような間接事実を総合考慮のうえ、推認せざるを得ない（大江忠『要件事実労働法』296頁。そのほか、塚本重頼『不当労働行為の認定基準』も詳しい）。

・不利益取扱いを受けた労働者が従来組合活動を理由として使用者から嫌悪されていたこと、または、具体的労使関係の下で、組合活動が嫌悪され得る程度のものであること
・使用者が従来または処分時に反組合的な言動をしたこと
・当該不利益取扱いの時期、内容、程度などから組合活動に打撃を与えたこと
・当該組合員に対する不利益取扱いが、非組合員に対する措置や従前の例との比較などから不均衡であること
・処分理由が不明確あるいは不合理、または変遷したこと
・不利益取扱い後に、組合の組織や活動が衰退したこと

2　〈Case⑨〉での考え方

　甲弁護士は、〈Case⑨〉ではY社の不当労働行為意思がどの程度主張・疎明できるかがポイントであると考え、以下のとおり整理して、A女に対する雇止めが不利益取扱いに該当するとして、追加申立てを行うことを決め

た。

　まず、本件雇止めの理由が十分認められるのかについて、甲弁護士は検討をした。そもそも、A女の雇用契約の期間は、1年間であるものの、平成22年2月の入社以降本件雇止めに至るまでの間、特に更新手続を行わずに雇用継続されてきたこと、他の組合員C氏については、A女と同様に雇用継続されていることからすれば、通常であれば、平成25年4月1日以降においてもA女の雇用契約は更新されていたはずである。

　また、Y社は、従業員割引制度の不正利用を理由として本件解雇を通知したが、Xユニオンとの団体交渉を経て、「円満な解決」を理由として本件解雇を撤回している。本件解雇の撤回の際や撤回直後の団体交渉において、Xユニオンがその理由を求めても、Y社は、特に不正利用を問題視することを表明していない。また、Y社は、本件解雇の撤回後においても、A女に単独でのレジ操作権限を有する役職を担当させており、その際に、特段の注意喚起は行っていない。このように、Y社は、本件雇止め当時、従業員割引制度の違反行為を問題視していなかったと考えられる。

　さらに、本件レジ操作ミス①～③についても、A女が速やかにミスを是正して事後の対応を行っていること、特に顧客との間ではトラブルに至っていないこと、Y社は本件レジ操作ミスの発生時点において注意や懲戒処分を行っておらず、特に問題視していないことを考えると、本件雇止めの理由には十分な合理性はない。

　また、本件雇止め時点における労使関係は非常に緊張状態にあったといえる。すなわち、分会長であるA女の雇用問題はXユニオンの最大の懸案事項であったところ、Y社は、Xユニオンの再三の求めにもかかわらず、その見解を避け続けていた。そして、Xユニオンも、このようなY社の対応を受けて、情宣活動を行い、本件申立てに至っていることを考えれば、本件雇止めを通知した平成25年2月頃の労使関係は緊張した状況にあったといえる。

　以上からすれば、甲弁護士は、合理的な理由の認められない本件雇止めは、

本件不正利用等を口実として、Y社が分会長であるA女を排除するために行ったとみることができると考えた。
　そこで、甲弁護士は、早速、不当労働行為救済追加申立書の起案にとりかかった。

【書式2-9-3】　不当労働行為救済追加申立書（《Case⑨》）

不当労働行為救済追加申立書

平成〇〇年〇月〇日

（略）
　被申立人の行為は、次のとおり労働組合法第7条第1号に該当する不当労働行為であるので、審査の上、下記の救済命令を発するよう申し立てます．

第1　請求する救済の内容
　1　被申立人は、組合員Aに対する平成25年3月末日付けの雇止めを撤回し、原職に復帰させ、雇止めの翌日から復帰するまでの間に受けるはずであった賃金相当額を支払わなければならない。
　2　被申立人は、1メートル×2メートル大の白紙に、下記のとおり明瞭に墨書して、本社玄関付近の従業員の見やすい場所に10日間掲示しなければならない。

記

年　　　月　　　日

Ｘユニオン
執行委員長　B　殿

株式会社Y
代表取締役　〇〇〇〇

　当社が、貴組合の組合員A氏との雇用契約を平成25年4月1日付けで更新しなかったことは、東京都労働委員会において不当労働行為であると認定されました。

今後、このような行為を繰り返さないよう留意します。

第2 不当労働行為を構成する具体的事実
 1 Aに対する雇止めの事実
   被申立人は、平成25年2月20日に開催された団体交渉において、同年3月31日をもって、Aとの間の雇用契約を期間満了による終了とし、更新しないこと（以下「本件雇止め」という。）を予告した。そして、被申立人は、A以外の組合員については、平成25年4月1日付けで雇用契約を更新したが、Aに対しては本件雇止めを行った。
 2 本件雇止めの理由について
 (1) Aの雇用契約の期間は、平成24年5月23日に締結された契約書によると1年間であるものの、平成22年2月の入社以降本件雇止めに至るまでの間、特に更新手続を行わずに雇用継続されてきており、他の組合員も、Aと同様に雇用継続されていることからすれば、本来であれば、Aの雇用契約は更新されるはずである。
 (2) そして、以下で詳述するとおり、本件雇止めの理由に合理性がないことは明らかである。
    すなわち、被申立人は、従業員割引制度の不正利用を理由として本件解雇を通知したものの、申立人との団体交渉を経て、「早期の円満な解決」を理由として本件解雇を撤回している。その撤回の際や撤回直後の団体交渉において、申立人が説明を求めても、被申立人は、特に不正利用を問題視することを表明していない。そして、申立人が本件解雇の撤回の理由の説明を議題として団体交渉を求めても、被申立人は、Zの海外出張を理由に団体交渉を3か月余も延期した挙句、結局、本件解雇の撤回の理由や本件不正利用を問題とするか否か等について十分に説明しないままであった。
    その他、平成23年12月30日、従業員割引制度の対象の商品を購入者であるA自らがレジ入力した件では、会社はAに対して特段注意・指導等を行っていない。
    そして、被申立人は、購入者自らがレジ操作を行ってはいけない等という禁止事項を含めて従業員割引制度を十分に周知しておらず、従業員

割引制度に関する従業員向け研修等を十分に行ってはいないのであるから、同制度の違反行為を防止するための対応を行っていなかった。

したがって、被申立人が、本件雇止め当時、本件不正利用を真に問題視していなかったことは明らかである。

(3) また、本件レジ操作ミスについても、Ａが速やかにミスを是正して事後の対応を行っていること、特に顧客との間ではトラブルには至っていないこと、被申立人は発生時点において警告や懲戒処分を行っておらず、特に問題視していなかったことからすれば、レジ操作ミスは雇止めにつながるほどの重大なミスではない。

(4) 以上からすれば、本件雇止めの理由に合理的理由は一切ない。なお、従業員割引制度の違反行為を理由に雇止めとなったのは分会長のＡのみである。

3　本件雇止めの時点における労使関係等について

被申立人は、申立人の要求に応じて本件解雇を撤回しているものの、本件解雇の撤回時において、その撤回の理由や本件不正利用を問題とするか否かについて、申立人が説明を求めても、十分に説明しなかった。そして、その後も、被申立人は、Ｚの海外出張を理由に団体交渉を３か月余も延期し、その後も、本件解雇の撤回の理由や本件不正利用を問題とするか否か等について特に説明しないまま、本件雇止めを通知するに至っている。

本件解雇を契機に分会が結成されたことや団体交渉においては主にＡの雇用契約に関するやり取りが行われたことからも明らかであるとおり、申立人にとって分会長であるＡの雇用問題は最大の懸案事項であり、被申立人は、申立人の再三の求めにもかかわらず、その見解を示すことを避け続けた。そして、申立人は、かかる被申立人の対応を受けて情宣活動を行い、本件申立てに至っており、本件雇止めを通知した平成25年２月頃の労使関係は緊張した状態にあったことは明らかである。

そして、上記のとおり、被申立人が、本件解雇の撤回の経緯等に係る団体交渉を３か月余も延期した上、団体交渉においてもその見解を示すことを避け続けていたことに加え、Ａは、分会長として団体交渉や情宣活動等といった組合活動を行っていたこと、分会長であるＡの雇用問題は組合の最大の懸案事項であったことも考慮すれば、被申立人が分会長である

Aを排除することを意図していたことは明らかである。
　4　結論
　　以上からすれば、合理的な理由の認められない本件雇止めは、本件不正利用等を口実として、被申立人が分会長であるAを排除するために行ったものである。
　　したがって、本件雇止めは、Aが組合の分会の分会長であるが故の不利益取扱いに該当することは明らかである。

X 第2回調査期日以降審問まで

　第2回調査期日では、甲弁護士は、追加申立ての内容について説明したほか、2号事件については、救済の必要性が失われてはいないことについて主張を補充した。

　審査委員からは、和解についての考え方を聞かれたが、Xユニオンとしては、A女の職場復帰が大前提であり、金銭和解については一切応じられない旨はっきりと意向を伝えた。その後入れ替わりで、Y社が三者委員と話をすることとなったが、どうやら、Y社としては、A女の原職復帰を認めることはできない、金銭和解については一応検討するが、おそらく難しいとのことだった。

　期日終了後、担当の労働者委員が控室に来て、〈Case⑨〉の落としどころについてどのように考えているのか聞かれたので、甲弁護士は、先ほどの期日で述べたとおり、A女の職場復帰が基本であること、この点については譲歩できないこと（したがって、〈Case⑨〉は和解できる案件ではないと考えていること）を伝えた。

　第3回調査期日では、被申立人から追加申立てに対する反論の答弁書が提出された。内容は、本件雇止めを行った会社の判断には、会社として通常考慮すべき事情に鑑みて十分な合理性があり、不当労働行為に該当しないというものであった。

その後、数回の期日を重ね、第6回調査期日で審査計画書（審査計画書は、平成16年の労働組合法改正により、審査の迅速化等の見地から作成が求められるに至った書面であり、審問開始前に、当事者双方の意見を聴いて、①調査において整理された争点および証拠、②審問を行う期間および回数並びに証人の数、③命令の交付予定時期を定める（労組27条の6））を作成し、審問手続に入ることとなった。なお、〈*Case*⑨〉における審査計画書は【書式2-9-4】のとおりである。

【書式2-9-4】　審査計画書（〈*Case*⑨〉）

審　査　計　画　書

事件名：Y社事件（都労委〇〇不〇〇号）事件　　　　　　平成〇〇年〇月〇日

| 主な争点 | 1　会社が、平成24年11月8日に組合が申し入れた団体交渉に、Zの海外出張を理由に平成25年2月20日まで応じなかったことが正当な理由のない団体交渉拒否に当たるか。
2　Aに対する本件雇止めが組合員であるが故の不利益取扱いに当たるか。 ||

	申立人（甲）	被申立人（乙）
書証	既提出書証：甲第〇～〇号証 今後の予定：陳述書	既提出書証：乙第〇～〇号証 今後の予定：陳述書
人証	①A（主尋問〇分） ②B（主尋問〇分）	①Z（主尋問〇分）

審問予定	回	期　日	証　人	備　考
	1	平成〇〇年〇月〇日	申立人側　①A証人　　主尋問(〇分) 　　　　　②B証人　　主尋問(〇分)	
	2	平成〇〇年〇月〇日	被申立人側　①Z証人　主尋問(〇分)	

審査進行の予定	申立て	審問開始	審問終了	結審（最陳提出）	命令交付
	調査	審問		調査	命令検討期間
	年　月	年　月	年　月	年　月	年　月頃

※ 現時点における審査進行の予定です。事情の変化等により、変更される可能性があります。

※ 当審査計画は、現時点におけるものです。主張・立証の進行等諸般の事情により変更する必要が生じた場合においては、当事者双方のご意見をお聞きした上で、変更することがあります。

※ 書証・証人を追加しようとする場合には、既提出分にならいその立証趣旨を明らかにしてください。立証趣旨・追加申出時期によっては、採用できない場合があります。

※ 審査進行中であっても、当事者間における自主的な和解に向けての努力を怠らないようお願いします。また、命令を発出するまでの間には、当委員会として和解をお勧めすることがあります。

東京都労働委員会
審査委員　○○○○
参与委員　○○○○
参与委員　○○○○

　なお、調査の最終段階で審査計画書の案が委員会から提示されるのが通常であるが、特に、「主な争点」が適切に設定されているのかについてはしっかりと検討し、誤った争点が設定されている場合には、意見を述べておくべきである。

XI　命令発出等

1　概要

　前述のとおり、労働委員会は、公益委員会議における合議によって事実を

認定し、不当労働行為の成否を判断し、それに対応した命令を発出する。このように、命令は労働委員会が不当労働行為救済申立事件について行う行政処分である。したがって、命令は行政訴訟（取消訴訟）の対象となり、また、救済命令の場合は、使用者に一定の作為または不作為を命ずる行政処分であるから、これによって使用者は一定の行政上の義務を負うことになる。

2 〈Case⑨〉における救済命令の内容

審問手続を行い、最終陳述書（訴訟における最終準備書面）の提出を経て結審し、命令が発出された。
〈Case⑨〉では、Xユニオンの申立てがいずれも認められた（救済命令）。救済命令の主文は【書式2-9-5】のとおりであった。

【書式2-9-5】　救済命令（主文）（〈Case⑨〉）

主　　文

1　被申立人Y社は、申立人Xユニオンの組合員Aとの雇用契約が平成25年4月1日付けで更新されたものとして取り扱い、同人を原職又は原職相当職に復帰させるとともに、同人に対し、同日から原職又は原職相当職に復帰させるまでの間の賃金相当額を支払わなければならない。
2　被申立人Y社は、本命令書受領の日から1週間以内に、下記内容の文書を申立人組合に交付しなければならない。

記

　　　　　　　　　　　　　　　　　　　　　　　　　年　　月　　日

Xユニオン
　執行委員長　B　殿

　　　　　　　　　　　　　　　　　　　　Y株式会社
　　　　　　　　　　　　　　　　　　　　代表取締役　〇〇〇〇

当社が、平成24年11月8日に貴組合が申し入れた団体交渉に平成25年2月20日まで応じなかったこと及び貴組合の組合員A氏との雇用契約を平成25年4月1日付けで更新しなかったことは、いずれも東京都労働委員会において不当労働行為であると認定されました。
　　　今後、このような行為を繰り返さないよう留意します。
　　（注：年月日は文書を交付した日を記載すること。）
3　被申立人会社は、前各項を履行したときは、速やかに当委員会に文書で報告しなければならない。

「救済方法」については、概要、以下のような判断が示された。

1　団体交渉について
　　平成24年11月8日に組合が申し入れた団体交渉に会社がZの海外出張を理由に応じなかったことについては、同様の事態の再発の虞があることから、主文第2項のとおり、会社に対し、組合への文書交付を命ずるのが相当である。
　　なお、下記のとおり、平成25年4月1日付けでAとの雇用契約が更新されたものとして取り扱うよう命ずることから、団体交渉応諾を命ずるまでもなく、また、本件雇止め以外の平成24年11月8日付申入れの団体交渉事項については、労使の間で団体交渉を重ねられ、その中で組合の要求事項が変化しており、改めて団体交渉応諾を命ずるまでもないことから、上記のとおり、組合への文書交付を命ずることとする。

2　本件雇止めについて
　　主文第1項のとおり、平成25年4月1日付けでAとの雇用契約が更新されたものとして取り扱うよう命ずるとともに、主文第2項のとおり、上記1と併せて文書交付を命ずるのが相当である。
　　なお、Aの雇用契約の期間は、平成24年5月23日に締結された契約書によれば1年間であるものの、平成22年2月の入社以降本件雇止めに至るまでの間、雇用継続されてきたこと、他の従業員もAと同様に入社以降雇用継続され、平成25年4月1日においても雇用契約が更新されていることを考慮し、主文第1項のとおり、原職又は原職相当職への復帰及び復帰させるまでの間の賃金相当額の支払を命ずることとする。

3 その後

本件救済命令後、Y社は、東京地方裁判所に対し、本件救済命令の取消訴訟を提起した。しかし、東京地方裁判所の裁判官も、本件雇止めの不当労働行為性自体は認められるとの心証を得て、強い和解のすすめがあったことから、XユニオンとY社との間で、A女がY社に復職することを前提とする和解が成立し解決した。

本稿は、複数の事例を組み合わせるなどして構成したものであり、実際の事例とは異なる。

第10章 相談対応──従業員のセクハラ事案に対する企業側の対応

I 事案の概要

⟨Case ⑩⟩

甲弁護士は、顧問先の会社から次のような相談を受け、翌日、会社の担当者と面談をすることになった。

- 会社のセクシュアル・ハラスメント（以下、「セクハラ」という）相談窓口に、女性の契約社員（以下、「相談者」という）からセクハラに関する苦情が寄せられた。
- 苦情の内容は「自分と同じ部署の主任から、周囲に人がいない時に食事に誘われ困っているので話を聞いてもらいたい」、「以前も、何度か同じように、周囲に人がいない時に同じ主任から食事に誘われ、その時はつき合っている男性はいないかなどとも声をかけられた。主任の上司に相談して口頭で注意をしてもらい、一時止んだが、最近また同じように声をかけられた」、「できれば大事にはしたくない」というものであった。
- 2日後に相談者から詳しく事情を聞くことになっている。事情を聞くにあたり注意することや、今後のことについて急いで相談に乗ってもらいたい。

II 実務上のポイント

〈*Case*⑩〉における実務上のポイントは、以下の4点である。
① 「セクハラ」の定義・判断基準等
② セクハラ事案に対する対応の見通し
③ セクハラ事案に対する相談対応時に注意すべきこと
④ セクハラの再発防止措置

III 相談者との打合せ～セクハラとは／相談者への対応～

相談を受けた翌日、顧問会社の人事部部長（男性）、人事部主任（女性）、事務担当部次長（男性）と打合せを行った。打合せでのやりとりは以下のとおりであった。

部　長：先生、いつもすみません。お電話でお話したとおり、セクハラの苦情が寄せられまして、本日は、先生にいろいろおうかがいできればと思いましてお時間をいただいた次第です。事案の内容はお伝えしたとおりです。それほど重大な案件ではないので、通常であれば先生に相談するまでもなく社内で処理する案件なのですが、いろいろと事情がありまして……。まず、セクハラに関する雇用機会均等法（雇用の分野における男女の均等な機会及び待遇の確保等に関する法律）や、雇用指針が定める事業主が講ずべき措置というものについては、厚生労働省からわかりやすいものが出されておりますので私どもも理解はしているつもりなのですが、相談担当者の適切な対応という点について、当社に詳細なマニュアルがあるわけではなく、経験豊富な社員が対応しているというのが実情

　　　　　です。社員の経験も大事にしたいと思いますが、やはり専門
　　　　　家のご意見もお聞きしたいと思いまして、相談にうかがった
　　　　　次第です。
　　　　　　もう1点は、今回の件が、一度会社で対応した案件であり、
　　　　　会社としては、なぜ再び起きてしまったのか、今回は、前回
　　　　　とは異なる再発防止にどのように努めるべきかといった点な
　　　　　どを含めて慎重に対応したいと考えており、あわせて先生に
　　　　　ご相談させていただきたいのです。
甲弁護士：相談のご趣旨について少し疑問に思っていたのですが納得い
　　　　　たしました。それでは、今把握されている事実等についてお
　　　　　うかがいできますでしょうか。
次　　長：事務担当部の次長です。相談者と相談者が名前をあげた男性
　　　　　は2人とも私の所属する事務担当部の社員です。事務担当部
　　　　　は50人ほどおりまして、大きく各10数名の4つのグループに
　　　　　分かれています。相談者は2年目の契約社員、男性は20年目
　　　　　の正社員で主任です。この男性のことは「主任」とよばせて
　　　　　いただきます。相談者も主任も同じ第3グループに所属して
　　　　　おります。社内の記録を確認したところ、5カ月前の3月、
　　　　　私の前の次長の時期に、相談者が述べたとおり、相談者が第
　　　　　3グループのグループ長に対し、主任から恋人の有無を聞か
　　　　　れたり、2人で飲みに行こうと誘われたりして困っていると
　　　　　の話があったようです。この時は、事案が軽微なものである
　　　　　ため、その月に、第3グループでセクシュアルハラスメント
　　　　　対策をテーマとした勉強会を行ったとのことです。異性に交
　　　　　際相手の有無を尋ねることやしつこく食事に誘うことがセク
　　　　　ハラにあたること、地位の高い者が地位の低い者へこのよう
　　　　　なことを行うことは特に注意すべきであるといった内容だっ
　　　　　たようです。もちろん、主任も相談者もこの勉強会に参加し

ていたとの記録が残っています。勉強会から１週間後、２週間後と１カ月後に第３グループのグループ長が相談者に確認したところ、主任から食事に誘われるようなことはなくなったとのことで、この件についての対応は終了したとの記録が残っておりました。

　相談者は20代前半で愛想の良い独身の社員です。主任のほうは、40代前半で、挨拶などは行うのですが、周囲に自分のことをあまり話さないようで少し周囲から浮いている感じがあります。離婚をして独身です。

　２日後に、人事部主任と私とで相談者と面談を行う予定です。面談場所は社内の会議室です。会社ではこの時期、全社員に対して面談を行っているので、その名目で業務時間内に１時間を予定しております。

主　任：よろしくお願いします。主任になってセクハラの面談を行うのは初めてです。面談を行うにあたり気をつけたほうが良いことや、記録のとり方等ご教示いただければと思います。

甲弁護士：まず、苦情相談に対応するにあたって注意すべきことについてですが、人事院が、まさに「セクハラに関する苦情相談に対応するにあたり留意すべき事項についての指針」というものを策定しておりますので、こちらが参考になると思います（〈http://www.jinji.go.jp/sekuhara/unnyoutuuti.pdf〉）。このほか、セクハラ対策についてはいろいろな文献がありますが、後ほど役立つものをご紹介しましょう。苦情相談対応時には、目的を達成するため、今後の手続を円滑に行うため、想定されるトラブルを避けるため等の観点から、いくつか気をつけるべき点があります。

　今回は時間がないようですので、私のほうで留意点についてかいつまんでご説明いたしますが、やはり一度、関係法

> 令、セクハラ指針、先ほどあげた人事院の指針のほか、薄い本でかまわないので文献を読み込まれることをおすすめします。

　以上のやりとりの後、甲弁護士は、セクハラの相談を受けるにあたっての留意点等について説明を行った。説明後、会社側から、甲弁護士のアドバイスを踏まえ、会社側で相談者から事情聴取を行うが、引き続き助言等をお願いしたいとの話があり、打合せは終了となった。

1　検討──セクハラの定義・判断基準等

(1)　*Point 1*──防止・対処すべきセクハラとは

　雇用の分野における男女の均等な機会及び待遇の確保等に関する法律（以下、「均等法」という）11条1項は、事業主に対し、職場におけるセクハラ防止等のための雇用管理上必要な措置等を講ずることを義務づけている。

　均等法11条1項が問題としている職場におけるセクハラは、①職場において行われる性的な言動に対するその雇用する労働者の対応により当該労働者がその労働条件につき不利益を受け、または、②当該性的な言動により当該労働者の就業環境が害されることである。

　この具体例や「職場」、「労働者」、「性的な言動」の解釈等については、「事業主が職場における性的な言動に起因する問題に関して雇用管理上講ずべき措置についての指針」（平成18年厚生労働省告示第615号。以下、「セクハラ指針」という）をわかりやすくまとめた、厚生労働省都道府県労働局雇用均等室による「事業主の皆さん職場のセクシュアルハラスメント対策はあなたの義務です!!」中の「Ⅱ　均等法上の『職場におけるセクシュアルハラスメント』とは」（資料2-10-1）、「Ⅲ　職場におけるセクシュアルハラスメントの種類は」（資料2-10-2）が参考となる。

　このほか、就業規則にセクハラに関する定めがおかれている場合があれば、当然それを踏まえて、セクハラの相談にあたる必要がある。

(資料2-10-1)　均等法上の「職場におけるセクシュアルハラスメント」とは

> ### Ⅱ　均等法上の「職場におけるセクシュアルハラスメント」とは
>
> 　職場におけるセクシュアルハラスメントは、「職場」において行われる、「労働者」の意に反する「性的な言動」に対する労働者の対応により労働条件について不利益を受けたり、「性的な言動」により就業環境が害されることです。
> 　職場におけるセクシュアルハラスメントには、同性に対するものも含まれます。
>
> #### 「職場」とは
>
> 　事業主が雇用する労働者が業務を遂行する場所を指し、労働者が通常就業している場所以外の場所であっても、労働者が業務を遂行する場所であれば「職場」に含まれます。
>
> ●「職場」の例
> - 取引先の事務所
> - 顧客の自宅
> - 出張先
> - 取引先と打合せをするための飲食店（接待の席も含む）
> - 取材先
> - 業務で使用する車中
>
> ●勤務時間外の「宴会」などであっても、実質上職務の延長と考えられるものは「職場」に該当しますが、その判断に当たっては、職務との関連性、参加者、参加が強制的か任意かといったことを考慮して個別に行う必要があります。
>
> #### 「労働者」とは
>
> 　正規労働者のみならず、パートタイム労働者、契約社員などいわゆる非正規労働者を含む、事業主が雇用する労働者のすべてをいいます。
> 　また、派遣労働者については、派遣元事業主のみならず、労働者派遣の役務の提供を受ける者（派遣先事業主）も、自ら雇用する労働者と同様に、措置を講ずる必要があります。
>
> #### 「性的な言動」とは
>
> 　性的な内容の発言および性的な行動を指します。
> 　事業主、上司、同僚に限らず、取引先、顧客、患者、学校における生徒などもセクシュアルハラスメントの行為者になり得るものであり、女性労働者が女性労働者に対して行う場合や、男性労働者が男性労働者に対して行う場合についても含まれます。
>
> ●性的な言動の例
> ①性的な内容の発言
> 　性的な事実関係を尋ねること、性的な内容の情報（噂）を流布すること、性的な冗談やからかい、食事やデートへの執拗な誘い、個人的な性的体験談を話すことなど
> ②性的な行動
> 　性的な関係を強要すること、必要なく身体へ接触すること、わいせつ図画を配布・掲示すること、強制わいせつ行為、強姦など

厚生労働省都道府県労働局雇用均等室「事業主の皆さん職場のセクシュアルハラスメント対策はあなたの義務です!!」4頁。

(資料2-10-2)　「職場におけるセクシュアルハラスメント」の種類

Ⅲ　「職場におけるセクシュアルハラスメント」の種類は

「職場におけるセクシュアルハラスメント」には「対価型」と「環境型」があります。

「対価型セクシュアルハラスメント」とは

労働者の意に反する性的な言動に対する労働者の対応（拒否や抵抗）により、その労働者が解雇、降格、減給、労働契約の更新拒否、昇進・昇格の対象からの除外、客観的に見て不利益な配置転換などの不利益を受けることです。

● 典型的な例
- 事務所内において事業主が労働者に対して性的な関係を要求したが、拒否されたため、その労働者を解雇すること。
- 出張中の車中において上司が労働者の腰、胸などに触ったが、抵抗されたため、その労働者について不利益な配置転換をすること。
- 営業所内において事業主が日頃から労働者に係る性的な事柄について公然と発言していたが、抗議されたため、その労働者を降格すること。

「環境型セクシュアルハラスメント」とは

労働者の意に反する性的な言動により労働者の就業環境が不快なものとなったため、能力の発揮に重大な悪影響が生じるなどその労働者が就業する上で看過できない程度の支障が生じることです。

● 典型的な例
- 事務所内において上司が労働者の腰、胸などに度々触ったため、その労働者が苦痛に感じてその就業意欲が低下していること。
- 同僚が取引先において労働者に係る性的な内容の情報を意図的かつ継続的に流布したため、その労働者が苦痛に感じて仕事が手につかないこと。
- 事務所内にヌードポスターを掲示しているため、その労働者が苦痛に感じて業務に専念できないこと。

判断基準

セクシュアルハラスメントの状況は多様であり、判断に当たり個別の状況を斟酌する必要があります。また、「労働者の意に反する性的な言動」および「就業環境を害される」の判断に当たっては、労働者の主観を重視しつつも、事業主の防止のための措置義務の対象となることを考えると一定の客観性が必要です。

一般的には意に反する身体的接触によって強い精神的苦痛を被る場合には、一回でも就業環境を害することとなり得ます。継続性または繰り返しが要件となるものであっても、「明確に抗議しているにもかかわらず放置された状態」または「心身に重大な影響を受けていることが明らかな場合」には、就業環境が害されていると判断し得るものです。また、男女の認識の違いにより生じている面があることを考慮すると、被害を受けた労働者が女性である場合には「平均的な女性労働者の感じ方」を基準とし、被害を受けた労働者が男性である場合には「平均的な男性労働者の感じ方」を基準とすることが適当です。

厚生労働省都道府県労働局雇用均等室「事業主の皆さん職場のセクシュアルハラスメント対策はあなたの義務です‼」5頁。

また、形式的にセクハラと思われる行為が、不法行為を構成する違法な行為と評価されない場合があることに注意を要する（この点は、第1編第1章Ⅶ参照のこと）。

(2) *Point 2*――セクハラ該当性が微妙な相談等

セクハラの相談を受けるにあたっては、セクハラが起きるおそれがあるにすぎない場合やセクハラに該当するか否か微妙な場合であっても、広く相談に応じ、セクハラが生じた場合と同様に再発防止に向けた措置等を行うことがセクハラ防止指針の定めるところであり、相談を聞く際は、セクハラに該当する／しないに深くこだわらず相談にのぞむことが必要となる（セクハラ指針3(2)ロ）。

2　検討――セクハラ事案に対する対応の見通し

雇用主がセクハラについて相談・苦情を受けてからどのような対応を行うかについては「セクシュアルハラスメント対策に取り組む事業主の方へ」中の「相談・対応への流れの事例」（〈図表2-10-1〉）が参考となる。

基本的には、ヒアリング等によって事実を調査し、調査によって判明した事実を評価し、就業規則等に従い処分等を行った後、再発防止措置をとることになる。

相談を行ううえでは、対応の見通しを踏まえ、各段階で何を行うことになり、その準備として何を行うべきなのか、想定されるトラブルは何があり、これを避けるために何をすべきなのか等に配慮し、必要な事項を聴取する必要がある。

3　検討――苦情相談を受けるにあたっての注意点

(1) *Point 1*――基本的な心がまえ

セクハラへの対応で重要なことは、会社が問題に対し、実体的・手続的な観点から適切な措置を行うことであり、この措置の中で、被害を訴えた者（以下、「被害者」という）が真実被害を受けていた場合には、その被害の拡

Ⅲ 相談者との打合せ～セクハラとは／相談者への対応～

〈図表 2-10-1〉 相談・苦情への対応の流れの事例

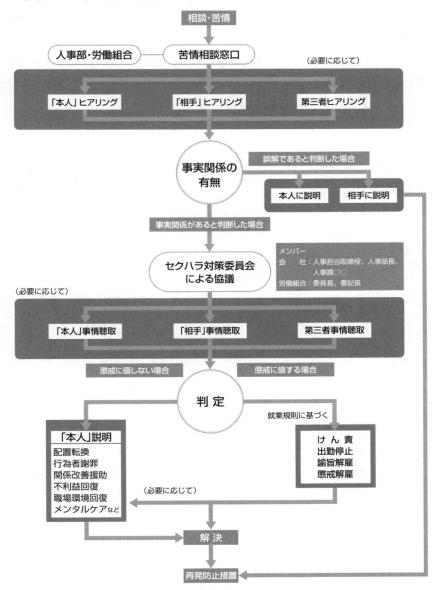

厚生労働省都道府県労働局雇用均等室「事業主の皆さん職場のセクシュアルハラスメント対策はあなたの義務です!!」21頁。

大を防止し、被害を回復することが特に重要となる。

　苦情相談を受けるにあたっても、これらの視点を踏まえつつセクハラの相談特有の事項に留意して行うことになるが、とりわけ、セクハラ指針がプライバシーの保護に関し条項を設けていることに留意すべきである（セクハラ指針3(4)イ）。

　(2)　*Point 2*──相談場所・時間・対応者の設定

　相談場所は、被害者のプライバシー保護に鑑み、他の人に相談内容を聞かれない場所に設定すべきであるが、これにとどまらず、被害者が通常業務を行う中で、業務時間内に一時業務を離れて相談を行うという場合には、被害者が業務を離れることにつき周囲に可能な限り違和感をもたれないよう、相談の場所・時間につき工夫すべきである。通常、被害者は、セクハラの相談を行ったこと自体、明らかにされることを望まないと考えられるからである。

　被害者からの相談について対応を行う者（以下、「対応者」という）については、被害者が相談しやすいように同性の相談員を交え、記憶違いを防ぎ公平な立場から冷静に相談に応じるという観点から、利害関係のない複数名により対応すべきであるが、最初に相談を聞く際には、被害者に話をしてもらうことが重要であることから、あらかじめ被害者に、どのような属性の人物が相談員として対応する予定であるということを告げ、被害者の要望を踏まえて相談の場を設定するなど、被害者が話しやすい環境をつくることが望ましい。

　(3)　*Point 3*──実質的な相談に入る前に

　(A)　導　入

　被害者が真実セクハラの被害を受けていたとすれば、相談時には、精神的肉体的に疲弊する中、勇気を振り絞って相談の申入れを行ったことになる。

　また、普段接していない対応者に話しづらいセクハラの相談をすることは、被害者にとって相当の労力を要する。

　このような被害者の状況に鑑み、漫然と相談を開始するのではなく、被害者に対しこちらが話を聞く姿勢であることを伝えることが、より良い相談を

生む場合がある。

たとえば、被害者は会社の業務にかかわることで不快な思いをしている場合がほとんであり、会社に対して良い感情を抱いていないのが通常であることから、冒頭にひとこと「会社として、会社の業務に関連して不快な思いをされたことを申し訳なく思います」、「セクハラの有無等についてはこれから調査を行い、会社として適切な措置をとりたいと思いますので、まずお話をおうかがいさせていただきます」などと会社の姿勢を伝えると、被害者との信頼関係を築くことにつながる場合がある。

(B) プライバシー保護の通知

このほか、被害者が相談しやすい状況をつくるとともにプライバシー保護を徹底するために、内容について話をする前に、被害者に対し「おうかがいした内容については、事案を検討し、必要な措置を行う限りで必要な人には伝えざるを得ませんが、その他の人には、相談をしたことを含め秘密にするよう努めたいと思います」などと伝えるべきである。

(C) 録音についての承諾の取得

可能な限り、被害者の了解を得て、相談について録音を行うべきである。これは、対応者の記憶違いを防ぐだけでなく、被害者が後に異なる事実を述べた場合や、微妙なニュアンス、言い回し、声のトーンを確認するうえで録音内容が重要となる場合があるからである。

(4) *Point 4*——事実の聴取に際して

(A) 評価ではなく事実を聞く

事案の内容については、よく言われるように5W1Hで聞くことになるが、特に、評価の入った言葉をそのまま受け入れるのではなく、評価の根拠となった事実を聞くことが重要である。なぜならば、後に評価を適切に行うためには、事実が重要だからである。たとえば、「しつこく食事に誘われた」と言われたときには、「しつこく」という点につき、いつといつ、計何回、どのような態様で誘われたのかという点を聴取することになる。

(B) 相談内容のまとめ方

相談内容については、簡単に次のように整理するとわかりやすい。

【書式 2-10-1】　相談内容メモ（参考）（《Case ⑩》）

日時		場所	誰が誰に何を	証拠等	備考
3月上旬	18：30ころ	社内ロッカールーム（周囲に人がいない）。	主任が相談者に対し「食事に行かないか」「君と僕の2人で行こう」などと言った。 相談者は主任に対し「みんなで行きましょう」などと言った。	当事者の供述のみ？	同月、本件のほか2回、食事に誘われた。主任が「今つき合っている人はいないの」などとも発言した。

(C) 証拠の有無の確認、提出についての同意

被害者の話を裏付ける証拠（電子メール等）について聴取した際は、当該証拠に関し、会社に提出してもらいたい旨を伝え、被害者の同意を得て提出してもらうべきである。事実の認定に必要だからである。

(5) *Point 5*──セクハラの有無以外に注意すべき事項

(A) 被害者の現状

セクハラの有無とは別に、被害者に配慮し、被害者の現在の職務状況や通院の有無、職務継続が可能か否か、休職の必要性はないか、職務を行ううえでの要望を聞くべきである（休職等を申し出られたときの回答について社内であらかじめ検討をしたうえで行うべきである）。なお、診断書や診療録にセクハラにかかわる記載がある場合がある。

(B) 被害者の要望

相談の中では被害者の希望を聞く必要がある。たとえば、セクハラを行った者を異動させてほしい等である。これは、セクハラへの対応において、被害者の被害の回復や被害者が問題としている相手方（以下、「行為者」とい

う）との関係の改善等を検討するうえで、被害者の希望は1つの考慮要素となるからである。ただし、セクハラへの対応について、最終的な決定権は会社にあるため、被害者の意向に必ずしも沿うことができるわけではない。この点、被害者が過剰な期待を抱いた場合、会社と被害者との間でトラブルになるおそれがある。そこで、被害者の意見は、意見として尊重するが、必ずしも意向に沿うことを約束できるわけではないことを申し添え、過剰な期待を抱かれないようにすべきである。

　(C)　今後の調査について相談者の意向の確認

　被害者の意向、プライバシーに配慮し、相談を終える前に、今後の会社の調査方針等について、確定的でないものでもかまわないので伝え、意見を聞くことが望ましい。たとえば、会社が今後誰に話を聞く予定なのか、事情を聞いてほしい人はいるか、等である。

　(D)　セクハラの相談に関する参考文献

　セクハラ相談にあたっては、周藤由美子『疑問スッキリ！　セクハラ相談の基本と実際』、日経連出版部編『セクハラ防止人事マニュアル』などにわかりやすく具体的な記載があり参考となる。

　(6)　***Point 6***──その他注意事項

　(A)　相談対応者が被害者を加害する

　被害者に対し「たいしたことない」、「どうしてはっきり断らなかったのか」などと発言することは、被害者のおかれている状況を踏まえない発言であり、相談者を追い詰める行為であって厳禁である。

　(B)　被害者の第三者機関等への相談

　相談者が会社以外の警察等の第三者機関に相談することは自由であり、この点に関し、会社が口を差し挟むべきではない。

　(C)　相談内容の証拠化

　必要な場合には、相談内容について書面を作成し、この書面に被害者から署名をもらうことも検討すべきである。

4　検討――至急の対応

相談を受けた後、被害者と行為者とを引き離すための座席の移動等至急必要な行為が明らかになった場合は、直ちに検討し、行うべきである。

ただし、被害者に対して不利益な措置を行うことはセクハラ指針が禁止するところであり、相談を行った者を異動するなど、被害者に対して不利益な措置と評価されるおそれのある措置は、被害者の要望等がない限り避けるべきである（セクハラ指針3(4)ロ）。

IV
加害者（と思われる人物）への対応

会社から甲弁護士に対し、相談者から聴取した事情は要旨、次のとおりであったと報告があった。

- 前回、グループ長に苦情を申し入れた際のこととして、今年の3月上旬に残業を30分程度行った後、ロッカールームで荷物をまとめ、帰り支度をしている際、周囲に人がおらず主任と2人になる状況があった。この時に「おいしいお酒を出す店を知っているから食事に行かないか」などと誘われ「いいですね。皆さんと行きますか」と答えると「いや、高い店だから君と僕の2人で行こう」などと言われたので「それはちょっと」と言葉を濁して断った。その後、同じ月に2回くらい、同じように周囲に人がいない帰り際のロッカールームで「今つき合っている人はいないの」、「いないなら食事くらいさあ」などと話をされた。面と向かってはっきりとは断りづらかったので、グループ長に困っている旨伝えたところ、予定されていた勉強会の内容がセクハラ勉強会に変更され、以後、先日ロッカールームで食事に誘われるまで、主任とプライベートな話をすることはほとんどなくなった。
- 先日の8月14日に、終業前に急ぎの仕事を主任に頼まれ、30分程度残業して帰る際、以前と同様に、ロッカールームで主任と2人になった。誘われたらどうしようと思っていたところ、主任から「今日は暑かったね」、「ビールでも飲みに行かない」などと食事に誘われた。「今度皆で行きましょう」などと遠回しに断ると、主任は「ふ～ん。そう」などと言って、ロッカーを荒っ

ぽく閉めて帰って行った。
- それ以降、何か誘われたりするわけではなく、主任と業務上の事務的な話もできているが、たまに主任からじろじろ見られている気がする。ロッカールームでまた主任と2人きりになって食事に誘われたらどうしようかとも思って悩んでいる。

　3月のことも8月のことも、周囲に人がいないところで口頭で言われたので、証拠などは思いあたらない。今回のことは他の社員には相談していない。
- グループ長には以前相談して対応してもらったが、今の自分の悩みをうまく伝えられないかもしれないので、女性に相談したいと思って、こちらの窓口を利用した。
- 現在、特に体調不良等はなく、病院に通ったりはしていない。
- 警察や弁護士、労働局など、他に相談は行っていない。
- 主任に対しては、2人きりで食事に誘うことさえやめてもらえれば、特にそれ以上は求めない。正式な謝罪などは、後々気まずくなるのでむしろ行わないでほしい。ただ、自分がこんな思いをしていることはわかってもらいたい。自分が主任に対して、食事に誘うことをやめてほしいとは言いづらいので、会社から止めるように言ってもらえればと思う。主任が異動となると自分としても気になるので、可能であれば、自分が、事務担当部の中で、ロッカールームの異なる別のグループに異動したい。
- 会社が事実を調査し、処分を行ううえで、主任に事情を聞いてもらってかまわない。
- 異動の関係で、管理職関係者に事情を伝えてもらってかまわない。

　会社が今後行う対応等について次のとおり報告があった。また、近日中に、主任から事情を聴取するということだったので、甲弁護士は主任から話を聞くうえでのアドバイスを行った。

- 相談時の録音について相談者はかまわないとのことだったので相談内容は録音してある。
- 会社としては、相談者の希望があること、相談者が2年目の契約社員であり、他のグループの応援のため一時的に異動することはあまり不自然ではないこと、主任と相談者がロッカールームで2人きりとなる状況をつくらない必要

> 性・緊急性が認められることなどから、相談者の要望どおり、翌週から相談者を、主任とロッカールームが異なる今のグループとは別のグループに一時的に異動させることとした。

1 検討——加害者（と思われる人物）から話を聞くうえでの注意点

(1) *Point 1*——話を聞く相手は、加害者と思われる人物である

　行為者から話を聞くうえでは、相手が加害者であると決めつけないことがまず重要である。

　通常のセクハラの対応として、被害者の話を聞いてから行為者の話を聞くことが多いと思われる。しかし、被害者の話と真実とが必ずしも一致するわけではなく、調査の結果、事実を確定するのであり、これから話を聞く相手は、あくまで加害者と思われる人物である。公平な調査を行うべき会社が、相手を加害者と決めつけて話を聞くことは、判断を誤らせ、別のトラブルにつながりかねない。そこで、行為者から話を聞く際は、被害者の相談が虚偽である可能性も踏まえつつ「このような話が寄せられたが、話に出てくる事実が真実行われたのか確認をしたいので、この場を設けさせてもらった」という姿勢で聞くべきである。

　予断を排除するために、行為者から話を聞く際は、被害者から話を聞いた者とは別の者に対応させるというのも１つの方法である。

(2) *Point 2*——被害者と言い分が食い違う場合の準備

　セクハラの有無を尋ねた際、真実セクハラに該当する行為を行っていた者であっても、正面から直ちにセクハラを行った事実を認めることは稀であり、「よく覚えていない」、「そんな事実はない」などと回答されるのが通常である。そこで、このような回答をされた際の準備が必要である。具体的には被害者の１つひとつの申告事実、すなわち、いつ、どこで、何があったのかにつき、事実無根なのか、それとも、一部でも記憶と合致する部分があるのか、それはどの範囲が合致して、どの範囲がそうではないのか等を聞くことであ

る。この準備として、被害者の言い分についてあらかじめ整理し、可能な調査を行った後に行為者と相談を行うことが重要である。

(3) ***Point 3***――押しと引き

このほか、疑わしい事実について「絶対にそのような事実はないということでよろしいですか」などと、はっきり聞くのも1つの方法である。やましいところがある行為者は少なからずうろたえる場合があるからである。

また、「覚えているところを話していただき、事案の解決に協力していただけるのであれば、会社として処分を考えるにあたり考慮したい」などと、行為者が話しにくい事実を自ら話しやすいよう、事実を認めた場合の利益を伝えることも考えられるが、この場合、後に、無理やり事実を認めさせられたなどと行為者が不服を申し立てる場合があるので注意が必要である。

(4) ***Point 4***――被害者への接触の防止

最後に、行為者に対し、被害者からセクハラの相談を受けた話を伝えることは、行為者が被害者に対し接触を試みる契機となり得る。行為者が被害者に接触することは、被害者にとって恐怖以外の何ものでもない。そこで、行為者から事情を聴取する際は「この件について解決が図られるまでは、被害者との間でプライベートな会話をすることや接触を禁止する」などと、具体的に、行うべきでないことを必ず言い含めるべきである。

2　検討――弁護士が会社と行為者の双方について受任することの可否

弁護士が会社と行為者の双方について事件解決の受任をすることは避けるべきである。なぜならば、会社が中立・公平な立場で調査を行っている場合に一方に組することは公平性を害するほか、後に被害者が行為者を訴えた場合に、民法715条に基づき、行為者とともに会社が共同被告となり、敗訴時、会社が行為者に求償権を行使するという局面で利害関係が対立することが見込まれるからである。

V 事案への対応と再発防止

　会社から甲弁護士に対し、主任から聴取した事情等について報告があった。面談にあたっては、相談者の相談対応を行った人事部主任と、相談者の相談対応を行っていない事務担当部のもう1人の次長の2人で面談を行ったとのことだった。

〈当初の主任の言い分〉
- 3月にも8月にも相談者を食事に誘った事実はない。8月14日のことはよく覚えていないが、その頃、17時過ぎてから相談者に何かを依頼して残業をしてもらったことはあった。
- 会社の研修で、特に自分より地位の低い女性をしつこく食事に誘うことや、女性に対し交際相手の有無について聞くことは、セクハラにあたり禁止されていることは知っている。
- 相談者の言っていることは勘違いではないか。

〈会社の対応と主任の反応〉
　次長が「主任の言っていることが真実だと信じます。ただ、会社としては、同じ社員である相談者の言っていることも信じなければいけません。そこで、残念ですが、どちらの言っていることが真実なのかこれから調査を進めることになります。また、真実でないことを言った方は不利益を被る場合があります。確認ですが、3月にも8月14日にも相談者を食事に誘った事実はないということで間違いありませんね」と言ったところ、主任が言葉を詰まらせた。少し間をおいて、次長が引き続き「真実を話していただき、反省されているということであれば、会社としては、その点ももちろん考慮したいと思います」と話したところ、主任がぽつぽつと、食事に誘ったこと等を認めた。

〈その後の主任からの聴取内容〉
- 自分はそれほど性格的に明るくなく、離婚をしたのち、あまり人とかかわらないようになり、周囲から距離をおかれているように感じていた。そんな中、

周囲と異なり、若い女性である相談者が自分に愛想よく挨拶をしたり受け答えをしてくれるため、相談者は自分に悪い感情をもっていないと思い、日付までは覚えていないが、3月に何度か、帰り際、周囲に人がいない時に相談者を食事に誘ったと思う。恋人の有無を聞いたかどうかは覚えていない。その後、グループの勉強会で急にセクハラの話が取り上げられ、男性上司が自分より下位の女性社員を食事に誘うことはセクハラなので特に注意されたいという話があり、自分が食事に誘うことがまずいのではないかと思って、その後は食事に誘っていない。8月14日は、急ぎの仕事があって、相談者に残業をお願いし、たまたま帰りの際、ロッカールームで2人きりになり、ついまた食事に誘ってしまった。誘いに対しては、適当な言葉で断られたと思う。ロッカーを荒っぽく閉めたつもりはないがよく覚えていない。相談者に対しては謝罪をしたい。会社と相談者に対しては、今後、相談者を2人きりでのプライベートな食事に誘うことはしないことを誓いたい。

〈会社の対応〉
・事前に得た承諾に基づき、主任の話はすべて録音されているほか、主任から「3月に数度、8月14日に周囲に人がいない状況で相談者を食事に誘った事実は認めます。今後、相談者を2人きりでのプライベートな食事に誘うことは行いません」という内容の書面に署名をしてもらった。
・主任の処分について、主任が相談者の申告する事実をおおむね認める一方、交際相手について尋ねたことやロッカールームを荒っぽく閉めた事実については証拠もなく認定が困難なことから、主任の認めた限度の事実が存在する前提で会社で協議を行い、過去の事案・就業規則に照らし、会社としては、事務担当部長を通じて主任に対し、行為を行ったことにつき懲戒処分ではない口頭による注意を行うとともに、今後、同様の行為を行わないよう注意し、様子をみることにした。また、今回の件につき、会社全体に、具体的な氏名を伏せ、抽象的な話で周知を行い再発防止に努める予定であり、この会社の対応について、相談者の納得も得られた。
・相談者は、本人の希望もあり、主任とは違うグループに正式に所属することとなった。

会社として、〈*Case* ⑩〉に関し、従前どのような対応をすべきだったの

か、また、今後の再発防止について意見を聞きたいとのことであったので、甲弁護士が意見を述べ、会社がこれを検討することとなった。

1　注意──事実の評価

事実の評価にあたり、事案の特性から、被害者が一見不合理な行為をする場合があるので注意が必要である。

この点は、「心理的負荷による精神障害の認定基準」(平成23・12・26基発1226号第1号)第8の2「セクシュアルハラスメント事案の留意事項」(〈http://www.mhlw.go.jp/stf/houdou/2r9852000001z3zj-att/2r9852000001z43h.pdf〉)が参考となる。

2　検討──セクハラへの対応と再発防止

(1)　*Point 1*──セクハラの防止に向けた対応

軽微なセクハラの相談について、行為者に、セクハラの申告があったと直接伝えることは、行為者が予期せぬ行動に出るおそれがあることや、職場環境の修復が困難となるおそれがあるため、事案を抽象化し、注意喚起、勉強会という形でセクハラの防止にあたることも1つの手段である。

しかし、このような対応でいったんセクハラ行為が止んだ後に、再度セクハラ行為や、形を変えたハラスメント行為が行われることは少なくない。

(2)　*Point 2*──再発防止に向けて注意すべき視点

セクハラの要因はさまざまなものがあり、セクハラの態様等によりその防止措置も異なるため一概には言えないが、セクハラの具体例が増えつつある中、セクハラの再発防止を考えるうえで注意すべき点として、「何がセクハラにあたるのか」ではなく、「なぜ、その行為がセクハラとして禁止されるのか」を検討することが重要と考える。

たとえば、〈*Case* ⑩〉の主任は、自らの行動が相談者にどのような影響を与え、就業環境を害したのかについて、勉強会を経た後も理解しておらず、単に自らの行為が禁止されているセクハラに該当すると評価され、自らが不

利益を受けることをおそれ、一時的にセクハラを止めたにすぎない可能性がある。

すなわち、上司が異性の部下を執拗に食事に誘うことがセクハラと評価される、ということまでは理解していたとしても、なぜその行為がセクハラ行為として禁止されているのか、異性の上司から望まない食事の誘いを繰り返し受けた部下がどのような感情を抱くのか、という点を理解し、自らの行為を律するという段階には至っていなかったと考えられる。

仮に、当初のセクハラの勉強会において「どのような行為がセクハラにあたるのか」という研修から一歩進め、「なぜ、上司が異性の部下を食事に執拗に誘うことがセクハラとして禁止されるのか」というテーマで研修を行い、主任や相談者に対し、自分が、異性の上司から望まない食事に執拗に誘われた部下の立場であったとして、どのような感情を抱くか、などと意見を聞くなどして理解を深めていた場合には、主任の行動が変わっていた可能性がある。

昨今、どのような行為がセクハラにあたるのか、という具体例が増え、何がセクハラにあたるのか、というあてはめの研修が増えているように感じられる。しかし、あてはめにとどまらず、なぜ、その行為がセクハラとして禁止されるのか、という点について、セクハラを受ける者の立場や、会社の理念、望ましい職場の環境に照らして考え、他者と意見を交わすことが重要と考える。

VI 最後に

事件の解決にあたり、事務担当部部長が主任に対し口頭で注意を行い、会社全体に抽象的な事案報告が行われた。

このほか、セクハラに該当すると言われている行為が、なぜ、セクハラとして禁止されているのかについて検討するプロジェクトチームを社内に設け、このプロジェクトチームにおいて、セクハラの被害者となりやすい立場の社

員からヒアリングを行い、その結果についてまとめ、会社全体でその結果を検討する方向で再発防止に向けて取り組むこととなった。

　本稿は、複数の事例を組み合わせるなどして構成したものであり、実際の事例とは異なる。

●事項索引●

【あ行】

あっせんの申請　298
安全配慮義務の法理　22
異議の申立て　47, 104
印紙の追納　193

【か行】

解雇　2, 63, 175
　——の有効性　64
解雇回避努力　4
解雇権　175
解雇権濫用法理　3, 5
解雇無効を主張する場合の要件事実　50
駆け込み訴え　304
仮給付　144
仮処分申立書　47
仮処分の内容　48
仮の地位を定める仮処分　45
過労死　262
　——に関する労災認定基準　263
環境型セクシュアル・ハラスメント　16
期間の定めのある労働契約　5
企業内労働組合　23
義務的団交事項　24
休日労働　8
休職　14
休職制度の種類　14
給付基礎日額　254
業務起因性（労災保険給付）　260, 262
業務災害　19
業務上の疾病　20
業務上の必要性（配転命令権）　238
業務の過重性の判断　263
勤務延長制度　7
勤務地限定の合意　230
苦情相談（セクハラ）　330
継続雇用制度　7
契約説（配転命令権）　224

減給　245
　——を伴う配転命令　245
降格　245
降格処分　178
合同的労働組合　23
合同労組　303
公平性の原則　176
個別労使紛争　2
雇用保険　144

【さ行】

再雇用制度　7
裁判官面接（証拠保全）　210
採用内定取消しの適法性　119
採用内定の成否　118
時間外手当請求の方法　204
時間外労働　7
執行官送達　210
実労働時間　218
　——の範囲　218
　——の立証方法　9
支配介入　28
集団的労使紛争　2
就労の意思と能力の欠如　44
出向　12
出向命令権の濫用　13
試用期間　142
証拠調べ　212
証拠保全申立て　207
職業上の著しい不利益（配転命令権）　239
職能給　245
職務給制度　245
所定労働時間　8
人員削減の必要性　3
審査計画書　318
審尋　98
人選の合理性（整理解雇）　4
人選の合理性（配転命令権）　238

審判期日における記録　189
深夜労働　8
生活上の著しい不利益（配転命令権）　239
誠実交渉義務　24
整理解雇　3
　――の四要件　3,63
セクシュアル・ハラスメント（セクハラ）　16,327
　環境型――　16
　対価型――　16
相談場所（セクハラ）　332
訴訟　46
訴訟移行　103,193
訴状に代わる準備書面　104,194

【た行】

対価型セクシュアル・ハラスメント　16
退職金支給に関する労使慣行　89
団交拒否　27
団体交渉　23
団体交渉義務　24
治癒　15
中間収入控除　44
中途採用者に対する内定　118
懲戒解雇　4,174,175
　――の有効性　176
懲戒権濫用　4
懲戒処分　174
調査期日　307
調査結果復命書の開示請求　284
賃金仮払仮処分　52
賃金全額払いの原則　177,203
賃金の支払方法　177
通勤　21
通勤災害　21
定年解雇　6
定年制　6
定年退職　6
適法な異議の申立て　104
手続の妥当性　4
転勤　224
転勤命令の有効性　223

転籍　13
同一労働同一賃金の原則　245

【な行】

内々定　119
名ばかり店長　10

【は行】

賠償予定の禁止　177
配置転換　224
配転　11,224
配転命令権　223,238
　――の濫用　11
　――の濫用の基準　238
配転命令の法的根拠　11
パワー・ハラスメント　16
反訴　195
付加金　177,206,258
普通解雇　175
不当な動機・目的（配転命令権）　240
不当労働行為　25,296
　――の救済申立て　29,297
不当労働行為意思　311
不当労働行為救済申立書　300
不当労働行為救済申立ての管轄　300
不当労働行為調査開始通知書　301
プライバシー保護　333
不利益取扱い　26,311
　――の成立要件　311
包括的合意説（配転命令権）　224
法定外休日　8
法定休日　8
補佐人　300
保全手続の証拠調べの検証調書の謄写申請　214
保全の必要性の主張・疎明の程度　53
保有個人情報開示請求　286

【ま行】

未払残業代の消滅時効　260
黙示的な業務命令　219

【や行】

雇止め　5,65
　　——の適法性　85
　　——の法理　5,86
唯一交渉団体条項　24
郵券の追加　193
ユニオン　23
要件事実　203

【ら行】

留保解約権　148
労災保険給付の対象　262
労災保険制度　19,253
労災保険の請求方法　253
労災補償制度　19
労災民事賠償請求　22
労使慣行の法的意義　87
労働委員会における審査手続　294
労働委員会における不当労働行為救済制
　度の目的　293
労働組合　23
労働契約締結時の勤務地の記載　229
労働三権　25
労働時間の主張・立証　214
労働事件の争訟手段　43
労働審判　45
労働審判制度　31,80
労働審判手続の対象　31
労働争議　298
割増賃金　7
　　——の計算方法　9
割増賃金率　8

● 執筆者一覧 ●

野村　創（のむら　はじめ）
野村総合法律事務所
〒105-0003　東京都港区西新橋1丁目20番3号　虎ノ門法曹ビル407
TEL　03-3539-3151

片野田志朗（かたのだ　しろう）
東京中央総合法律事務所
〒104-0061　東京都中央区銀座4丁目2番1号　銀座教会堂ビル7階
TEL　03-5159-7600

村手亜未子（むらて　あみこ）
諏訪坂法律事務所
〒102-0083　東京都千代田区麹町4丁目3番地　紅谷ビル3階
TEL　03-6261-2605

金澤　嘉明（かなざわ　よしあき）
東京八丁堀法律事務所
〒106-0041　東京都港区麻布台1丁目11番9号　BPRプレイス神谷町6階
TEL　03-6441-3320

野中　英匡（のなか　ひでまさ）
東京富士法律事務所
〒102-0083　東京都千代田区麹町3丁目3番地　KDX麹町ビル4階
TEL　03-3265-0691

竹重　勇輝（たけしげ　ゆうき）
南鷹法律事務所
〒181-0013　東京都三鷹市下連省3-29-10　ウェッジ三鷹302
TEL　0442-24-6223

小川　ゆり香（おがわ　ゆりか）
弁護士法人阿部・楢原法律事務所上野御徒町支部
〒110-0005　東京都台東区上野6丁目1番11号　平岡ビル304
TEL　03-5826-8911

城石　　惣（じょういし　そう）
兼子・岩松法律事務所
〒100-0013　東京都千代田区霞が関1丁目4番2号　大同生命霞が関ビル12階
TEL　03-6206-1303

堀口　雅則（ほりぐち　まさのり）
東京21法律事務所
〒104-0061　東京都中央区銀座3丁目9番19号　吉澤ビル8階
TEL　03-3549-1200

岡村晋之祐（おかむら　しんのすけ）
日比谷南法律事務所
〒105-0004　東京都港区新橋2丁目16番1号　ニュー新橋ビル615-1
TEL　03-5251-5400

髙岡　奈生（たかおか　なお）
平間法律事務所
〒102-0073　東京都千代田区九段北4丁目1番5号　市ヶ谷法曹ビル403
TEL　03-6261-4888

松浦　裕介（まつうら　ゆうすけ）
京橋総合法律事務所
〒104-0031　東京都中央区京橋2丁目12番11号　杉山ビル7階
TEL　03-6264-4121

事例に学ぶ労働事件入門
──事件対応の思考と実務

平成28年1月4日　第1刷発行
令和5年2月20日　第3刷発行

定価　本体3,200円＋税

編　　者	労働事件実務研究会	
発　　行	株式会社　民事法研究会	
印　　刷	株式会社　太平印刷社	

発 行 所　株式会社　民事法研究会
〒150-0013　東京都渋谷区恵比寿3-7-16
〔営業〕　TEL 03(5798)7257　FAX 03(5798)7258
〔編集〕　TEL 03(5798)7277　FAX 03(5798)7278
http://www.minjiho.com/　　info@minjiho.com

落丁・乱丁はおとりかえします。　ISBN978-4-86556-059-6 C3032 ￥3200E
カバーデザイン　関野美香

最新実務に必携の手引

―実務に即対応できる好評実務書！―

2022年11月刊 雇用契約変更について、具体的な事例に基づいたＱ＆Ａ形式で平易に解説！

雇用契約変更の実務必携Ｑ＆Ａ
――雇用を維持する合理化策と新しい働き方――

厳しい業績の下でも人員削減等をせず、配転・転勤、出向・雇用シェアなど労働条件や勤務内容の変更等で雇用維持を図る方策や、テレワーク、フレックスタイム制、副業・兼業、限定正社員、ジョブ型雇用など時代に即した雇用形態も解説！

三上安雄・増田陳彦・根本義尚・萩原大吾・村田浩一・瀬戸賀司　著
（Ａ５判・323頁・定価 3630円(本体 3300円＋税10％)）

2021年11月刊 メンタル不調者に対する適正な対応策のあり方を懇切・丁寧に解説！

職場のメンタルヘルス対策の実務必携Ｑ＆Ａ
――適正手続とトラブル防止の労務マニュアル――

長年にわたりメンタルヘルス問題へのあるべき対策・対応のあり方や各種トラブル解決に取り組んできた著者が、知っておくべき基礎知識から多様な具体的場面における適正な手続・対処策を具体的に開示！

岡芹健夫　著
（Ａ５判・278頁・定価 2970円(本体 2700円＋税10％)）

2021年4月刊 多様な働き方、同一労働同一賃金導入のための実践的手引書！

多様な働き方の実務必携Ｑ＆Ａ
――同一労働同一賃金など新時代の労務管理――

テレワーク、フレックスタイム制、裁量労働制、高プロ制、限定正社員、副業促進、雇用類似の働き方など、多様で柔軟な働き方導入のための指南書！　最高裁判例を踏まえた同一労働同一賃金への実務対応を経験豊富な弁護士が丁寧に解説！

三上安雄・緒方彰人・増田陳彦・安倍嘉一・吉永大樹　著
（Ａ５判・295頁・定価 3520円(本体 3200円＋税10％)）

2019年1月刊 事例ごとの適正な懲戒処分と、トラブルに発展しないための具体的なノウハウを開示！

懲戒処分の実務必携Ｑ＆Ａ
――トラブルを防ぐ有効・適正な処分指針――

懲戒処分を行うにあたり、そもそも懲戒処分を行うことができるのか、また懲戒処分を行えるにしても、どの程度の処分が適正かつ妥当なのか、といった疑問に対して、弁護士が豊富な経験と判例・実務の動向を踏まえてわかりやすく解説！

三上安雄・増田陳彦・内田靖人・荒川正嗣・吉永大樹　著
（Ａ５判・359頁・定価 4180円(本体 3800円＋税10％)）

発行　民事法研究会　〒150-0013　東京都渋谷区恵比寿3-7-16
（営業）TEL 03-5798-7257　FAX 03-5798-7258
http://www.minjiho.com/　　info@minjiho.com

最新実務に必携の手引

― 実務に即対応できる好評実務書！―

2022年1月刊 テレワークやフリーランス、副業や兼業の労務管理全般について総合的に解説！

テレワーク・フリーランスの労務・業務管理Q&A

テレワークや副業・兼業、フリーランスなどの新しい働き方、労働形態を企業が活用する観点から、最新の法令・裁判例、ガイドライン等を踏まえて、適切な労務管理を行うための実務と必要となる規定例、トラブル対処法などをQ&Aで解説！

編集代表 岩出 誠　　ロア・ユナイテッド法律事務所 編

（Ａ５判・330頁・定価 3520円（本体 3200円＋税10％））

2021年8月刊 私的アカウントによる不祥事から公式アカウントによる活用まで、必要な対策を網羅！

SNSをめぐるトラブルと労務管理〔第2版〕
――事前予防と事後対策・書式付き――

新型コロナウイルス対策での外出自粛の影響により、増加傾向にあるSNS上の誹謗中傷。社員がそうした事件に関わらないための予防策から事後の懲戒処分、損害賠償請求まで、SNSの基本的知識も含めて解説した最新版！

村田浩一・大村剛史・高　亮・渡辺雪彦 著

（Ａ５判・298頁・定価 3520円（本体 3200円＋税10％））

2021年2月刊 「同一労働同一賃金」制度、新型コロナウイルス対策等、最新実務を網羅！

Q&A労働者派遣の実務〔第3版〕
――派遣元・先企業の実務留意点――

令和２年施行改正法で導入された「同一労働同一賃金」制度、新型コロナウイルス対策等の最新実務に対応するとともに、パワハラ防止法施行に伴う、パワハラ、セクハラ、マタハラ等のハラスメントへの対応も網羅！

弁護士　五三智仁 著

（Ａ５判・449頁・定価 4730円（本体 4300円＋税10％））

2020年10月刊 解決につながる具体的な方法を、被害者・加害者・企業それぞれのケースについて解説！

職場のいじめ・パワハラと法対策〔第5版〕

セクハラ、マタニティ・ハラスメント、アカデミック・ハラスメントから新型コロナウイルスに関連したハラスメントまで、あらゆるハラスメントに対する対処法を、具体的にわかりやすく解説！　パワハラ防止法・新労災認定基準に対応！

弁護士　水谷英夫 著

（Ａ５判・377頁・定価 3960円（本体 3600円＋税10％））

発行　民事法研究会　〒150-0013 東京都渋谷区恵比寿3-7-16
（営業）TEL 03-5798-7257　FAX 03-5798-7258
http://www.minjiho.com/　　info@minjiho.com